劉佩雲 著

作者簡介

現職：國立東華大學教育與潛能開發學系教授

學歷：國立清華大學中國語文學系學士
國立政治大學教育碩士
國立政治大學教育博士

經歷：國小、國中、專科國文及輔導教師
教育部專員

專長：教育心理
閱讀教育
課程與教學

專著：《自我調整學習——理論與實證研究》（精通）
《案例教學與師資培育》（合著，高等教育）
《知識／認識觀在教與學的應用》（高等教育）

自序

起心動念要寫這本書，源於對閱讀與寫作教學的熱情，以及對教學現場師資生讀寫教學困境與需求的回應。但囿於能力，因此定位本書為資料彙集與整理，期盼所提供的讀寫教學理論與案例，能成為培養讀寫素養教學尖兵的小小踏腳石。

花了整整一年的休假時間，沉澱近幾年在閱讀、寫作研究與教學上的心得。日復一日端坐案前，時而苦思，時而奮力敲打鍵盤，在傍晚散步時反覆沉吟反思，充實的不僅是書中的字句篇章，更精進敏銳了自己的思慮與教學。

全書共分「讀寫整合理論與教學」、「閱讀理解理論與教學策略」、「寫作理論與教學策略」及「讀寫整合實務應用」等四篇。第一、二章梳理讀寫關係、發展，與讀寫整合教學理論、原則，奠定讀寫整合教學的基礎。而基於閱讀與寫作同時有獨立教學及整合教學的必要，因此第三、四章及第五、六章分別介紹閱讀及寫作的理論與教學策略。為進一步連結理論與實務，第七、八、九章分別為國小低、中、高年級的讀寫整合教學設計五個教學範例，以轉化增能為現場教學的實踐。讀者可逐篇逐章閱讀，或依需求挑選其中的閱讀、寫作或教學範例分篇分章閱讀。

本書得以完成，要感謝科技部研究計畫提供的經費補助，國立東華大學研究休假給予的時間奧援，以及教育與潛能開發學系全體同仁的鼓勵與支持。更要感謝柯華葳教授及陳鳳如教授的費心審查，提供許多寶貴的修改意見，讓本書能更精準完善。而賴榮興老師在教學案例構思與提問確認上的指導，助理皓萍、俐文及植宇對書中資料整理與圖檔編輯的協助，以及網路上諸多方家先進精彩教學靈感、策略分享所提供的參考，在此一併致謝。而特別要感謝心理出版社的林敬堯經理，慨然協助出版，以及執行編輯林汝穎細心的協助編校。作者才疏學淺，疏漏舛誤之處，尚祈方家海涵並不吝指正。

劉佩雲
2018 年 4 月

目次

教出讀寫素養

第一篇

讀寫整合理論與教學

CHAPTER 1 讀寫的關係、發展與讀寫整合教學

閱讀是了解宇宙奧祕及開啟知識寶庫的鑰匙，寫作則是與世界溝通及表情達意的橋梁。讀寫能力是國民的基本素養（literacy），傳統上對literacy一詞的定義，如韋氏新世界字典（Webster New World Dictionary）及牛津進階學習者字典（Oxford Advanced Learner's Dictionary），就是：「讀與寫的能力」（ability to read and write）（引自張一蕃，1997）。而根據國際素養協會（International Literacy Association）的定義，素養是「辨認、認識、解釋、創造、計算和溝通跨領域中各種視、聽和數位媒材的能力」（柯華葳，2016），讀寫素養則是藉閱讀及寫作去認識、詮釋、創造知識以溝通世界的能力。讀寫素養不但是自學的方法，更是二十一世紀知識社會的共通貨幣。正如同貨幣不夠，無法滿足基本生存所需，讀寫素養不足，未來也很難參與並融入這個社會（何琦瑜、錢欽昭，2009）。因此讀寫素養不但是學習各種學科與知識的基礎，更是國民教育與國家競爭力的重要指標。誠如未來學大師Alvin Toffler所言，二十一世紀的文盲，將不是那些不會寫字和閱讀的人，而是那些無法學習、不願學習和不重新學習的人。因此願意學且有能力去學的人，是未來人才的重要條件，而構成這項條件的能力基礎就是「讀寫素養」。

閱讀與寫作是語文學習的核心，也是獲取新知的重要管道。雖然讀寫間一直被認為有關聯，但是閱讀與寫作各有長遠的發展背景與傳統，因而衍生出不同的理論、研究取向、課程、教學與評量，以致長久以來對閱讀與寫作的探究或教學也各自為政，並未統整結合在一起。直到80年代，許多學者發現閱讀與寫作間的關係會影響學習與教學，而從認知心理學及建構觀點來看讀寫素養，讀寫整合教學正是培養讀寫素養的不二法門，因為讀寫學習能習得語言的溝通與推理，讓個人可以透過意義的建構與表達參與社會。讀寫素養觀點凸顯出整合讀寫的重要性與必要性，從而開始了對讀寫關係及讀寫整合教學的系統性學術探究。

壹 相互為用的讀思寫學循環

閱讀與寫作都是極為複雜的認知歷程，閱讀是讀者透過與文本、情境間的互動而建構意義的歷程（Graesser, Singer, & Trabasso, 1994），寫作則是作者藉由產生文本來溝通想法的歷程。讀與寫都透過思考追求意義，閱讀透過思考發現意義，寫作則透過思考創造意義，二者實為相輔相成的一體兩面。因此教思考是閱讀與寫作教學的核心，能讀、能寫、能思考，才能從讀寫活動中建構新的意義。由 Tonjes 與 Zintz（1992）的讀思寫學循環圖（見圖 1.1）觀之，意義不存在於文本本身，而是讀者與文本雙向互動溝通中思考建構出來的。深度閱讀所汲取的養分，能豐富寫作的內涵與風格，將存在於腦中的思想，經深思熟慮組織後，化為書面文字表達呈現，轉化寫作為閱讀與思考的產物。閱讀時的意義詮釋與建構能儲備寫作的靈感與素材，而寫作時的構思琢磨又能進一步提升閱讀時的敏銳度與理解力。運用讀寫技能進一步提升個人思考的品質，讓學習者運用學習到的技能遷移到其他學科的學習（左榕，2013）。因此讀思寫學間的循環互動，以思考連結讀寫，由整合教學習得讀寫共享知識與共同策略，進一步整合文本上的新資訊和自身已知的資訊，方能產生新的理解與知識，讓學習更有效率。

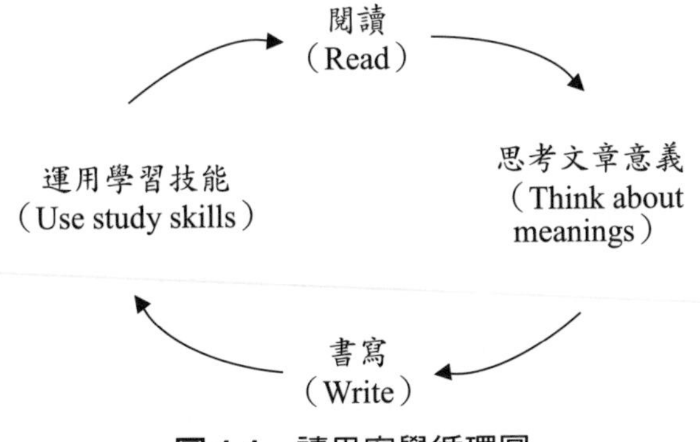

圖 1.1　讀思寫學循環圖

資料來源：Tonjes 與 Zintz（1992）。

貳 素養導向的讀寫整合教學

文字是人類五千年來最重要的發明，但大腦中沒有專屬閱讀的器官，因此文字的閱讀或書寫皆非天生而能的本能，而是需後天學習才能習得的習慣，需要從小培養。雖然在 90 年代以前，閱讀理解與寫作教學往往分開進行，但是近年來，無論在讀寫理論、研究或教學實務上，都支持閱讀及寫作不但各有獨特性，之間更有緊密聯繫的共同性。因此相較於分開教學，讀寫整合教學能產生更高的綜效。首先，從認知神經科學來看，腦神經影像顯示讀寫在腦中的激活區有重疊。而腦實驗的結果也發現，聰明程度決定於腦神經元連結的密度，腦部愈常受到外界刺激，愈能夠加強腦神經元間的發展與更綿密連結，而神經元連結密度可以透過閱讀及學習加以提升（吳嫻，2010）。缺乏閱讀或寫作習慣的人，相關的神經迴路就會削弱。因為大腦神經元連結運作的基本原則是「用進廢退」，腦的發展不只「增加」什麼，還包括「刪去」（修剪）什麼，閱讀與寫作都是大腦主動獲取知識及整理知識的心智綜合能力展現，讀寫訓練能活化大腦，促進神經迴路高度連結，觸類旁通而愈讀愈靈光，愈寫愈聰明。其次，從閱讀與寫作成分評量的橫斷或縱貫研究結果，都證實讀寫間有高度的相關，顯示讀寫間有共同使用的知識（Ahmed, Wagner, & Lopez, 2014; Berninger, Abbott, Abbott, Graham, & Richards, 2002; Juel, 1988; Parodi, 2007; Shanahan, 1984）。再者，在教學現場進行的讀寫教學實驗，也發現閱讀與寫作教學間有正向的相互遷移效果，閱讀可以促進寫作，寫作也能提升閱讀效果（陳靖文，2015；陳鳳如，1999；蔡銘津，1995；龔玉雲，2015；Shanahan , 2006; Tierney & Shanahan, 1991）。

素養導向是目前讀寫教學的趨勢，而讀寫能力是培養讀寫素養的核心。讀寫能力須學習才能獲得，學習需要策略，策略學習需要教師教導。閱讀能力包括識字與理解，而寫作能力包括寫字與寫作，大部分教育學者都了解評量時會用到寫作，這意謂著孩子的寫作能力不管在閱讀測驗及各科之學習領域中，都可能扮演居間促成的重要角色（曾世杰譯，2010）。證諸國中會考或大學學測等升學考試，都有作文測驗。而促進國際閱讀素養研究（Progress in International Reading Literacy Study，簡稱 PIRLS）對閱讀素養的評量中，也同時包含閱讀理解與寫作。基於學習以提升讀寫能力的最重要管道是學校教師的教導，要讓孩子樂於學習且學習有方的首要條件，是具備教學專業的教師。但是，會閱讀不代表會教閱讀，能寫作未必就能教寫作，況且老師教了也未必代表學生就懂了，就學會了。因此教師要學習如何教（learn how to teach），而學生要學習如何學（learn how to learn）。美國國家教學與美國未來委員會（American National Teaching and American Future Commission）的研究指出，教師的專業能力是學生成就的最重要因素，比學生的社經背景對學生的學習影響更大（周蕙菁，2007）。具備專業知能的教師才能培育出學生的能力，因此，厚實教師的閱讀與寫作教學專業知能，是培育學生讀寫能力的不二法門。讀寫教學必須是結合理論與實務，建立在理論基礎與實證研究證據上。而擁有紮實豐厚閱讀寫作學科教學知識（pedagogical content knowledge, PCK）（Shulman, 1986, 1987）的教師，能揉合教學內容與教法，轉化成適當的表徵（representation），讓學生能夠了解。表徵是心智模組化歷程使用的符號系統，包括具體操作物、圖形、語言文字、符號等，當運用表徵獲得知識或抽象概念時，即使物體圖像不存在，腦海中的心像或代表的抽象意義，仍可作為運思的媒介。具有專業知能的教師清楚閱讀寫作該教什麼、要如何教、如何轉化表徵、能說明為什麼教這些，以及這樣教為什麼是有效的。而唯有當第一線教師能進行本於理論、證據及素養導向的讀寫整合教學，才能激勵學生願意學。當教師能創意引導學生如何學，才可能培育出有意願且有能力學、具備讀寫素養的國民。

參 閱讀與寫作的關係

就人類的語言發展而言，聽說讀寫四種語言系統並非不連續的階段式發展，而是波波相連、互有重疊的平行發展。聽說讀寫開始發展的時間不同，口說發展最早，接著開始讀，最晚發展的是寫作。雖然寫作常是四種語言中最晚開展，且須花很長的時間才能學會，但較早發展的聽說讀都能促進寫作的學習（Shanahan, 2006）。從發展來看，讀寫素養是高度依賴聽說的第二種語言形式，早期的口語發展與默讀會影響其後的寫作表現，默讀能力是決定寫作發展的因素之一，而口語發展得愈好則寫作愈佳。簡言之，聽說讀寫四者間關係緊密且相互影響，Cooper、Kiger 與 Robinson（2012）即強調透過聽、說、讀、寫的過程，讓學生習得思考。而融合聽說讀寫的教學，是順應自然且符合學童發展的作法。證諸九年一貫課程綱要在本國語文領域綱要中，明定語文教學原則是以閱讀為核心，兼顧聆聽、說話、作文、寫字等各項教學活動的密切聯繫（教育部，2012a）。十二年國民基本教育課程綱要亦強調閱讀教學應兼顧識字與寫字、聆聽、口語表達、寫作等各項教學活動的密切聯繫（國家教育研究院，2018）。而國小階段的國語文教學原則，就是以閱讀為核心的聽說讀寫混合教學，配合單元教材，以閱讀引導寫作。因此，國語文領綱與實際教學都說明了聽說讀寫間相互影響的密切關係，以及彼此聯繫教學的重要性。

由發展觀點看讀寫關係。首先，依測量觀點所測得的讀寫認知成分資料來分析讀寫關聯，如果讀寫成分間的相關愈高，即代表二者間使用的知識愈相似。由近年實徵研究結果觀之，閱讀理解與寫作間相關為 .72（Parodi, 2007）。讀寫間在字層次的共同性約 72～85%，文章層次的共同性有 65%（Berninger et al., 2002），顯示讀寫間具有高相關，亦即閱讀與寫作之間擁有高度相同的知識。其次，讀寫關係會隨時間而產生本質上的變化（Shanahan, 2016）。從國小低年級依序發展到中年級，再發展到高年級，不同階段的讀寫間有不一樣的關係，且因質變而產生量變。例如，國內以國、高中及大學生為對象的讀寫素養調查研究發現，讀寫能力間有一定的關聯（柯華葳，2016）。而 Juel（1988）的縱貫研究亦發現，從小一到小四，閱讀能力愈好則寫作能力也愈佳。且閱讀理解與寫作之間存在中度的正向相關，一年級時的讀寫相關是 .27，二年級時為 .39，三年級時為 .43，到了四年級的相關成長為 .52，顯示年級愈高，讀寫相關也愈大。換言之，從幼童到成人，讀寫關係會隨年齡增長而遞增相關程度，愈年長則讀寫關係更形緊密且愈顯重要。

讀寫連結在知識論與教育學的應用上皆具重大意義，因閱讀與寫作間具有三種基本關聯：修辭關係、共享知識及程序連結（Shanahan, 2016; Tierney & Shanahan, 1991）。首先，讀寫都是透過修辭進行的溝通活動，無論化身為接收的讀者與傳送的作者，都能從讀寫的對話溝通中獲得啟發。其次，共享知識凸顯閱讀與寫作都須仰賴不同層次的知識表徵及類似的認知與後設認知（metacognition）歷程，包括字的形音義，句子及文章，短期、長期記憶與工作記憶（working memory）等，而基於讀寫間緊密、平行且部分重疊的發展關係，若以特定型態教學整合將使學習更有效。第三，程序連結將原本分立的閱讀與寫作整合為一起使用的策略，共同合作以解決問題並完成學習目標。例如，記下閱讀重點的筆記、心得或報告寫作，須先閱讀詮釋分析文本後再書寫、修改文章；要先讀懂數學題目才能寫出解答。簡言之，讀寫間基本關聯所強調的知識共享、溝通與合作，提供讀寫整合教學的理論基礎及重要啟發。

讀寫教學奠基於閱讀理論、認知心理學及語言學等理論，之間具有共同的知識基礎與類似的心理運作、處理訊息歷程。其中共享知識與認知歷程是讀寫關係的重要基石（Fitzgerald & Shanahan, 2000），而對此關係最具系統性闡釋的是 Fitzgerald 與 Shanahan 的讀寫共享知識，以及 Feuerstein 提出媒介教學（mediated instruction）的讀寫共享歷程（亦可參見第二章之「貳、讀寫整合教學的取向」）。

一、讀寫共享知識

閱讀與寫作的四種共享知識包括：後設知識、領域／內容知識、文本特徵知識及程序性知識（Fitzgerald & Shanahan, 2000）（參見表 1.1）。

（一）後設知識

後設知識的內涵有：了解閱讀與寫作目的及功能、知道讀者與作者間的互動、能監控自己的意義建構。讀寫後設知識讓讀者與作者了解彼此的存在，作者有讀者覺知能力，而讀者有作者意識。此讀者意識的讀寫後設認知，讓讀者藉由對於可能產生文字困惑或誤解的覺察，幫助作者寫出更明晰易懂的作品；同時激發作者思考如何透過讓讀者洞悉作者意圖而影響閱讀。

（二）領域／內容知識

領域／內容知識是指讀者或作者所擁有，與主旨或內容相關的背景知識或特定領域知識。例如，記敘文的背景／內容知識包括故事文法及一般世界知識；說明文的背景／內容知識包括學科領域知識及特定術語、專有名詞等。背景／內容知識會強化推論、組織與記憶訊息的能力，協助從文

表 1.1　閱讀與寫作的共享知識

一、後設知識（語用）
知道閱讀與寫作之目的及功能
知道讀者與作者的互動
監控自己的後設理解與寫作策略
監控自己的知識
二、領域／內容知識（關於主旨與內容的背景／領域知識）
語意
詞彙
透過文本脈絡來建構意義
三、文本特徵知識
語音學
聲韻覺識
字形覺識
語法
文法
句型
標點符號
文本結構
文體（記敘文、說明文）
組織結構（文字順序、圖）
四、程序性知識／讀寫技能
知道如何獲得、應用及創造以上三類知識
流暢整合各個學習歷程

資料來源：Fitzgerald 與 Shanahan（2000: 41）。

本脈絡解析詞彙以建構文本意義，進而影響閱讀理解與寫作。

（三）文本特徵知識

讀寫的認知歷程皆須依賴字的形、音、義及語法、語用等不同語言成分。文本特徵知識包括語音學（聲韻覺識、字形覺識及語法）、文法（句型及標點符號）、文本結構（文體及組織）。

（四）程序性知識

程序性知識是指「know how」，知道如何獲得文本特徵、內容與後設知識，且能順利整合這些知識，應用在各階段的讀寫執行中，達到訊息內化與策略運用自動化程度。

二、讀寫共享歷程

由媒介教學觀點分析閱讀與寫作歷程的成分，由表 1.2 可以看出，閱讀與寫作間有共享的歷程，包括：目標導向的工作處理、篇章層次的取材判讀與文本結構組織、文句層次的遣詞用字及識字寫字、全文主旨及立意，以及檢視修正。

進一步分析比較 Fitzgerald 與 Shanahan 提出的讀寫共享知識及媒介教學的讀寫歷程成分，可以發現二者間實為相互對應。其中後設知識與一般工作處理都強調對讀寫目的與讀者、作者意識的監控；領域知識及鉅觀結構、網絡處理都關心主旨與文本結構；而文本特徵的內容就是文字句的處理。顯示閱讀與寫作就像共用地基的兩幢建築物，地基愈紮實則建物愈穩固，共享知識與相似認知歷程就是讀寫的基石，共同形成讀寫整合教學的基礎。

肆 課文本位的讀寫整合教學

一、課文本位讀寫整合教學規劃

讀寫教學的終極目的在培養思考與溝通的跨領域能力，讓學生能夠透過閱讀與寫作進行跨領域的終身學習。美國閱讀研究小組（Reading Study Group [RAND], 2000）鼓勵多運用現行課程的材料進行理解教學，教育部

表 1.2 媒介教學觀點的閱讀與寫作歷程成分表

閱讀歷程成分	寫作歷程成分
一般工作處理：監控閱讀目的 1. 享受身歷其境的體驗 2. 為完成某些工作而蒐集新資訊 3. 確認自己知道多少	**一般工作處理：監控寫作歷程** 1. 寫作目的 2. 設定文章的讀者 3. 寫作素材是否足夠
資訊過濾 根據現有知識決定所讀訊息的合理性	
命題網絡處理 透過推論或心像組織概念網絡	**網絡處理** 將想法命題網絡的鉅觀結構轉換為文句
	文句處理 選用能表達命題概念的適當文句
文字處理 辨識文字的形、音、義	**文字處理** 正確遣詞用字、書寫文字
鉅觀結構形成 了解文本的鉅觀結構及主旨	**字形處理** 正確書寫文字
	編輯處理 檢查全文邏輯、字詞、格式及標點符號

資料來源：整理自王瓊珠（2003）。

推動的課文本位教學亦將讀寫素養融入國語文課程中。因為鑲嵌於課程的教學不但可以從原本緊繃的有限教學時間中「偷時間」（Curwen, Miller, White-Smith, & Calfee, 2010），教學效果也比將閱讀或寫作抽離出來變成單獨科目來教要好。課本有課文、統整活動、習作等聽說讀寫指導的豐富資源，只要系統蒐集與整理，有計畫的善加利用，就能發揮良好的教與學效果。

課文本位讀寫整合教學規劃可分為三步驟：

（一）第一步：規劃年級讀寫成分表

配合課文本位閱讀理解提供的「年級及閱讀理解教學成分雙向細目表」（參見第四章表 4.1）與「年級及寫作教學成分雙向細目表」（參見第六章表 6.1）規劃，詳細整理出各年級不同階段的策略教學內涵、方法與進程，讓國語文也能跟數學一樣，有明確清楚配合學生認知發展的教學成分及序階。

（二）第二步：設計適合學生認知發展的課文本位長期教學計畫

以系統性讀寫發展成分的長遠教學活動藍圖（參見本章表 1.3）為基礎，設計適合學生認知發展的課文本位長期教學計畫。長期計畫不限於一課、一單元或一學期，可以是小學六年，甚至國民教育九年或十二年。一旦腦中擁有學生已有背景知識及未來學習發展的明晰圖像，不論任教哪個年段，課文抽換或任教年級變動時，都能靈活應變，有系統、有程序的進行讀寫教學。

（三）第三步：建構小學長期語文發展藍圖

以教師手冊所整理的一至六年級語文能力表為基本架構，再多花一些時間，蒐集各版本一到六年級的課本，配合課文本位年級發展，整合課文、統整活動、語文天地及習作等相關資源，統整規劃出各年級課文、語文常識與讀寫教學間配合的應用計畫（參見第四章及第六章、第七章表 7.1、第八章表 8.1 及第九章表 9.1），建構小學長期語文發展藍圖，即可清楚知道哪個年級的哪些課文可以配合讀寫知識或習作的內容整合起來進行教學。

二、長期讀寫教學計畫的優點

以學生為中心所建立的長期讀寫教學計畫，有以下四項優點。

（一）完善循序的策略學習

九年一貫、十二年國教課綱或各版本國語課本的讀寫策略，多零散分布在各年級各冊的學習內涵中，需教師依專業進一步縱向整理調整，據以規劃出完整連貫且循序漸進的系統化讀寫學習策略。例如，摘要策略始見於三年級的各版本課本，分別介紹刪除（三上翰林版、三下南一版）、自然段與意義段（三上康軒版）、段落大意（三上康軒版）、結構圖整理課文要點（三上南一版）、歸納主旨（六上南一版）等摘要策略。這些摘要策略內涵從讀寫教學發展角度觀之，皆非完整系統化。因此教師必須重新整理並加以補充及調整，方能規劃出統整連貫的摘要策略教學，讓學生循序學習。其次，要強化策略間的橫向聯繫，建立策略間的連結以相互應用。例如，一、二年級的「重述故事重點」策略，可與學前幼兒的故事基模，以及三、四年級的「以結構寫大意」策略相互銜接，讓學生有完整的學習。

（二）無縫接軌整合課文、統整活動／語文天地與習作教學

課本中的統整活動／語文天地與習作有很實用的閱讀與寫作學習資源，多是課文讀寫學習的活用與延伸，如果抽離出來獨立教學，一則無法與課文內容整合而即學即用，二則統整活動／語文天地可能因教學進度來不及而被忽視省略，再則習作會花費太多時間卻無複習效果，實在可惜。如果在課文教學時，即有意識地將統整活動／語文天地與習作靈活融入，將發揮學用加乘的效果。例如，上到康軒版二上第七課「給小朋友的信」時，同時將緊接著出現的統整活動二「練習寫信」融入課文一起教，課堂上學會信的格式後，馬上請學生練習寫信。又如，南一版三下閱讀列車「創意大師」配合習作「總說—分說—總結」結構，則能練習以結構整理文章段落重點的學習。

（三）高效完成讀寫合一

依據讀寫合一核心目標進行教學活動設計，讓課本中所讀到、學到的能在寫作中即學即用。例如，從一年級開始，各版本課本由「，」和「。」開始介紹標點符號，就能即學即用讓學生在造句寫作中練習。其次，整合課文、統整活動／語文天地、習作與寫作進行教學，是讀寫合一的捷徑。如南一版三上第五課「幸福春捲香」或康軒版四上第八課「美味的一堂課」，可與南一版三上語文天地四「寫作指導的五感法」，或康軒版五上統整活動一「摹寫——五感」相互整合，活用所學，發揮讀寫合一的綜效。

（四）務實調整讀寫教學策略

依發展建立的一至六年級讀寫教學藍圖，可據以適切整合、調整教學內容與程序。例如，各版本課本至五年級才開始介紹修辭，然而「譬喻」在一年級就可以教，課文中現成的譬喻例句，上課時即可直接仿寫造句練習。又如，康軒版四下的「起因─經過─結果」結構可以和一、二年級的「重述故事重點」策略進行整合，強化抓重點學習效果。

有系統、有步驟的讀寫整合教學，應建基於符應學生認知發展的理論與證據本位教學，不但緊密聯繫課文閱讀與寫作，讓寫作不必另闢戰場，更能充分運用有限的教學時間，讓讀思寫學合而為一，發揮即學即用的讀寫整合教學效果。

伍 不同發展階段的讀寫關係

Fitzgerald 與 Shanahan（2000）參考 Chall（1983）的閱讀發展階段模式，建立「讀寫素養關鍵指標模式」（the critical literacy markers of stage model），說明不同讀寫發展階段的關鍵知識。此模式有兩個基本前提：一為讀寫關係的關鍵知識會隨不同發展階段而改變；二為在每個階段持續學習四種讀寫共享知識（後設知識、領域／內容知識、文本特徵知識及程序性知識），對讀寫素養的發展是很重要的。

為因應語言差異及閱讀便利性，本書在說明時進行兩點調整（參見表 1.3）：(1) 加入不同讀寫發展階段的行為特徵，方便行為與知識能力間的比對。(2) 為因應英文與中文的語言差異，參考課文本位教學網站的閱讀策略成分表，於不同階段加入中文讀寫關鍵知識。

讀寫素養關鍵指標模式的階段 0 是 0～6 歲「素養植基期」，幼兒學習什麼是書及如何讀，持續發展聽說讀寫能力，擴充對世界的認識。後期最重要的學習是聲韻覺識，及有效辨識文字符號的解碼識字，充分發展幼兒的口語互動與讀寫萌發經驗。階段 1 是一到二年級的「素養萌芽期」，此階段要增加對讀者與作者互動的後設知識，常問自己「是這個意思嗎」作意義自我監控，有助於識字與寫字的學習。直接教導形音連結、部件辨識與組字規則等閱讀策略，及轉譯／起草的寫作策略，練習將口語字彙應用到讀寫中，可以建立讀寫相互整合的基礎。階段 2 是二至三年級的「流暢期」，識字與寫字的程序性知識臻於內化與自動化，是流暢統整讀寫策略與歷程的基礎。繼續發展詞素覺知擴充詞彙量，並熟悉記敘文體知識。持續寫作教學步驟：轉譯／起草、計畫、修改，文章格式與寫字教學要逐年增加。階段 3 是四至八年級的讀寫以學「新知期」，更深入理解與詮釋想法和概念，才能透過讀寫學習新知。訊息性知識文本變得重要，學習內容中抽象詞彙概念及遞增長而複雜的句子，需要發展後設理解與背景知識、知道如何應用詞義連結文本建構意義、文體結構等關鍵知識。教師在真實文本的讀寫教學中建立鷹架，引導讀寫整合及課程內容學習。階段 4 為九年級至高中的「多元觀點期」，持續發展後設理解與自我監控，知道如何洞察作者觀點去詮釋文本，知道如何透過多元觀點去分析與批判自己或作者的想法或作品。階段 5 是 18 歲以上的「建構與重建期」，對事物

表 1.3 讀寫素養發展階段的行為特徵與關鍵知識

讀寫素養發展階段的行為特徵	讀寫素養發展階段的關鍵知識
階段 0：素養植基期（0～6 歲）	
1. 讀寫萌發經驗開始發展，有豐富語言互動的幼兒較占優勢，有較廣泛詞彙。 2. 背景知識從嬰幼期開始發展。 3. 基模知識反映出幼兒擁有的經驗。 4. 兒童與大人的豐富語言與認知互動，促成語言與認知的內化，對閱讀很重要。 5. 以內在語言為主，常見自我中心語言。	**後設知識**：知道閱讀與寫作的目的及功能。 **領域知識**：發展認識世界的知識。 **文本特徵知識**：聲韻覺識、由形音義對應學習識字。 **程序性知識**：有書的概念。
階段 1：素養萌芽期（6～7 歲，一到二年級）	
1. 音素覺知開始發展，需課堂融入讀寫能力與課程內容的教學。 2. 透過類推（例如，有邊讀邊）學習識字。 3. 識字與寫字愈流暢，則讀寫活動與範圍愈豐富。 4. 學業動機最強，相信去讀去寫就會成功。 5. 直接教導詞彙效果較佳。 6. 開始學習寫作策略：轉譯／起草。	**後設知識**：了解讀者與作者會有互動、開始學習監控字義。 **領域知識**：形音連結、部件辨識、詞彙。 **文本特徵知識**：句型。 **程序性知識**：如何應用策略識字與寫字。
階段 2：流暢期（7～8 歲，二到三年級）	
1. 自動化認字能力增強，讀寫愈多者會成為優秀的讀者與作者。 2. 繼續字彙教學，擴展詞彙量。 3. 理解力取決於流暢的閱讀。閱讀不流暢者可和大人進行一對一閱讀，從回饋中獲得改善。 4. 寫作教學步驟：轉譯、計畫、修改，文章格式與寫字教學要逐年增加。 5. 有讀本選擇權時，學習動機較強。	**領域知識**：高頻詞彙。 **文本特徵知識**：記敘文文體、詞素覺知。 **程序性知識**：流暢統整讀寫策略與歷程。

表 1.3　讀寫素養發展階段的行為特徵與關鍵知識（續）

讀寫素養發展階段的行為特徵	讀寫素養發展階段的關鍵知識
階段 3：新知期（9～14 歲，四到八年級）	
1. 學業動機逐漸下滑，班級競爭或歸因失敗於能力不足。 2. 用進步本身獎勵學生可提升學習動機。 3. 有效教學強調努力就會有好成績、變聰明，失敗只是學習過程。 4. 教閱讀理解與寫作策略能改善理解與寫作能力。 5. 教師在真實文本的讀寫教學中建立鷹架，引導讀寫整合及課程內容學習。 6. 熟練的讀者有充足背景知識並能快速辨識詞彙，運用策略理解並記憶文本。	**後設知識**：後設理解。 **領域知識**：由文推詞意。 **文本特徵知識**：說明與議論文體、句型。 **程序性知識**：知道如何建構與應用詞義、知道如何連結文本建構意義。
階段 4：多元觀點期（14～18 歲，九年級到高中）	
1. 閱讀時，能洞察作者的觀點，詮釋文本的主旨。 2. 藉由分析、判斷與統整，產生多元觀點，主動形成自己的看法。 3. 如果小學時沒學會寫作策略，此時教導仍有很大的幫助。	**後設知識**：後設理解。 **領域知識**：由文推詞意。 **文本特徵知識**：連結文本與脈絡建構意義。 **程序性知識**：知道如何由作者觀點詮釋、知道如何分析與批判。
階段 5：建構與重建期（18 歲以上，大學及成人）	
1. 選擇性閱讀與寫作。 2. 閱讀與寫作時，是藉由分析、綜合、判斷，建構批判意識並表達自己的觀點，而不是被動接受作者觀點或無法表達自己的觀點。	**後設知識**：知道作者與讀者如何互動。 **領域知識**：應用讀寫問題意識深化理解與作品。 **文本特徵知識**：連結文本與脈絡建構意義。 **程序性知識**：知道如何由他人觀點詮釋、知道如何分析與批判。

資料來源：整理自 Fitzgerald 與 Shanahan（2000: 45）；曾世杰譯（2010：356-360）及國教署課文本位教學網站的閱讀策略成分表。

的看法由絕對、非對即錯的二元對立，轉為多元客觀相對的觀點，學習透過作者觀點去讀並以讀者觀點去寫，藉由對讀寫的深入分析與綜合，應用自己的判斷並洞察他人觀點，提升文本意義建構與文章創作的能力。

教出讀寫素養

CHAPTER 2

讀寫整合教學的理論與原則

壹 讀寫整合教學的理論基礎

心理學對學習定義的共識是「學習是因經驗而獲得知識或改變行為的歷程」（張春興，1996），但各學派對學習歷程的探討，仍有不同詮釋。行為論認為學習是個體受外在刺激而產生行為改變的歷程，教學強調操弄刺激以有效連結並產生行為反應。行為教學理念被抨擊可能衍生機械背誦與反覆練習，所學並非可帶得走的能力而是無法活用的惰性知識。1980 年代以後，行為主義學派的觀點漸漸式微，取而代之的是以認知科學為基礎的閱讀與寫作理論。認知取向學習理論對閱讀與寫作深具啟示，成為讀寫整合教學的理論基礎。認知科學關心學習的內在歷程與主動建構觀點，強調學習者擁有學習歷程的所有權，主張知識是由學習者主動建構出來的，且受學習者先前經驗所影響（陳奎伯、顏思瑜譯，2009），能符應當前讀寫素養教學趨勢。以下即簡介與讀寫整合教學密切相關的認知取向理論，包括認知發展論（cognitive development theory）、社會建構論（social construct theory）、訊息處理論（information-processing theory），以及認知結構論和社會學習論（張春興，1996；Bandura, 1986; Vygotsky, 1978）。

一、認知發展論

Piaget 認為認知發展是兒童隨年齡增長時其心智能力所產生之質的改變，也是基模或認知結構改變的歷程（張春興，1996）。智力發展即個體心理上因認知失衡，而應用同化或調適機制解決認知衝突以達平衡的連續歷程。因此，進行閱讀與寫作教學時，依據兒童認知發展階段：感覺動作期→前運思期→具體運思期→形式運思期為教學原則，教材組織與教法設計必須配合兒童發展程度，實質銜接新舊經驗，據以製造新舊知識衝突引發心理不平衡的認知衝突，激發內在動機以主動探索與思考，運用舊經驗解決問題，組織知識以達適應及發展。

二、社會建構論

社會建構論強調個體與其所處文化環境間存在著相互影響改變的辯證式建構關係，內化、近側發展區（ZPD）及鷹架是理論的核心概念（陳宥儒等譯，2008）。Vygotsky（1978）認為認知發展因外部影響而產生，任何高層次的心理活動皆始於外在，歷經人際間的社會互動、合作與對話而轉移內化，方成為個體內真正的心理功能。內化是指將社會文化情境中所理解與觀察到的知識，融入認知結構而能為己所用的歷程。與周遭人群互動中形成的內在語言與反省性思考，是內化複雜概念與學習的關鍵（Vygotsky, 1978），因此愈多對社會文化觀察互動與溝通表達的機會，就愈能成為訊息處理的高手。近側發展區是兒童獨立作為（真正發展層次）與專家引導後表現（潛在發展層次）之間的差距。近側發展區的概念係基於「學習先於發展」的觀點，可經由動態評量情境測量出來。例如，讀寫教學時要求學童理解文本並寫出段落大意，當學童無法理解時給予循序漸進提示或部分說明，觀察學童能否由提示或回饋中獲益（陳宥儒等譯，2008），動態評量能協助教師了解學生的近側發展區並設計提升學童發展的教學。社會建構論認為最好的教學是先於發展並持續引導發展，以兒童真正能力為基，以促進學生潛能發展為標的（陳宥儒等譯，2008）。認知發展就像師徒見習，師傅先由內隱的互動，配合學童需求、興趣與經驗，安排探詢、開放性解釋環境提供學童社會化經驗，以中介學習經驗引導發展而不直接教學；繼而融入外顯互動，構築鷹架提供指導、支援與協助，以間接引導協助孩童學習，才能發現兒童的優勢；最後逐漸移轉學習責任，發展出屬於學童自己的能力。

三、訊息處理論

訊息處理論是解釋人類如何經由感官覺察、注意、辨識、轉換、儲存、記憶及提取訊息的內在心理活動，以獲得並運用知識的歷程（張春興，1996）。自外在環境中輸入訊息到個體腦中的短期記憶，經工作記憶運作以編碼為心理表徵而儲存於長期記憶，當需要時再從長期記憶中檢索並解碼解釋表徵。訊息處理與教學、學習歷程密切相關，強調觀察辨認、策略處理與理解，因此讀寫教學應考慮學生訊息處理能力的極限，避免認知負荷超載。更重要的是要發展有效的學習策略、心理表徵與先備知識技能自動化能力，這些能力（例如，識字、寫字）不但是轉化到下一個階段（例如，閱讀理解、寫作構思）的必要條件，也能節省工作記憶以順利進入下一個更複雜的學習。

讀寫整合的教與學運用認知理論，藉由閱讀時編碼→儲存→提取的訊息處理及教學指導鷹架，歷經同化與調適機制建構認知基模，寫作時則從長期記憶中搜尋並提取閱讀時建構的文本知識基模，應用 Bandura 社會學習論的觀察、模仿與學習遷移，歷經注意、保留、認知到動機的模仿歷程（Bandura, 1986），由讀學寫、以寫促讀。教學時運用 Bruner 認知結構論的動機、結構、順序及增強原則，由動作表徵「從做中學」的直接經驗，發展到形象表徵「從觀察中學」的心像，再發展到符號表徵「從思考中學」的語言文字（張春興，1996），循序漸進整合讀寫。而教學過程中強調在近側發展區藉由教師與同儕的協助，完成自己獨力無法達成的讀寫學習。有步驟有方法的教學方法，兼採教師示範指導的認知師徒與學生探究互動的中介歷程經驗，藉由溝通互動提供練習機會與回饋修正，能持續促進認知發展並提升讀寫能力，是形成讀寫整合教學、培養讀寫素養的重要理論基石。

貳 讀寫整合教學的取向

讀寫教學有三個取向，一為閱讀教學技能取向（skill approach）；二為全語言取向（whole language）；三為整合取向（integrated approach）：媒介教學與平衡觀點（balanced perspective）的讀寫教學（王瓊珠，2003；曾世杰譯，2010；Pressley, 2002）。其中整合讀寫教學取向兼融技能取向與全語言取向的優點，最值得推薦。

一、技能取向

技能取向認為閱讀與寫作的歷程包含各種高低層次的技能，這些技能是由下到上，從局部到整體逐一建構而成。所以教學時要先教局部技能，再繼續練習全面技能（王瓊珠，2003）。技能取向重視解碼識字歷程，強調字形與字音的辨識應先於語意和語法的運用。具體的說，就是由「字—詞—句—段—篇」的循序逐步教學。

二、全語言取向

全語言取向認為讓學生浸潤在有意義的語文環境中，進行由上而下真實文本的閱讀與寫作，學童就能自然而然習得讀寫技巧，且效果要比個別技巧成分加總的教學還更好（王瓊珠，2003；曾世杰譯，2010）。全語言取向強調閱讀與寫作的歷程固然包含各種技能與成分，但只在學童有需要時才教，不必刻意去教。重視閱讀時個人背景知識的運用，因為在文本猜測及抓重點的過程中，將看到、聽到資料加以組織理解的認知歷程，讀者需運用知識或經驗來同化或理解新的訊息，所以讀者是否具備適當的基模，將會影響閱讀理解。

三、整合取向

平衡觀點與媒介教學的讀寫教學，都是從認知心理學觀點，試圖平衡技能與全語言取向兩大爭論，並擇優進行整合（王瓊珠，2003；曾世杰譯，2010）。整合取向認為在閱讀與寫作時，訊息是由上而下與由下而上交互作用的歷程，也是解碼識字與閱讀理解、寫字與寫作間相互交織的運作。基於閱讀歷程是解碼認字、形成命題和統整三者間相互循環進行，寫作歷程則是轉譯、計畫和修正三者間相互循環進行，讀寫過程中會不斷的修正，直到讀者已理解文章而寫作者已滿意作品為止。

整合取向讀寫教學將閱讀與寫作教學融合在一起，能兼顧技巧教學與有意義讀寫活動。Pressley 於 1990 年代開始倡議平衡式的讀寫教學，認為應在技能教學與全語言教學間取得平衡，兼取二者的優點，給初學者與弱學者系統性結構化的解碼技巧直接教學，同時布置全語言讀寫環境，教學內涵包括解碼技能、視覺字、字彙發展、理解技巧、社會脈絡、廣泛閱讀、自我監控、自我引導、流暢性及正確性，是廣泛、統整且動態教學取向，讓孩子有機會浸潤在有意義的語文氛圍中學習。平衡閱讀教學以學生為中心，不但融合全語言教學之文學活動及字母拼讀法教學之技巧教學活動，且融入寫作、動機及讀寫整合學習（曾世杰譯，2010）。而媒介教學取向則強調讓學生進行全面、有效的真實讀本閱讀與實際的寫作活動。在閱讀時，教師提供鷹架並帶領討論，師生與同儕互動，幫助學童提升閱讀與寫作歷程中特定成分的學習。整合取向的讀寫教學，因能發揮技能取向與全語言取向優點，彌補其缺點與限制，截長補短因而能發揮更佳的讀寫綜效。

閱讀與寫作都需要學習，學習需要策略，策略則需要教師專業的教導。經綜合讀寫理論與研究結果，提出讀寫整合的九點教學原則（Fitzgerald & Shanahan, 2000; Parodi, 2007; Shanahan, 1988），說明如何在課室中整合讀寫，提升學生的讀寫素養。

一、閱讀與寫作需要教導

閱讀與寫作都是需要教師長期持續教學才能學會的能力，教師應儘可能在每天學習中都提供多樣化的讀寫整合教學。

二、及早從低年級就開始教閱讀與寫作

剛入學的低年級學童讀寫動機最高。傳統認為等會閱讀了以後再教寫作的觀念是錯誤的，其實只要充分運用口語經驗，藉由教師轉換想法為文章的示範搭建鷹架，即使只有一點閱讀知識或能力的學生，都能開始學習寫作。

三、在不同發展階段設計不同型態教學方法

閱讀與寫作是發展的歷程，讀寫關係隨不同年級而變化，在某個階段學習某種能力的效果截然不同於其他時間點的學習。因此教學設計時，可以參考表 1.3 中不同階段讀寫素養的發展行為特徵與關鍵知識，依據該階段主要目標規劃不同型態的讀寫整合教學。

四、奠定學童基礎讀寫能力的根基

基礎讀寫能力是高層次讀寫能力的充分且必要條件。例如，當學童已成功發展聲韻覺識，對國字的形音義有基本認識後，才能有效學習字形及

字音、字義間的對應關係。而在低年級奠定識字與寫字基礎能力後，才能順利發展高層次閱讀理解與寫作能力。

五、同時重視閱讀與寫作的獨特性與共同性

閱讀與寫作不但有各自獨特的認知成分與歷程，而且之間還同時有共享知識與類似認知歷程。雖然閱讀與寫作的獨特性仍大於共同性，從讀到寫或從寫到讀，在歷程上不是對稱的逆向運作，需要分別教導。但是閱讀與寫作間的共同地基讓二者可以相互促進。因此教學時，閱讀教學、寫作教學、讀寫整合教學要三頭並進，缺一不可，任何一個都不能被取代或被省略。

六、明確教導閱讀與寫作間如何連結互動

獲得讀寫能力的最佳證明是知道如何實際應用，教師不直接教讀寫間如何連結互動使用，學生是無法自行轉化的。創造讀寫互動環境與學習機會，可以讓學生自行建構知識。例如，教師設定寫作計畫或文章結構等主題，引導學生討論閱讀與寫作間的連結互動，或比較閱讀文本與自己的作文，鼓勵學生主動發現讀寫間的聯繫點與互動關係。

七、強調讀寫內容與歷程的關係

後設認知是教師能成功教學的核心知能（Wilson & Bai, 2010），而優質教學展現的就是 PCK 轉化為教學後設認知思考與執行的能力。因此教師要擁有能融合讀寫內容與歷程的後設認知，才能由知（陳述性、程序性及條件性知識）而行（計畫、監控與調整），將靜態的讀寫知識轉化實踐為閱讀寫作的行動（Brown, Bransford, Ferrara, & Campione, 1983; Paris, Lipson, & Wixson, 1983; Schraw & Monshman, 1995）。讀寫後設認知的知識層面包括知道讀寫的目標及可採用策略的陳述性知識（declarative knowledge; what），清楚如何運用策略步驟的程序性知識（procedural knowledge; how），及能根據時機、情境或理由等條件而採用策略的條件性知識（conditional knowledge; when, where, why）。擁有讀寫後設認知的教師能明示教導學生讀寫內容與歷程的關係，體現知行合一的讀寫。畢竟真正的讀寫行動才能活用知識，包括計畫採用什麼策略，隨時監控自己的理解、寫作及策略使用情形，當遇到困難時如何調整才能達成閱讀目標，並評估讀寫成效等。例如，閱讀時學到的詞彙或修辭能實際應用在文章寫作中。此外，能覺察陳述性知識與程序性知識之間的差異，也很重要。陳述性知識是指事實、定理、原則等，例如：詞彙、句法或結構。程序性知識則指策略或步驟等如何執行過程的知識，例如：如何摘要、修改文章等。整合讀寫的內容與歷程，學會如何學，進而實際應用讀寫方法步驟來理解及寫作，才能擁有獨立自主的讀寫能力。

八、強化讀寫溝通

閱讀與寫作都是為了溝通而存在，教學時對讀寫溝通本質的強調，能引導學生以讀者兼作者身分，連結閱讀與寫作。既要像作者般閱讀，覺察寫作意圖並評估作品品質；也要像讀者般寫作，藉由讀者回饋讓作品更成熟。

九、在有意義的文章脈絡中教閱讀與寫作

閱讀與寫作教學沒有誰先誰後，一開始就要一起教，而且要從真實的完整文本開始教。切忌切割成字、詞或段落分開來教學，應由文本的局部連貫開始，再擴展對不同文本結構組織的理解與表達，才能讓學生在有意義的脈絡中，廣泛應用學到的讀寫策略，建構文本的整體意義。

肆 讀寫整合的教學模式

連啟舜（2002）與謝進昌（2012）運用統合分析，整理國內近二、三十年的中文閱讀教學實徵研究結果。經系統性文獻回顧後發現，閱讀教學法是影響閱讀理解能力的重要中介變項，其中以合作學習的效果最高，其次是交互教學法（reciprocal teaching）與直接教學法（direct instruction）。此結果呼應美國國家閱讀審議委員會（National Reading Panel, NRP）對直接說明教學法的推薦（NRP, 2000），以及 Pressley 認為有效閱讀理解策略是直接教學加上交互教學法的建議。其中直接教學法是以講述、口頭問答、提問、課堂與家庭作業，讓學生積極參與學習（陳宥儒等譯，2008）。交互教學模式則包含預測、提問、澄清、摘要四步驟，透過師生間、學生間互相對話方式，監控並促進閱讀理解（Palincsar & Brown, 1984）。而 Curwen 等人（2010）的長期縱貫實徵研究結果亦證實，多元策略直接教學是最有效的閱讀理解教學方式。然而值得注意的是，只有策略的直接說明及教師的示範是不夠的，當學生討論與練習時，教師必須從旁協助並提供鷹架，策略教學才能發揮作用（曾世杰譯，2010）。

目前廣泛應用於閱讀與寫作的有效教學模式，是 Pearson 與 Gallagher（1983）提出的「明示漸進釋責教學模式」（gradual release of responsibility model of explicit instruction）。明示漸進釋責模式融合直接教學與建構式教學（團體討論、小組作業、合作學習）的優點，以直接教學教導基本技能、事實及概念，以建構策略鼓勵學生整合知識，並應用知識解決真實生活當中的問題（陳宥儒等譯，2008）。明示漸進釋責模式分三個步驟進行：(1) 直接教學（說明、示範），(2) 引導練習（搭鷹架、撤除鷹架），(3) 獨立練習（如圖 2.1）。教學過程中透過師生對話與小組合作討論發表，進行鷹架引導與責任轉移，輔以課前預習及課後作業練習，逐步培養學生閱讀與寫作的自學能力。

圖 2.1　明示漸進釋責教學模式

一、直接說明及示範教學

教師直接說明策略的定義與步驟。例如，說明摘要策略的意義、目的、重要性及方法、步驟。接著，教師以明確示範搭建鷹架，運用放聲思考（think-aloud）將教師的內在思考歷程用口語說出來，讓腦中的抽象思維具象化而可以被看見。例如，教師示範如何摘要。

二、引導練習

引導練習的鷹架構築分為規劃、輔導與撤離三階段，運用分組合作學習的認知師徒精神，由較有能力同儕搭建鷹架，合作完成學習。首先規劃設計能力／目標導向的教學活動，營造環境並示範策略及步驟；教學時提供訣竅、提示與協助等輔導；敏銳監控學生對協助的需求，逐步將責任由教師移轉到合作夥伴，最後移轉到逐漸精熟的學生身上（陳奎伯、顏思瑜譯，2009），最後師傅逐漸撤除鷹架以淡出支持，讓小徒弟自行探索，獨立解決問題。例如，分組練習以摘要策略摘出文本的段落大意。

引導練習運用認知師徒構築鷹架，採 4～6 人的異質分組，運用組內、組間的競爭與合作心理機制，無論兩兩配對法、師徒制、菲利普六六討論法（Phillips 66）、小組討論或獨自思考（如圖 2.2），都可以透過對話、討論及小組合作，激發多元思考與觀摩分享，以共學合作形成更具戰鬥力的集體效能感，提升學習動機與自我價值。同儕中的學習者與指導者在目標引領下，共同激發近側發展區，在達成個別績效責任的同時創造出團體績效。

值得注意的是，分工合作能力並非與生俱來，而是需要教師教導，正

圖 2.2　合作學習的不同模式

註：T 表教師，S 表學生。

向互補的人際互動與分工合作技能更是需要學習的。合作學習的第一步是明確角色分工與職務規範（如表 2.1），包括組長、記錄長、資料長、檢察長、風紀長及觀察長等，職務內容可用書面文字製成小卡片發給各組，讓學生熟悉工作職掌與如何發言，並定時輪換職掌。第二步是學習討論的規範，包括「輪流發言」、「切合主題」、「傾聽」、「對事不對人」、「與人分享」、「掌握時間」、「相互協助」等。

表 2.1　小組分工執掌表

角色	組長	記錄長	資料長	檢察長	風紀長	觀察長
職掌	1. 主持討論 2. 鼓勵發言 3. 控制發言序 4. 歸納結論	1. 記錄討論重點 2. 摘要討論進展 3. 整理討論內容	1. 領資料、白板 2. 蒐集學習材料 3. 收取作業或學習單	1. 確認組員已學會 2. 指定組員說明 3. 澄清討論問題	1. 時間管理 2. 督促認真參與	1. 進行觀察 2. 糾舉組員學習狀況

三、獨立練習

教師撤除鷹架後，要持續提供類似情境與機會，讓學生獨立練習完成工作，以利策略遷移。藉由分享討論並評比師傅與同儕間的差異，進而據以反思，探究如何應用策略才能增進能力。例如，以學習單或回家作業讓學生獨自練習摘要，檢核摘要品質，並分享應用摘要策略的心得及做好摘要的秘訣。

伍 讀寫整合教學的實踐

90 年代以前認為閱讀為接受的技能，而寫作則是產出的技能，因此相互獨立的分開進行教學（Parodi, 2007）。近來最新的理論及研究則支持結合閱讀和寫作的教學，是發展語文能力更有效的方法。歸結讀寫整合教學有三種運作模式：讀到寫、寫到讀、讀寫雙向互動。

一、讀到寫模式

由讀到寫模式是先教閱讀再教寫作。一如杜甫所言：「讀書破萬卷，下筆如有神」，這種以讀促寫的傳統語文教學觀念作法，也得到一些研究及教學現場實務者的支持（丁有寬，1997；林銀美，2005；蔡銘津，1995）。讀到寫模式認為閱讀會影響寫作，在閱讀時擇定讀寫聯繫點，針對聯繫點進行講解、分析、歸納、補充及指導，先由閱讀中學習審題、立意、分段布局及遣詞造句後，再讓學生練習仿作。實徵研究也證實閱讀能力對寫作的影響。如，Juel（1988）即發現早期解碼能力弱會導致讀寫的雙重問題。因為弱讀者認得的字比較少，也讀得比較慢，一年級時說故事能力沒有進步，到了四年級，仍會說不流暢而寫不成篇。有閱讀困難者往往在學校累積許多不愉快的讀寫經驗，於是日積月累，很多弱讀者就變成了弱寫者（Juel, 1988）。

二、寫到讀模式

以寫促讀模式認為寫作是深化閱讀的最佳方式，相關研究也證實寫作能有效促進閱讀（Graham & Hebert, 2010, 2011; Hebert, Bohaty, Nelson, & Brown, 2016）。就評量觀點而言，寫作對高階閱讀測驗分數有良好的預測力，而大部分的教育評量都需應用寫作，意謂著寫作能力在閱讀測驗或各學科都扮演居間促成的重要角色（曾世杰譯，2010），證實寫作經驗能促進閱讀發展。

三、讀寫雙向互動模式

讀寫雙向互動是目前在實徵研究與教學實務上，都證實最具綜效的模式（倪曉雯，2013；陳靖文，2015；陳鳳如，1999；龔玉雲，2015；Abbott, Berninger, & Fayol, 2010; Parodi, 2007; Shanahan & Lomax, 1986）。Shanahan 與 Lomax（1986）比較二年級與五年級之讀、寫成分關係的研究發現，三種讀寫模式中的最適配模式是讀寫互動模式。Parodi（2007）則發現讀寫在微觀架構、鉅觀結構及頂層結構三個認知表徵層次都有正向相關，顯示閱讀理解與寫作間是相互關聯的歷程。他提出的讀寫雙向模式（如圖 2.3）認為閱讀與寫作在某些層次有互動，但其他層次則相互獨立。首先，讀寫有各自的專門知識，閱讀的成分有：識字、流暢性、詞彙與閱讀理解；寫作的成分有：寫字、詞彙、語法及結構（Shanahan & Lomax, 1986）。其次，讀寫間也擁有共同知識與策略，包括背景知識、文體結構及程序性知識與技能，透過讀寫共同策略的互動可降低認知負荷，節省讀者與作者的認知資源。

歸結而言，讀寫雙向互動模式最具綜效，而讀寫整合教學的效果，則取決於閱讀理解與寫作間連結的方式與緊密程度。由閱讀理解、寫作與讀寫整合教學關係圖（如圖 2.4）觀之，閱讀教學重理解，寫作教學重表

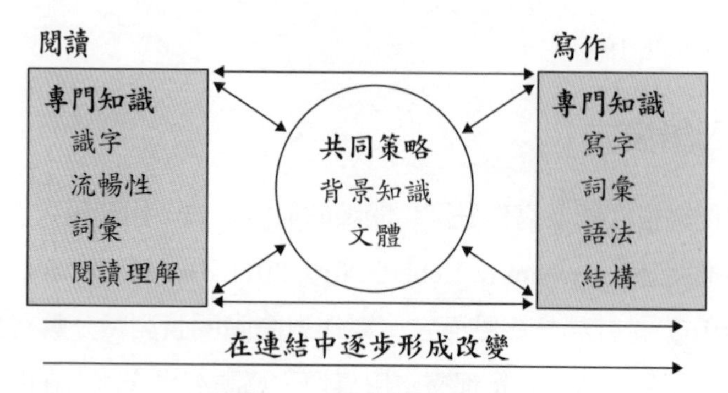

圖 2.3　讀寫雙向模式

資料來源：修改自 Parodi（2007: 230）；Shanahan 與 Lomax（1986: 116）。

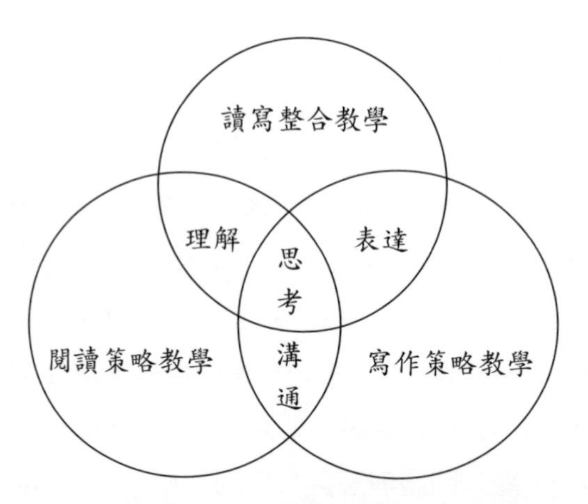

圖 2.4　閱讀、寫作與讀寫整合教學關係圖

達，讀寫整合則關注溝通，三者皆以思考為教學核心。一般課室在讀完課文後造句練習，教完一課後寫相同主題的作文，只是在閱讀中增加寫作活動，並未以思考為軸心連結讀寫，強化理解後的溝通表達能力，這種徒具形式連結的閱讀與寫作，是不會自動帶出讀寫相互遷移的學習效果，也不能實質提升閱讀與寫作能力。

在讀寫整合教學效果的實徵研究證據方面，Hebert、Gillespie 與 Graham（2013）以後設分析整理以一到十二年級為對象的 19 個研究，結果發現，延伸寫作活動比問答式閱讀測驗、摘要寫作也比自由回憶式問答，都更能提升學童的閱讀理解。而有延伸寫作活動則更能增進閱讀教學效果。美國學者 Knapp 和同事對美國 140 所小學教室研究他們的教學與學業成就，結果發現強調意義表達的教室裡，學生的閱讀成就最令人驚豔，而這些班級裡閱讀與寫作是整合性的活動。接著 Knapp 等人進入小學現場觀察三位傑出教師的教學，發現這三位教師的教學活動環環相扣，閱讀素材與作文題目有關，強調在課程情境中帶入讀寫技巧的教學，將讀寫教學與學科內容教學密切整合為一體（曾世杰譯，2010）。對照國內的國民中小學九年一貫課程及十二年國教，皆強調讀寫結合教學（教育部，2012a；國家教育研究院，2018），因為教師教學如果能夠有機的整合閱讀與寫作，在課文教學中融入讀寫策略，不但能讓學生習得閱讀與寫作策略，更能具體提升學生的語文能力及讀寫素養。

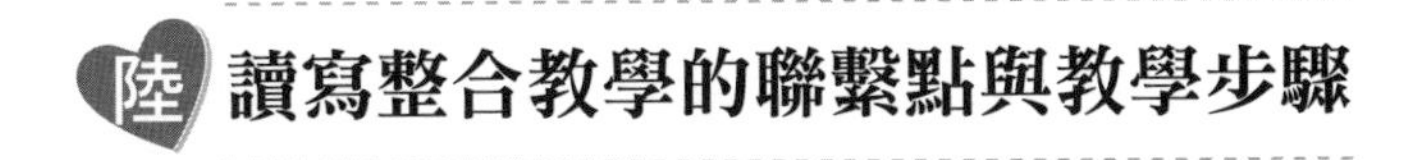

陸、讀寫整合教學的聯繫點與教學步驟

一、讀寫整合教學的聯繫點

閱讀與寫作的關係是各具獨特性又有部分重疊。首先，在獨特性部分，由表 2.2 得知閱讀與寫作有不同成分概念，必須分別進行獨立的教學與評量，此部分將在本書第二篇與第三篇中詳細說明。

其次，在讀寫重疊聯繫方面，閱讀與寫作都需要文體知識、語句知識、修辭鍊句及組織的能力（如圖 2.5），透過讀寫重疊可建立的聯繫點包括：題目、內容、文體結構及修辭，可分別設計題目、結構、提問、修辭及監控等教學活動與作業進行讀寫聯繫。基於讀寫間具備的共享知識與相似認知歷程，相互連結的讀寫互動教學能同時提升閱讀與寫作的學習成效。而讀寫整合教學的第一步，是找出讀與寫間的共同聯繫點，思考設計

表 2.2　閱讀與寫作的成分、教學與評量重點

閱讀			寫作		
概念成分	教學	評量	概念成分	教學	評量
識字正確性	基本字帶字 組字規則 記憶策略	識字量	寫字正確性	筆畫、筆順與間架結構 記憶策略	寫字量
識字流暢性	朗讀	每分鐘朗讀流暢性	寫作流暢性	造句、文章寫作	句子的意義概念數、作文的總字數與相異字數
詞彙	詞素覺知、意義連結	識詞量	詞彙	修辭	遣詞用字
閱讀理解策略	課本本位讀寫整合	預測、提問、推論、摘要、結構、監控	寫作策略	課本本位讀寫整合	計畫、轉譯、修改／審題立意、取材、布局、遣詞造句、修改潤飾

資料來源：閱讀部分修改自李俊仁（2016）。

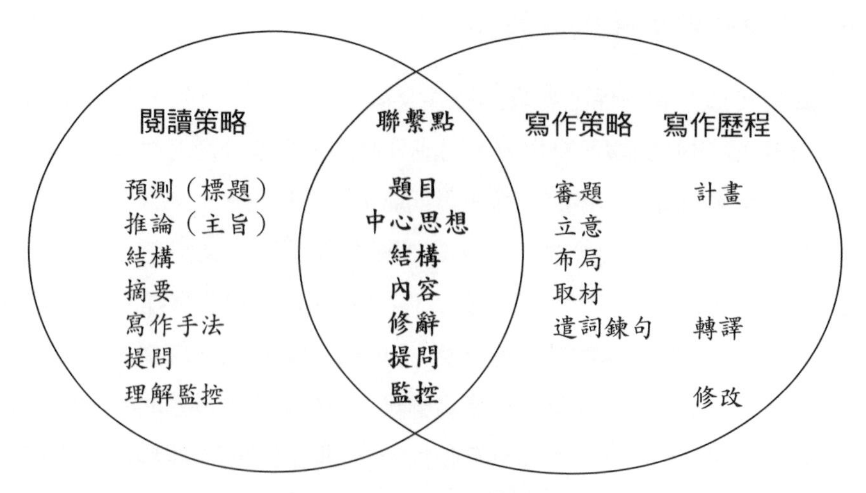

圖 2.5　讀寫教學聯繫圖

認知、溝通與合作的讀寫雙向聯繫活動，讓學生在真實學習脈絡教學中體驗、參與並充分發展（Shanahan & Tierney, 1990）。基於閱讀與寫作間聯繫能力的學習，在不同階段有不同重要性與學習效果。對低年級初學者來說，識字與寫字的連結學習是最為重要的；但相對於熟練閱讀者而言，更重要的學習重點則轉變成連結閱讀理解與寫作詞彙、組織。換句話說，課室中識字教學的比重會隨年級而降低。因此，教師須熟知學童的發展，掌握閱讀、寫作及讀寫整合能力在不同時間點的教學目標與重點，才能在不同發展階段，開發設計適當的閱讀、寫作及讀寫整合教學策略課程。

二、課文本位讀寫整合教學

課文本位讀寫整合教學的特色是應用教學現場中的教材，收「即山鑄銅，煮海為鹽」之效。不需另外設計教材或額外的教學時間，直接結合課室課程，融入各年級相對應的學習策略，讓學生在課程教學中學習策略應用，同時增進閱讀理解與寫作能力。

讀寫的知識與策略需要學校教師長期綿密且系統化的教學方能達成。在規劃課程時，寫作題目與課堂的主題文旨緊密配合，學生在學習課文或範文時，先掌握文體內容、結構與寫作特色，同步練習寫作技巧。到寫作時，便能得心應手的靈活運用。

三、讀寫整合教學的教學步驟

在進行教學之前，教師應熟悉所教的教材。目前部分教學現場老師的備課，或有依賴教學指引的教材分析或憑多年教學經驗進行教學規劃，將教學區分為生字詞、文體、主旨、修辭、內容深究、形式深究等部分。但是，許多的教學檢討顯示，沒有深入紮實的文本分析，表面上看似節省了時間，其實可能會錯失重要的問題與思考，忽略許多不同閱讀理解層次的內容（教育部，2012b），容易缺乏脈絡系統性，方式僵化且內容切割，識字與理解割裂，學習者難以整合成自己的能力。

教師教學前必須先思考幾個基本問題：要教什麼？為什麼教？要如何教？學生要如何學？要回答上述問題的最佳方式就是教材分析。將原型教材轉化成學生能夠理解的教學材料，是擁有教師 PCK 的專業展現，也是邁向專家教師的重要途徑之一。依據 Shulman（1987）提出教學推理與行動模式（參見表 2.3），教學是「理解—轉化—教學—評量—反思—新的

表 2.3　教學推理與行動模式

教學前 教學計畫	**理解——教材分析** 目標、教學科目的結構、相關概念。
	轉化——富可教性且學生能理解的形式 準備：分析並批判性詮釋文本，結構與重組，釐清教材的教學目標。 表徵：應用類推、譬喻、舉例、示範、解釋等表徵方式呈現教材。 選擇：依據教學風格、組織、經營與安排，來選擇教學章節的教學流程。 依學生特性而調整：依學生的先備知識、錯誤概念、學習困難、動機、性別、年齡、能力、文化、智力、興趣等，進行教學調整與修正。
教學中 互動性思考	**教學——策略與技巧** 呈現教材、直接教學、提問、發表、分組討論、探究、讚許、紀律、管理。
	評量——形成性與總結性 教學過程中與教學後檢核學生的理解，評估自己教學表現並據以調整成為經驗。
教學後	**反思——從實務經驗中學習** 回顧—再建構—再行動，批判性分析自己及學生的表現，進行紮根於證據的解釋。
	新的理解——教學精進 對教學目標、內容、學生、教材教法和自己，整合出新的認識，由經驗中學習。

資料來源：Shulman（1987: 15）。

理解」的循環歷程，教材分析透過教學前對教材理解與轉化的推理過程，據以設計教學活動，完成教學計畫。理解是對教學內容全盤充分的了解與批判性分析，從課文、習作、補充資料、影片或繪本等原型教材中，抽繹出具可教性的概念，分析教材的形式結構與主題內容。思考選擇適合的表徵，可能是舉例、說明、示範或實際操作，將教材轉化成學生可以理解的形式。接著進行教學與評量，教學後由反思中獲得新的理解。

素養導向教學需兼顧學生知識、能力與態度的培養（國家教育研究院，2018），不僅強調多元識讀的語文運用能力，更強調情意及態度層面的培養。據此規劃讀寫整合的教學程序，可分為四個步驟：文本分析、閱讀理解教學、讀寫整合、讀寫精進。教學者在教學前的首要工作是理解分析教材，由認知心理學的角度去思考、審視分析與詮釋解讀教材，探究文本的深層涵義，將要教的概念與能力提升到抽象層次，以文本為橋梁，連結人類共通經驗以探索人性、建構生活智慧的原理原則，據以訂定教學計畫。計畫包括確立教學目標與教學策略，依據目標設計課程及教學活動，將原型教材轉化成適合學生學習的教學素材及教學表徵。而要達到讀思寫學合一的效果，所設計的教學活動必須環環相扣，閱讀素材和作文題目有關，讀寫教學和學科內容結為一體（曾世杰譯，2010）。而唯有教學前審慎規劃，後續的教學、評量及反思，才有所本。

（一）文本分析

文本（text）是語言符號的組合，不僅包括文字材料，也包括圖畫、圖解、圖表、插圖等閱讀材料。文本或課文都是原型教材，唯有透過讀者的詮釋才能展現意義。就閱讀教學而言，理解是閱讀教學的核心成分，能理解所閱讀的文本是每位讀者的終極目標（Hebert et al., 2013）。閱讀文本的讀者自然包含教師與學生，而一名成功的閱讀引導者，不在於活動有多少，而在於「自己到底讀懂多少」（許育健，2015）。更確切的說，教師要先理解文本，才能教會學生如何理解文本；教師要先會分析文本，才能教會學生如何分析文本。因此讀寫整合教學的第一步就是文本分析。文本分析的目的在慧眼擇亮點，發現文本的「可教點」與讀寫整合的「聯繫點」，找出課文的主題重點與寫作特色，尋求由讀練寫的突破點。文本分析的步驟可再細分為：解析文本、形成結構分析圖表、確立教學主題及目標、設計教學活動。

1. 解析文本

蘇軾在〈送安惇秀才失解西歸〉的詩中寫道：「舊書不厭百回讀，熟讀深思子自知。」而文本分析的第一步就是熟讀、解析及統整。許育健認為應從讀寫不分家角度，關注直指文心的文章核心內容及辨識文章雕龍的寫作手法，進行文本的「三次分析」。第一次從主題細節分析「寫什麼」（what）；第二次從布局手法分析「怎麼寫」（how）；第三次從核心意旨分析「為什麼這樣寫」（why）（許育健，2015）。唯有透澈的文本分析，才能在教學中帶著孩子去思考文本背後傳遞的訊息、意旨、寫作手法及價值觀，而這樣的文本教學才能引發學生的共鳴與高層次思考。

2. 形成結構分析圖表

根據對文本主題與結構解析的結果，先依文本立意主軸及文體結構，將自然段歸併成意義段。接著依布局手法及取材，思考段落與段落間的關係，抽繹出段落主題句、全文大意及主旨，形成結構分析圖表。

3. 確立教學主題及目標

配合讀寫發展成分、學生認知發展及文本分析，思考文本主題及寫作手法能引導學生學習那些能力，比對十二年國教的學習表現，分列出認知、技能與情意教學目標。

4. 設計教學活動

根據教學目標設計提問與評量，並安排教學活動與流程。秉持「自發、互動、共好」的十二年國教基本理念，思考每項教學背後意涵是要培養學生哪項讀寫能力，要如何做才能激發學生主動參與。在進行每項教學或活動之前，把問題拋給學生：「這堂課的教學目標是……，請問我們該如何做，才能達到這個目標？」讓學生帶著問題去閱讀、去寫作，邀請學生主動參與學習活動，自發思考在互動合作過程中該如何做，師生才能共同達到目標。

（二）閱讀理解教學

配合不同年級的讀寫與認知發展，循序漸進進行閱讀策略教學，包括：預測、提問推論、以結構作摘要、理解監控等。

1. 預測：以六何法預測標題以連結文本內容。
2. 提問推論：以六何法、有層次的提問及詰問作者，深究內容並推論文本的深層意義與主旨。
3. 以結構作摘要：分析文體形式，以文章結構歸併意義段，運用刪除／畫關鍵詞／歸納／潤飾／主題句的摘要策略，摘出文本重點。
4. 理解監控：運用監控策略覺察評估閱讀理解情形，並採取合適方法解決問題。

（三）讀寫整合

根據文本分析及教學目標釐清讀寫整合的「聯繫點」，據以規劃進行讀寫整合教學活動。以「一課一亮點」為原則，在閱讀教學的同時即連結微寫作練習，循序漸進將閱讀素材、寫作及學科內容融為一體。低年級的讀寫整合重點是學習將口說及想法轉譯成文字，宜以畫圖、遊戲結合口述作文，透過重述故事重點學習寫小短文；中年級的讀寫整合重點是學習策略性閱讀，並逐步轉化成轉譯、計畫及修改等基本寫作能力。宜以理解文本重點結合寫作基本策略，學習敘述、描寫及說明等讀寫能力；高年級的讀寫整合重點是學習深度閱讀以精進審題立意、取材布局到遣詞造句的寫作能力。宜深化讀寫學習提升以事抒情說理及議論文的讀寫能力。

（四）讀寫精進

以第三階段的課堂讀寫整合教學與練習打好寫作地基，第四步驟的讀寫精進旨在為寫作大廈逐步添磚加瓦。低年級的讀寫精進重點是學習詞彙、造句，目標是能完整清楚的寫出自己想說的話。中年級的讀寫精進重點是學習讀寫策略，學習故事、記敘及說明等不同文體結構的審題立意與取材布局，據以擬定大綱、寫作及評估修改。目標是能結構清晰且合邏輯的表達自己的所見、所聞、所感。高年級的讀寫精進重點是學習深度閱讀以精進審題立意、取材布局到遣詞造句的寫作能力，目標是能情理交融、引發共鳴的表達自己的想法和觀點。

第二篇

閱讀理解理論與教學策略

PIRLS 認為閱讀素養是指：一、能夠理解並運用書寫語言的能力，二、能夠從各式各樣的文章中建構出意義，三、能從閱讀中學習，四、參與學校及生活中閱讀社群的活動，五、能夠由閱讀獲得樂趣（柯華葳、詹益綾、張建妤、游婷雅，2008）。九年一貫課程綱要強調閱讀能力宜依文章性質類別，以學生為主體，指導學生運用不同閱讀理解策略，培養獨立閱讀能力（教育部，2012a），以達成能力指標。而十二年國教則依不同年段，具體規範閱讀理解教學的學習內容及學習表現。第一階段強調瞭解文本及重要觀點；第二階段強調預測、推論、提問、摘要及依文本找出支持理由等閱讀策略的學習；第三階段強調分辨主、客觀判斷、摘要、提問及推論等策略的運用，推論出文本隱含的因果關係（國家教育研究院，2018）。歸結而言，不論從素養、閱讀能力或學習表現觀點，皆強調閱讀是學習的基礎，讓學生能透過閱讀來學習是成功教學的關鍵。而一個具有閱讀素養的人必須有能力讀懂文本，能從閱讀中學到新知，更要從閱讀中得到樂趣。

閱讀的簡單觀點將閱讀區分成兩個主要成分：識字解碼與語言理解（王瓊珠，2010）。識字解碼指對字辨識的正確性與流暢性；語言／閱讀理解需要口語書面詞彙與背景知識及閱讀理解策略。Mayer（1987）認為要達到語言／閱讀理解的目的，需具備內容知識、策略知識及後設認知知識。其中「內容知識」是指記敘文、說明文、議論文等文體知識，以及文本相關的背景知識；「策略知識」是指能運用閱讀技巧與方法來協助閱讀理解，包括文章結構、預測、推論、摘要等；而「後設認知知識」則指閱讀目標設定，閱讀過程中對理解的監控、修正與調整。換言之，好的閱讀者能運用一系列閱讀策略致力建構文章的意義，此高層次文章理解不僅需具備字彙知識，還需融合背景知識、閱讀策略及後設認知，包括運用低層次解碼識字、文意檢索及高層次的推論及確認主旨，方能由文章中建構意義（Pressley, 2000; Schraw, 2000）。因此，柯華葳（2004，2007）歸結閱讀理解教學涉及認字、理解及自我監督三大歷程。

然而，閱讀理解教學是要提升學生什麼閱讀能力？不同年級的閱讀發展又如何？閱讀教學如何與發展配合？教師進行閱讀教學時需具備哪些專業的學科教學知識？需要教導什麼閱讀策略？閱讀理解教學應如何進行？這些都是進行閱讀教學時，要先審慎思考釐清的問題。為回應上述問題，本篇第三章及第四章依序說明閱讀理解理論與閱讀理解教學策略，以為教師閱讀教學及學生閱讀學習的依據。

閱讀理解理論

本章先探究閱讀能力的發展歷程與影響閱讀的因素，再釐清閱讀理解能力的定義，最後梳理閱讀理解的理論，以為閱讀理解教學策略的基礎。

閱讀發展歷程及影響閱讀的因素

一、閱讀發展歷程

哈佛大學教授 J. Chall 提出閱讀發展階段模式（stages of reading development），將閱讀發展分為六個階段（Chall, 1983），是閱讀發展最著名的理論。該理論嫁接於 J. Piaget 的認知發展理論，主張閱讀是一種問題解決的形式，讀者藉由閱讀時的調適或同化，不斷解決問題以適應環境的要求。Chall 認為閱讀是從零歲開始的終身不斷發展，打破以往閱讀準備度的說法，呼應讀寫萌發的看法。而隨著時間的推移，個體的閱讀行為會產生質與量的變化，因此不同發展階段的行為特徵與策略成分，對閱讀教學與評量，都具有重要的指標引導作用。

表 3.1 整理了 Chall 的閱讀發展階段行為特徵及課文本位閱讀成分與策略。閱讀歷程的六個階段強調不同的閱讀發展重點，國小三年級之前的前三階段，重點在學習閱讀的能力（learn to read）；而小學四年級以後的後三階段，重點在透過閱讀學習以獲得知識（read to learn）（圖 3.1）。

表 3.1 閱讀發展階段的行為特徵與策略成分

閱讀發展階段的行為特徵	閱讀發展階段的成分與策略
階段 0：前閱讀期（0～6 歲）	
1. 約略知道書寫的樣貌。 2. 認得常見的標誌、符號、包裝名稱、故事書中出現的字。 3. 會把書拿正，邊唸邊用手指字。 4. 看圖說故事或補充故事內容 。 5. 會一頁一頁翻書。	1. 形音連結。 2. 文字辨識。 3. 聲韻覺識。 4. 運用背景知識。
階段 1：識字期（6～7 歲，一到二年級）	
1. 學習字母和字音之間的對應關係。 2. 閱讀時半記半猜。 3. 認字的錯誤從字形相似，但字義不合上下文，到字形、字義都接近原來的字。	1. 形音連結。 2. 部件辨識。 3. 組字規則。 4. 透過意義關聯方式拓展詞彙：造詞、同義詞、反義詞。 5. 重述故事重點。 6. 連結代名詞。 7. 六何法提問。
階段 2：流暢期（7～8 歲，二到三年級）	
1. 更確認所讀的故事。 2. 閱讀的流暢性增加。 3. 閱讀困難是否有改善的敏感時期。 4. 要建立閱讀流暢性，大量閱讀熟悉的故事是必要的。	1. 確認故事體。 2. 閱讀的流暢性。 3. 詞素覺知。 4. 摘課文大意。 5. 文章結構。 6. 推論因果。 7. 六何法提問。
階段 3：閱讀新知期（9～14 歲，四到八年級）	
1. 透過閱讀來學習新知。 2. 背景知識和詞彙有限，閱讀論述清楚而觀點單一的內容。 3. 初期從聽學習的訊息比閱讀要快，後期則閱讀會比聽講學得更快更多。 4. 字彙和背景知識增長的重要期。 5. 學習如何有效從閱讀獲得訊息。	1. 由文推詞意。 2. 詞素覺知。 3. 以文章結構摘課文大意。 4. 學習閱讀策略：以文章結構寫大意、推論、有層次提問、詰問作者、理解監控。

表 3.1 閱讀發展階段的行為特徵與策略成分（續）

閱讀發展階段的行為特徵	閱讀發展階段的成分與策略
階段 4：多元觀點期（14～18 歲，九年級到高中）	
1. 閱讀內容的長度和複雜度增加。 2. 對閱讀內容產生多元觀點。	1. 多元觀點閱讀。
階段 5：建構與重建期（18 歲以上，大學及成人）	
1. 選擇性的自主閱讀。 2. 不是被動接受作者的觀點，會藉由分析、綜合、判斷，形成自己的觀點。	1. 批判閱讀。 2. 綜合多元觀點，形成自己的閱讀觀點，或透過寫作呈現。

資料來源：整理自 Fitzgerald 與 Shanahan（2000: 45）；曾世杰譯（2010：356-360）及國教署課文本位教學網站的閱讀策略成分表。

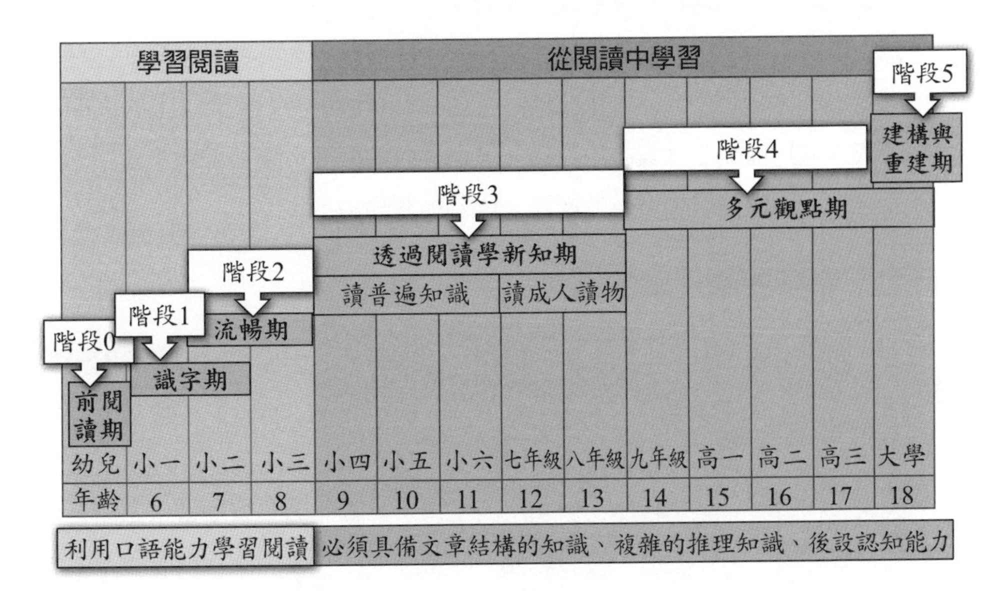

圖 3.1 Chall 的閱讀發展階段

資料來源：方金雅（2012）。

階段 0 的「前閱讀期」為早期啟蒙期；階段 1 的「識字期」為正式閱讀指導期，相當於小學一、二年級。教學重點是學習基本的字音與符號對應關係，並讓孩童有足夠的練習以建立識別與解碼的能力；階段 2 是「流暢期」，介於小學二到三年級，此時孩童在正確解碼基礎上，發展出自動化的閱讀。而一旦能順暢的處理文字，就比較容易理解文本。實徵研究亦證實，如果孩童無法順利發展到閱讀第三階段達閱讀流暢，就會在認字上出現很大的困難，甚而無法順利發展高層次的閱讀理解能力；階段 3 是「閱讀新知期」，約介於 9 到 14 歲的小四到八年級階段。此時期的學童會大量接觸說明文，且由為樂趣而讀轉變成為學習新知而讀，學校課程的重點在理解各學科的教材內容，逐步嫻熟如何處理日漸複雜的文章。此階段的訊息多半透過學科引介，以單一觀點傳授給學童。階段 4 是「多元觀點期」，介於 14 到 18 歲的九年級至高中階段，此期學生在積累足夠的不同領域知識後，比較容易觸及多元的訊息，包括衝突或不一致的觀點或想法，學生開始學習如何處理同一主題的不同觀點，並要能批判評估這些不同觀點的來源與內涵。階段 5 為「建構與重建期」，18 歲以上的大學生及成人須具備從多元資訊中建構、重建意義的能力，要能綜合文本中的多元觀點，形成並呈現自己的觀點，成為批判的讀者。

二、影響閱讀理解的因素

閱讀是讀者與文本間互動的歷程，根據研究，影響閱讀理解的因素包括了讀者、文本及教學（Kendeou & ven den Broke, 2007），這些因素之間會交互作用，共同影響閱讀理解（Rapp & ven den Broke, 2005）。讀者因素包括讀者的認字技能、對句法的掌握、推論能力、對文章主題所具備的背景知識、工作記憶、後設認知、閱讀動機；文本因素包括文章中遣詞用字的難度、文章內容的連貫性、文體結構（蘇宜芬，2004；Kendeou & ven den Broke, 2007）；教學則指教師的教學策略。教師必須因應學生個別差異設計教學活動，運用多元策略促進讀者與文本間的互動，才能一起建構出連貫統整的文本意義。

貳 閱讀理解能力

閱讀理解教學要讓學生具備什麼能力？可由三個面向思考。首先，由目前國際閱讀能力指標的國際評比 PIRLS 來看，PIRLS 定義閱讀理解分「直接歷程」與「解釋歷程」兩層次，直接歷程包括提取特定觀點與直接推論；解釋歷程則指詮釋、整合訊息觀點與檢驗、評估文章特性。國內小學四年級學童於 2006 及 2011 年兩次參加 PIRLS 的表現均是「直接歷程」優於「解釋歷程」，顯示詮釋、整合、批判等高層次閱讀理解能力，是國內學童須加強的閱讀能力。其次，由 PIRLS 閱讀定義比對 Chall（1983）閱讀發展模式的六個階段，國小三年級以前的前三階段，重點在學習閱讀的能力；而小學四年級以後的後三階段，重點在透過閱讀學習以獲得知識，符應 PIRLS 的「閱讀解釋歷程」。第三個面向是 Gagné（岳修平譯，1998）提出的閱讀理解歷程：解碼、字義理解（literal comprehension）、推論理解（inferential comprehension）與理解監控（comprehension monitoring），其中解碼在處理字詞的辨認；推論理解包括三個策略：整合（integration）、摘要（summarizing）與精緻化（elaboration）。「整合」是將兩個（或兩個以上）不相連句子的意義串連起來，使它成為連貫的敘述。「摘要」是讀者在閱讀一篇文章後歸納出主要概念以概括全篇的主旨，包括對文章結構及和文章相關知識的了解，這項能力需要有程序性知識及陳述性知識的相互配合。「精緻化」是在推論過程中加入讀者原有的經驗，以擴展文章訊息的內涵；理解監控則相當於後設認知。Gagné 的前二個階段相當於 Chall 前三期的「學以讀」階段，及 PIRLS「直接歷程」階段，重點在解碼識字達流暢的能力；Gagné 後二階段的推論與理解監控相當於 PIRLS 的「閱讀解釋歷程」，對應 Chall 後三期的「讀以學」階段，皆強調詮釋、整合、批判等高層次閱讀理解能力，這也是國內學童亟需加強的閱讀能力。

歸結而言，國小學童依年級發展習得循序漸進的閱讀策略與能力，是閱讀理論與研究的共識。低年級教學重點在識字與朗讀流暢性能力培養，中高年級教學重點則在培養運用閱讀策略而獲得閱讀理解及監控理解的獨立閱讀自學能力。

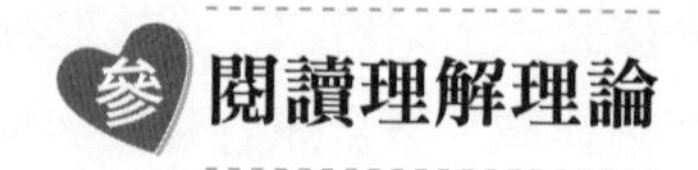

參 閱讀理解理論

在閱讀理解理論方面，1980 年代以後，以認知科學為基礎的閱讀理論取代行為主義觀點的閱讀理論，主要理論有基模理論與建構—統整模式。

一、基模理論

最早提出基模理論（schema theory）概念的是 Rumelhart，他認為基模是個人用來同化新訊息及產生訊息回憶的現存知識，是閱讀者有組織的知識結構，可用來選擇及組織輸入的訊息，使納入一個整合且有意義的架構中（Mayer, 1987）。基模具同化、過濾篩選的編碼與檢索功能，當讀者閱讀時，會啟動自己對世界經驗背景知識所形成的基模，以連結文本中的概念或主題知識，進而嘗試去推論、理解與詮釋文本的內容，而對文本主題的基模愈豐富，愈能促進閱讀理解（Alvarez & Risko, 1989）。

基模對閱讀的重要性在於文意理解（倪曉雯，2013），讀者在閱讀時，會將文本與長期記憶中的結構基模進行比對，若無適當基模、文章缺乏足夠線索或使用不同於作者的基模，皆會造成理解失敗。基模對寫作的重要性則在文體形式上的遷移，文章結構就是一種基模，能連結讀者的背景知識，建構出文章的鉅觀結構。讀寫整合即透過閱讀的訊息內容輸入，促使基模不斷擴充，增進寫作時提取的知識量，而對文章結構的深究，能形塑寫作的架構（倪曉雯，2013）。

二、建構—統整模式

Kintsch（1988, 1998）提出的「建構—統整模式」（construction-integration model, CI）認為閱讀的過程是心理表徵不斷被建構與統整的循環歷程。在「建構」階段，讀者除了自所閱讀的材料中活化新的命題，同時腦中原有的語意、語法及文章訊息有關的各種概念，均因接觸文章內容而觸發新的命題。在「統整」階段，讀者會不斷地進行指稱詞的推論，將剛建構出來的新命題與之前所產生的命題統整起來，進而理解文章的意義（陳明蕾，2010）。

建構—統整模式認為閱讀可分為三個層次：「文字符號」（surface code）、「文本表徵」（textbase）和「情境模式」（situational model）。其中，文字符號是理解文章的基礎，但通常只有字的辨識及句法分析的表面形式表徵；文本表徵是對文章「字面的理解」，也就是讀者弄清楚文章中的句子或是段落之間關係，了解作者要傳達的訊息；情境模式則補足了文本表徵的不足，將讀者個人的背景知識或人生經驗納入閱讀理解的歷程中，將文本中沒有交代清楚的地方，或是作者預留伏筆之處，填入相關的背景知識，更深入地理解文章要表達的深層意涵或是言外之意，是推論後將文本內容與自身原有知識表徵產生連結後，形成可以深入理解且應用的新知識表徵，與 PIRLS 的解釋理解歷程能力，或九年一貫、十二年國教課綱的比較、歸納、推論、摘要、詮釋等學習指標，是一致的（曾玉村、連啟舜，2016；陳明蕾，2010）。

教出讀寫素養

閱讀理解教學策略

策略是達成目標的例行程序（Dole, Nokes, & Drits, 2009），閱讀時用來增進理解，而採取的行動方案，稱為閱讀理解策略。策略教學透過策略協助建構對文本的理解，閱讀理解才是目的，可不要本末倒置變成單純只教策略。國小閱讀理解教學的依據是九年一貫課程綱要及十二年國民基本教育課程綱要，係依文章性質類別，依年段能力提供有系統的多元閱讀策略（柯華葳，2011；國家教育研究院，2018；NRP, 2000），以培養學生獨立閱讀能力。但是檢視目前臺灣的閱讀教學，仍有一些問題待解決。首先，由 2006 年與 2011 年促進國際閱讀素養研究（PIRLS），對國小四年級閱讀表現評測的結果來看，國內學童在高層次的解釋理解閱讀表現尚有待加強（柯華葳等，2008；柯華葳、詹益綾、邱嘉慧，2013）。其次，就國小教學現場觀之，課堂觀察研究結果也顯示在教師一般授課活動中，國語文教學偏重生字詞教學，時數是閱讀理解教學的兩倍，閱讀策略教學往往只占很少的比例（柯華葳，2011），且未根據年級逐步調整字詞與閱讀策略教學的比重。

為解決上述閱讀問題，教育部委託國內學者依據 Chall 的閱讀發展階段與閱讀理論，參考美國國家閱讀審議委員會報告（NRP, 2000）所指出有實徵資料驗證具有效性的七種閱讀理解策略：理解監控、合作學習、運用圖像及語意組織、回答問題、產生問題、摘要及多重策略，依國小不同年級閱讀發展、閱讀策略成分及教學比重，規劃課文本位閱讀理解教學（教育部，2011）。

壹 年級及閱讀理解教學成分

由圖 4.1 閱讀理解成分與教學策略關係圖與表 4.1 年級及閱讀理解教學成分雙向細目表可知，閱讀分為識字與理解，識字包括：識字、流暢與詞彙；閱讀理解則包括：摘要大意、推論、自我提問及理解監控。其中低年級以識讀字為核心，中年級以詞彙量為核心，高年級則以閱讀理解教學為核心。字詞教學比重隨年級遞減，而閱讀理解教學比重隨年級遞增。

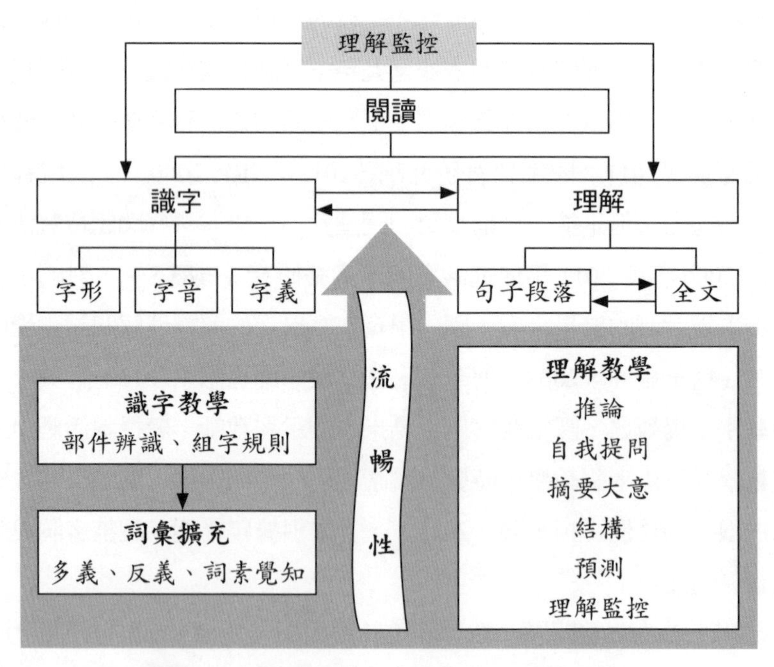

圖 4.1　閱讀理解成分與教學策略關係圖

資料來源：國教署課文本位閱讀理解教學策略資料庫 http://tbb.nknu.edu.tw/。

表 4.1 年級及閱讀理解教學成分雙向細目表

閱讀理解教學成分		一年級	二年級	三年級	四年級	五年級	六年級
識字與詞彙							
識字	字音連結	●	●	●			
	部件辨識——聲旁、部首、基本字帶字	●	●				
	組字規則		●	●			
流暢	流暢性	●	●	●			
詞彙	單一詞義——學習詞彙的意義、使用字典、例句		●	●	●		
	詞彙擴展——透過意義分類學習詞彙、同義詞、反義詞、詞素覺知		●	●	●		
	由文推詞義——主動搜尋詞彙意義、由上下文推測詞義		●（新詞）	●（多義詞）	●	●	●
閱讀理解							
預測		*	●	●			
摘要	重述故事重點	●	●				
	刪除／歸納／主題句		*	●	●		
	以文章結構摘要大意			*	●	●	●

表 4.1　年級及閱讀理解教學成分雙向細目表（續）

閱讀理解教學成分		一年級	二年級	三年級	四年級	五年級	六年級
閱讀理解							
推論	連結線索（指示代名詞／轉折詞）	● 指示代名詞	● 指示代名詞	● 轉折詞			
	連結文本的因果關係	●	●	●	●		
	由上下文推測詞義		●（新詞）	●（多義詞）	●	●	●
	由文本找支持的理由			●	●	●	●
	找不同觀點（找反證）				●	●	●
自我提問	六何法	*	●	●			
	有層次的提問			*	●	●	●
	詰問作者						●
理解監控				●	●	●	●

*表示開始認識，不同於課文本位閱讀理解教學策略。
資料來源：2011 在職教師閱讀教學增能研習手冊。臺北：教育部。

一、識字成分

識字成分包括字的形音義、部件辨識與組字規則的識字教學、詞彙擴充三部分。識字解碼是閱讀理解的基礎，從訊息處理理論觀點，個人的認知資源有限，一旦解碼耗掉太多資源，則能夠用於處理閱讀理解的資源就相對減少很多（王瓊珠，2010）。而過重的識字解碼工作會造成工作記憶的認知負荷超載，強者愈強而弱者愈弱的馬太效應現象也揭示識字量對學習的重要性，因此對處於閱讀發展之識字與流暢期的低年級學生而言，學習主軸是建立基本讀寫概念，以及識字寫字的正確性與流暢性。其次，詞彙教學重循序漸進，不同年級的詞彙教學比重由低年級占二分之一至中年級占三分之一至高年級占四分之一，因此由識字—語詞—造句—成段—課篇，循簡單到複雜原則，重在語用與認字自動化。低年級著重部件、組字原則、結構覺察與查字典能力，以建立字庫及造詞、造句能力；中高年級的教學重點則在由上下文推測詞意，練習連句成段及連段成篇，在文句、文本脈絡及寫作中練習，強化修辭與句型的學習及在寫作上的應用。

二、閱讀理解成分

理解關注句子、段落及全文間的連結與詮釋，需透過策略達成。課文本位閱讀理解教學強調的閱讀理解策略有：課文大意摘要、推論、自我提問及理解監控（教育部，2011）。而在柯華葳、幸曼玲、陸怡琮與辜玉旻（教育部，2010）開發的《閱讀理解策略教學手冊》中，則強調預測、連結、摘要、找主旨、作筆記等五種閱讀策略。筆者由讀寫整合觀點，歸納整合課文本位閱讀策略及教學現場觀察所得，認為讀寫整合取向的閱讀理解策略應包括：預測、摘要、推論、提問、結構及理解監控，並調整策略教學的年段：一年級開始教預測；二年級學習摘文章重點；三年級由六何法、有層次提問及文章結構摘取大意（如表 4.1）。除在第三章至第六章詳細說明閱讀及寫作的理論與策略外，為進一步連結理論與實務以整合讀寫，第四篇的第七章至第九章將以三種國小國語版本課文為範例，分別說明低、中、高年級課室中，如何規劃並進行讀寫整合教學。

貳 閱讀基本能力指標

國小閱讀教育的終極目標是獨立閱讀，而閱讀基本能力則是達到獨立閱讀的基礎。閱讀基本能力包括閱讀的四種成分：識字正確性、識字流暢性、詞彙及閱讀理解策略（李俊仁，2010）。具體指標如下（教育部，2011；李俊仁，無日期）：

一、識字正確性：認識 2,708 字，可達 99% 覆蓋率（text coverage）。

二、識字流暢性：每分鐘朗讀的字數，至少要 120 字。

三、詞彙量：要達到 90% 覆蓋率，需認識 12,065 個雙字詞。

四、閱讀理解策略：能運用預測、提問、摘要、監控等閱讀策略理解文章。

低年級閱讀教學在培養閱讀基本能力，主要任務是識字、詞彙與流暢性。以下根據閱讀指標，配合學童認知、閱讀發展、年級及閱讀理解教學成分雙向細目表，規劃出低年級的年級與識字、詞彙及流暢性對照表（表 4.2）（閱讀理解策略部分請參見本章第陸節），以提供教師可依循的階段性目標及有用的長期閱讀藍圖。

參 識字教學

識字是指認識書面符號。低年級時的識字正確性與閱讀理解有很大關聯，一、二年級識字學習的重點應該重視「學以讀」，由教師教導學生學習認字。三、四年級則關注「讀以學」的發展，讓學生擁有自學認字的方法（國家教育研究院，2018）。在識字量方面，國小課本的生字數約 2,700 字，平均每冊約 200 個生字。2,700 字的識字量雖不足以應付生活所

表 4.2 低年級的年級與識字、詞彙及流暢性對照表

年級	識字	詞彙	流暢
一上	形音連結 部件辨識（部首與聲旁）	透過意義關聯學習詞彙並造詞 詞素覺知	朗讀——正確、速度、抑揚頓挫、讀出情感
一下	組字規則 1. 辨識部件 2. 部件的空間位置 3. 部件的組合	同義詞、反義詞	
二上	組字規則——部首表意	學習詞彙的意義並造句 學習使用字典	一分鐘朗讀 120 字
二下	組字規則 1. 聲旁表音 2. 基本字組字 3. 基本字帶字	多義詞 由上下文推詞意	

資料來源：整理自教育部（2011）；李俊仁（無日期）。

需，如閱讀媒體的報章雜誌需認識 5,200 個左右的字。不過，從一般媒體字覆蓋率角度來看，如果能認識 1,558 字以上，可達 95% 的字彙覆蓋率（亦即每 100 個字中有 5 個不認識），就能應付 95% 一般書面文字；而能認識 2,708 字以上，便能應付 99% 的書面文字，達獨立閱讀基準（李俊仁，無日期）。因此，2,709 字可作為脫離文盲的最低門檻，這個指標也可以用來檢視學生識字量的多寡，作為是否需要補救的指標之一。而根據王瓊珠、洪儷瑜、張郁雯與陳秀芬（2008）的調查資料，二年級的平均識字量為 1,200 字；四年級的平均識字量是 2,600 字，顯示有 95% 以上五年級學生在識字指標上，具備獨立閱讀的水準。

識字是低年級的教學重點，比重約占教學時間的五分之四（方金雅，2012）。識字教學要強調語用，在文章中學識字，應用生字來造詞造句。識字教學策略的要點有三：形音連結、部件辨識及組字規則；而識字教學原則是：1. 結構拆解；2. 連結舊經驗；3. 先歸納規則，再教例外。

一、形音連結

中文屬於意符表意文字，每個中文字具有獨立的字形、字音、字義（王瓊珠，2010）。識字就是學習辨識文字符號的字形，對應字音與字義，建立形音連結的解碼能力。如，看到「花」，能讀出「ㄏㄨㄚ」，連結到「 」。一年級強調形音連結，以各種記憶策略，協助識字（教育部，2011）。

- 重點年級：一上
- 教學目標：認讀新詞；認識字形基本寫法；建立形音義連結。
- 教學策略：1. 學習筆順的基本原則，2. 認識國字筆畫名稱，3. 透過口訣與記憶策略協助識字，4. 書空學寫字，5. 以聲旁唸字音，以部首辨識字義【南一版一上語文天地一～四；康軒版一上統整活動二；翰林版一上統整活動一、二；康軒版二下統整活動二；翰林版二下統整活動一；南一版三上語文天地一】，6. 透過書寫、造詞結合形音義【翰林版一上統整活動二】。（【】表示該106學年度各版本國語課本統整活動或語文天地的讀寫教學策略，內涵會隨年度而變動。）

二、部件辨識

中文的每個字由部件組合而成，部件是構成中文字的零組件，分析部件比較容易掌握中文字型的結構（黃沛榮，2001）。部件不一定是完整的字，可分為整字及非整字部件。例如，「昂」下面的「卬」包括兩個部件：「𠂉」和「卩」。常用的部件包括可以表意的「部首」（如：口、目）、表音的「聲旁」（如：丁、亭）及其他（如：宀、艹）。識字要掌握組字知識及規則，包括部件辨識、部件位置、聲旁表音及部首表意（柯華葳，2010）。部件的位置與組合形成漢字的間架結構。上下拆：安、家、星；左右拆：吹、唱、格；上包下：問、間；左包右：巨、區；外包內：國、園。部件拆解時應考量學生的識字量，例如，「韻」，若不知「音」與「員」，則應拆解為立、日、口、貝（陳秀芬，2016）。其次，善用字謎、身體動作、拆解遊戲、口訣、聯想、圖像、加減或比較等方法來記憶字彙，不但可增加趣味性，讓部件組合意義化，不容易寫錯字，更能連結學習並強化記憶。如「獎」拆解成「將」和「犬」，變成字謎「將軍的狗」；而「站不好」可射「歪」字。識字量是識字學習的關鍵，當小學二、三年級累積約 1,500 字，達一定程度識字量時，就可以利用聲旁猜字音及部首猜字義，觸發識字量快速成長，形成富者愈富良性循環的馬太效應（柯華葳，2010）。其次，以部件歸類協助部首、聲旁或簡單造字原理識字，透過有邊讀邊、部首表意等類比推理字音字義，翻查字典辭書來自學識字，皆是有助於識字、寫字學習效果及閱讀表現的好方法。

識字教學順序應合乎學生認知發展，從高頻字（常用字）到低頻字，獨體字到合體字，具體到抽象，規則到例外（國家教育研究院，2018）。識字課程的組織要符合順序性及繼續性規準，高頻字先教，同一字詞連續重複出現並提供不同語用的練習機會。例如，翰林版一上第二課先教「『一起』向前跑」，第三課加上主詞「風兒快來『一起』追」，而第五課則變換語用脈絡為「和爸爸媽媽在『一起』」。

- 重點年級：一下
- 教學目標：透過部件拆解，學習組字規則。
- 教學策略：1. 辨識部件【南一版一下語文天地二；翰林版二上統整活動一；康軒版二下統整活動二；南一版三下語文天地一】，2. 部件的空間位置【南一版一下語文天地一；南一版二上語文天地一、三；康軒版一下統整活動二、四；翰林版一下統整活動三；康軒版二上統整活動四；翰林版二上統整活動一、三；南一版四上語文天地二「字的結構」】，3. 部件的組合【南一版一下語文天地四；翰林版一下統整活動三、四；康軒版四上統整活動三】。

- 國字注音依據教育部「國語一字多音審訂表」，參見網址：http://depart.moe.edu.tw/ED2400/News_Content.aspx?n=C60A755346B658C5&sms=27FF6C01C9CACC49&s=26FB481681F7B203

部件辨識教學步驟

1. **找出字的成分**：先從新字找出熟悉字的成分。

   教師問：這些字可不可以拆？怎麼拆？（表示教師提問）

   - 做、早、操、來、快、安、你、好、大、家、起（康軒版一上第一課「做早操」）

   教師給提示：(1) 單獨不能拆的是獨體字，如，大、四。

   (2) 可以拆解再組合的合體字，如，安、家。

2. **生字教學**：連結舊經驗，由已知的字去認識新字。

   教師出示「安」，詢問學生有沒有從學過的課文中，看過很像的字？

   - 熟悉字：「家」

3. **字的拆解與部件空間位置**

   「安」可拆解為宀、女

   「家」可拆解為宀、豕

   「宀」只放在字的上方

4. **找出共同成分，練習熟悉部件**

   找出「宀」部件的字

5. 練習筆順與造詞

(1) 獨體字教學（教育部，2011）

教師問：山羊的「羊」，這個字可不可以拆？

如果學生拆成筆畫，就告知這樣會拆不成字。筆畫少的就直接記筆畫。

教師示範筆順，提醒由左至右、由上至下的筆順原則；帶學生邊寫邊讀：一點、一撇、三橫、一豎；書空：教師示範後帶學生一起書空；學生練習筆畫。

教師問：山羊的羊，可以造什麼詞？

綿羊、母羊、公羊……

如果學生造出同音形異字，如：太陽、太平洋，教師寫在黑板另一邊，讓學生比較判斷對不對。提醒說明太**陽**或太平**洋**與山**羊**的音一樣，但意思不同。

海洋有水，所以是水的部首。

(2) 合體字教學（教育部，2011）

教師問：母雞的「雞」，這個字可不可以拆？怎麼拆？

教師問：雞可以拆成「奚」和「隹」，這兩個字在哪裡見過？

學生回答：「奚」像小「溪」的溪旁邊，「隹」像「隻」的上面。

教師問：母雞的「雞」，可以造什麼詞？

6. 先歸納規則再教例外

如果學生造出母雞、小雞以外的同音形異字詞，如飛機、基隆，就讓學生判斷，提醒母**雞**、飛**機**、**基**隆的音一樣，但字形不一樣，意思也不同。

教學專區 如何搜尋部件

- 中研院「搜詞尋字」網站（http://words.sinica.edu.tw/sou/sou.html）
  可輸入部件，獲取所有由該部件組成的字。
  例如，輸入「木」，會出現「您現在搜尋的是有木的字第 1 頁」，以及序號、字形、注音、部首、筆劃等資料。

您現在搜尋的是有木的字　第 1 頁

序號	字形	注音	部首	筆劃	總筆劃	字根序
1	木	ㄇㄨˋ	木	0	4	木
2	札	ㄓㄚˊ	木	1	5	木
3	休	ㄒㄧㄡ	人	4	6	木
4	朽	ㄒㄧㄡˇ	木	2	6	木
5	朴	ㄆㄨˊ	木	2	6	木卜
6	朵	ㄉㄨㄛˇ	木	2	6	几木
7	余	ㄩˊ	人	5	7	木
8	呆	ㄉㄞ	口	4	7	口木
9	困	ㄎㄨㄣˋ	口	4	7	口木
10	宋	ㄙㄨㄥˋ		4	7	木
11	床	ㄔㄨㄤˊ		4	7	木
12	李	ㄌㄧˇ	木	3	7	木子
13	杏	ㄒㄧㄥˋ	木	3	7	木口
14	材	ㄘㄞˊ	木	3	7	木才
15	村	ㄘㄨㄣ	木	3	7	木寸
16	杜	ㄉㄨˋ	木	3	7	木土
17	杖	ㄓㄤˋ	木	3	7	木丈
18	杞	ㄑㄧˇ	木	3	7	木己
19	杉	ㄕㄢ	木	3	7	木
20	杆	ㄍㄢ	木	3	7	木干

教學專區 如何查字頻

- 臺灣師範大學特殊教育學系洪儷瑜教授建置的「中文學習補救教學資源網」網站（http://www.rm.spc.ntnu.edu.tw:8080/contents/news/news_list.asp?menuID=1）
  可輸入文章，查詢文中用字的頻率、字的整字部件，以及組成字詞在國語課本的哪些年級出現，據以檢視判斷文章難度。

三、組字規則

二年級開始利用熟字的舊經驗學習生字，集中大量識字，學習組字規則：基本字組字（人＋言＝信；門＋口＝問）、部首表意、聲旁表音及基本字帶字。基本字帶字是有系統地將同部件的字一起呈現，以一個字帶出一系列的字族，透過詞彙學習生字（教育部，2011）。字族是以一組字形相似的字中，共同且能獨立成字的為基本字，以基本字為基礎延伸出字族。基本字帶字是有系統指導聲旁、部首及部件結構規律化的漢字，提高大量識字的學習效率。例如，先教「車」，再延伸教有車相同部件的一組字「輛、輪、輸、輕」等。又如，「青」是高雅的顏色，代表美好，以青為基本字，帶出「晴、睛、精、菁、情、清、請、靜、猜、倩」等字。再如，「戔」是小的計量單位，以戔帶出「淺、錢、棧、箋、盞、踐、賤」字族，若輔以有趣的字族歌「戔字歌」：「小小水灘是淺灘，小小銅板是銅錢，小小棧道不好行，小小書信是紙箋，小小杯子是金盞，小小步伐是踐踩，小民無財是貧賤。」（羅秋昭，2006）更能增加學習動機並強化記憶。

- 重點年級：二上。
- 教學目標：有系統學習組字規則，透過詞彙學生字，增加識字量。

- 教學策略：1. 部首表意（二上）【康軒版二上統整活動二；翰林版二上統整活動一】，2. 聲旁表音（二下），3. 基本字組字【南一版二上語文天地三、四；翰林版二上統整活動三；翰林版二下統整活動四】，4. 基本字帶字／字族識字教學【南一版二下語文天地一、三；翰林版二下統整活動四】。

組字規則教學步驟

1. 找出字的成分：拆解成分。

- 蝴蝶忙著娶新娘，紅紅的花朵是嫁妝。（康軒版二上第五課「走過小巷」）

  這些字可不可拆？如何拆？（表示教師提問）

部首表義	聲旁表音	基本字帶字
娘：「女＋良」； 嫁：「女＋宀＋豕」； 娶：「女＋取」	娶	出示基本字「青」
2. 詢問字義 娘、嫁是什麼意思？	2. 詢問熟字的讀音 「取」的讀音？	2. 詢問字義或讀音 「青」的意思與讀音？
3. 找出共同成分 娘和嫁都有「女」部	3. 找出共同成分 都有「取」， 都念「ㄑㄩˇ」	3. 找出共同成分 晴、睛、情、清、請
4. 哪些字也有女部 她、姑、姐、妹	4. 出示另一字，詢問字音 「趣」，詢問讀音或猜字音。	
	5. 詢問字義 「趣」是什麼意思？	

（資料來源：陳秀芬，2016）

教學專區 如何確認學生識字量

診斷

1. 中文年級認字量表（黃秀霜，2001）。
2. 識字量評估測驗（洪儷瑜、王瓊珠、張郁雯、陳秀芬，2006a）。
3. 天下雜誌教育基金會及臺灣師範大學「大腦與學習實驗室」網站（https://sites.google.com/view/brainlearninglab/），其中的「識字量評估測驗」。

輔導

1. 若二年級下學期識字量不到 500 字，先確認是否為閱讀障礙生。
2. 下載教育部字頻表（http://language.moe.gov.tw/001/ Upload/files/SITE_CONTENT/M0001/PIN/yu7.htm?open），設定頻次 3,000 以內的字，一個字一個字請學生造詞，建立學生需個別補救教學的生字資料庫。

識字的目的在促進閱讀理解，能主動自學並活用，寓識字於閱讀與寫作，在真實文本與日常讀寫情境中去理解並應用。因此低年級以集中識字建立高頻字流暢性為原則，中高年級的生字教學比重降低為教學時間的五分之二，透過大量閱讀來增加識字量與流暢性，強調分散式隨文識字，透過上下文推測字義，鼓勵學生先運用組字規則去自學生字，老師只教學生無法猜測的生字，減少識字教學的時間（陳秀芬，2016）。

肆 流暢性教學

流暢的閱讀是指在詞彙層次能正確快速且有抑揚頓挫的閱讀。詞彙層次的流暢性對讀者獲得理解是必要的（曾世杰譯，2010）。但值得注意的

是，流暢性是閱讀理解的必要條件但非充分條件，能自動解碼的流暢閱讀不保證就能理解。就像閱讀英文資料時，有時即使能辨識每個字義，卻未必理解文意。因為當讀者對文字的熟悉程度不足，無法快速的提取字詞的意義時，就算能夠正確的朗讀文字，卻可能因為無法在工作記憶產生整合的效果，而影響對於文章的理解（教育部，2011）。因為個人的工作記憶容量有限，唯有識字達自動化，才有足夠資源整合詞義與句義，達到高層次的閱讀理解。識字正確性與閱讀理解在低年級時有較大關聯性，中高年級學生已有基本識字量，則需強調流暢的朗讀與默讀，此時的理解力就取決於流暢的閱讀。熟練的閱讀是由上而下（例如，根據背景知識預測接下來的內容）及由下而上（例如，處理每個字及詞彙）互動的歷程，熟練性閱讀者每分鐘可以閱讀200到300字（曾世杰譯，2010）。

檢測流暢性的重要指標是口語流暢度，計算每分鐘朗讀正確字數、速度及抑揚頓挫。利用口語流暢度可以檢測學生有無機會達成閱讀理解，如果一個二年級以上的學生，閱讀具有脈絡的真實文章時，每分鐘唸讀正確字數沒有超過120字左右，則這個學生會有閱讀理解的困難（教育部，2011）。

- 重點年級：二下。
- 教學目標：自動化識字能力。
- 教學策略：1. 提高高頻字的辨識速度，2. 重複朗讀，強調速度、抑揚頓挫並讀出情感【康軒版二下統整活動四；翰林版二下統整活動一、二、三；康軒版四上統整活動一；翰林版四上統整活動二；南一版四下語文天地四】。

流暢性教學步驟

1. 確認斷詞是否正確

我和爸爸／約好／到／運動公園／去／騎腳踏車（表示教師提問）

2. 朗讀練習

(1) 練習各種朗讀方法：同時輔助朗讀（老師跟著學生讀）、回聲朗讀（老師示範，學生跟）、合唱式朗讀（學生一起讀）、同伴式朗讀（學生兩兩讀）、邊聽邊讀（CD）。

(2) 多次、反覆朗讀。

(3) 朗讀評量：利用碼表，進行學生朗讀交互評量，提升參與動機。

3. 朗讀記錄

系統記錄學生朗讀評量結果，作為增強或診斷輔導的依據。

（資料來源：陳秀芬，2016）

教學專區 如何確認學生識字流暢性

診斷

1. 一分鐘朗讀。
2. 常見字流暢性測驗（洪儷瑜、王瓊珠、張郁雯、陳秀芬，2006b）。
3. 天下雜誌教育基金會及臺灣師範大學「大腦與學習實驗室」網站之「流暢性檢測」（https://sites.google.com/view/brainlearninglab/流暢性?authuser=0）。

輔導

1. 提升高頻字的辨識速度。
2. 鼓勵重複閱讀，增進速度，朗讀時產生抑揚頓挫。
3. 獨立閱讀時間：讓學生有機會獨立閱讀以增進默讀流暢性。可以建議學生循以下步驟選出難度適中的書：挑選自己覺得有趣的書、先讀字數較少的一頁、計算自己無法立即辨識的字詞，如果超過五個，表示應改挑別的書來讀（方秋雅譯，2013）。

伍 詞彙教學

詞彙是句子中的最小基本意義單位。詞彙是理解的基礎，詞彙知識愈豐富，理解能力愈佳（柯華葳、方金雅，2010）。而要達到90%覆蓋率，需認識12,065個雙字詞，約為2,800個不同的字組成（李俊仁，無日期）。中文有80%的詞是雙字詞，只要知道其中一個字的意思，就能推論見過或不熟悉的詞彙，例如：雨刷、牙刷；西瓜、冬瓜。如果學會拆解分析詞彙構成字的意義，就能獲得一定的訊息，例如：拔尖、裸退、場佈（教育部，2011）。但是文本中仍有許多部分是識字解碼能力無法解釋的，例如：多義詞、同音詞，需要依據上下脈絡，才能推論出詞彙的真正意義。

詞彙學習包含三個成分：「構詞能力」、「詞義能力」與「詞用能力」。構詞是指造詞及斷詞的能力；詞義是指正確理解語詞意義的能力，包括字面意義與言外之意；詞用則是學會詞彙間搭配使用的能力（柯華葳、方金雅，2010）。進行詞彙教學時，要根據詞彙的實用性與學童能力，設計教學內容（教育部，2011）。詞彙不須教師一個一個教，因長期記憶的編碼以意義為主，因此以課本詞彙為基礎，安排意義相同、相關詞彙、相反詞彙，以舊經驗連結新的學習，讓學生建構意義，自然能增加學生對詞彙的理解（教育部，2011）。

一、二年級教學重點是由課本詞彙擴展同義詞、反義詞等關聯詞的詞素覺知；二至三年級教學重點是主動搜尋詞彙意義，以及回到文本由文本上下文推測詞義。教學時，選擇學生常見、常用、容易擴展詞彙的多義字，讓學生自己去拆解分析出部件及讀音，學生造詞後歸類，解釋歸類理由。明示教學先搭鷹架，再漸進釋責，讓學生依背景知識和經驗去思考及合理猜測，主動建構構詞、詞義及詞用的詞彙知識，培養搜尋、推測及形成詞彙意義的自學能力。

一、單一詞彙與擴展詞彙

詞素覺知是學習者對詞彙的概念（柯華葳，2010），是有意識覺察並使用語詞結構和規則的能力。擴展詞彙教學包括對同義詞、反義詞及詞素多義性的學習，透過造詞可以讓學生發現「同音異義」、「同形異義」的多義性詞素覺知。

- 重點年級：一上（拓展詞彙），二上（單一詞彙）。
- 教學目標：1. 拓展詞彙，2. 學習詞彙的意義，3. 用詞彙造句，4. 學習使用字典。
- 教學策略：1. 拆解字解釋詞義，2. 重複使用詞彙並練習造句，強化詞彙使用機會，3. 辨別同義詞與反義詞【南一版二下語文天地二「同音異義」；南一版三上語文天地四「同義詞與反義詞」；南一版三下語文天地四「多音字」；南一版四下語文天地一「同音詞」；康軒版六下統整活動一「同音詞」】，4. 詞素覺知，5. 大量閱讀培養語感。

詞素覺知教學步驟

1. 呈現詞彙在課文中的句子，請學生拆解字的成分。
   - 吹吹吹，吹泡泡，你吹一個大泡泡
     （康軒版一上第二課「吹泡泡」）
     「泡」字可不可拆？如何拆（表示教師提問）
     「泡」可拆解成「水」＋「包」，是水部，與水有關；發音與「ㄅㄠ」有關。
2. 請學生用「泡」造詞
   假設學生造了：泡沫、泡沫紅茶、吹泡泡、泡

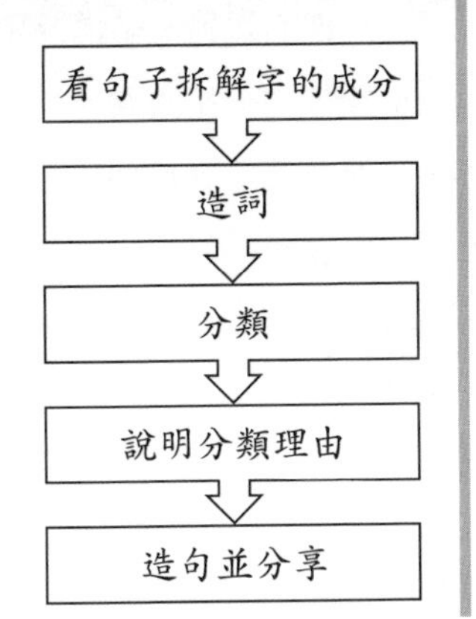

泡糖、泡泡浴、燈泡、水泡、泡茶、泡湯、泡飯、泡菜、泡麵、泡澡、泡影……

3. 請學生將這些「泡」字的語詞分類

- 在此步驟之前，教師即必須在當下對學生舉出的詞彙，依其詞素的意義迅速分類，並明確引導學生將這些詞彙分成數類。
- 不直接告知字詞意義，讓學生透過背景知識自行建構，目的在讓學生透過意義關聯的方式學習詞彙，增進釋詞、推測詞義與使用詞彙的能力。

4. 師生一起討論分類方式是否合理

- 在黑板左邊呈現學生分類，請學生說明分類的理由。
- 在黑板右邊呈現教師分類，如果與學生的分類不同，比較師生分類方式的異同。

  例如，教師的分類是：

  有空氣的泡（裝空氣）：泡沫、泡沫紅茶、吹泡泡、泡泡糖、泡泡浴、燈泡。

  腫起來的泡（裝水）：水泡。

  把東西泡在水裡：泡茶、泡湯、泡飯、泡菜、泡麵、泡澡。

- 請學生猜教師依據什麼理由將「泡」字語詞分成這三類，引導學生覺察「泡」字詞素的意義，之後教師再說明如此分類的理由，讓學生覺察詞素的意義、結構及用法。

5. 請學生分組練習造句，並上臺分享

此步驟在評量學生對「泡」字意義的理解，以及詞素覺知策略技巧習得的多寡。

（資料來源：白玉玲，2014）

二、由文推詞義

- 重點年級：二～三年級。
- 教學目標：主動搜尋詞彙意義；由上下文推測詞義。
- 教學策略：1. 練習語用——造句【南一版三下語文天地三「句子的運用」】，2. 由上下文推測詞義【南一版三上語文天地三「由上下文推詞意」】，3. 多義詞。

教學專區 詞的資源

- 中央研究院「近代漢語標記語料庫」網站（http://lingcorpus.iis.sinica.edu.tw/early/）

可輸入詞彙，獲取所有近義詞與多義詞。如，泡。

泡

泡	泡沫　沫　沫子／泡／泡　波浪／自然物／物
鬆	泡　鬆弛　鬆軟　鬆散　蓬鬆　喧騰　蓬　平鬆　喧／鬆／緊　鬆／表象／特徵
沏	泡　沖／沏／澆　灑　沏　斟／上肢動作／動作
消磨	混　泡　虛度／消磨／消磨　度過　經歷／生活／活動
泡	浸泡　浸　浸漬／泡／泡　淹　沉　陷　漂　流／物體狀態／現象與狀態

- 中央研究院「現代漢語語料庫詞頻統計」網站（http://elearning.ling.sinica.edu.tw/CWordfreq.html）

提供詞頻訊息，教師可依據詞頻統計提供的訊息得知詞語的數量與頻率，包括詞頻排序及個別詞的頻率等，從而決定詞語學習的先後安排，幫助教師設計課程及教學。

陸 閱讀理解策略教學

閱讀教學需具備的學科教學知識，是教師融合語法、文體及文學知識於識字及閱讀理解的教學歷程中，讓學生習得高層次閱讀理解能力。由PIRLS閱讀表現評測的結果來看，國內學童最需加強的高層次解釋理解閱讀，卻是教師較少進行的部分，因此強化高層次閱讀理解策略教學，具重要性與必要性。

閱讀理解策略包括：預測、摘要、結構、提問、推論、理解監控等六項（參見表4.3）。策略教學要在不同階段學習不同重點策略，據此規劃的課程組織與教學原則要符合順序性及繼續性規準，每一繼續經驗要建立在前一經驗基礎上，但對同一題材做更廣、更深的處理（黃政傑，1991）。閱讀的課程與策略需長期、持續的循序漸進，逐步增加課程長度與複雜度，而所包含的元素及學過的策略，仍會持續存在且不斷複習，每一個策略持續數課，等學生精熟後，再加上另一個新的策略。

一、預測

預測就像小偵探，從文本中尋找線索，邊讀邊猜形成假設，再驗證或修正假設。預測能引發閱讀動機及樂趣，激發有目的性閱讀與意義的建構。教學時，要鼓勵學生根據讀過的訊息及與訊息有關的背景知識主動思考，引導形成假設，由標題推論文章重點，猜猜看後續的內容，推論文章可能的發展與結果（簡馨瑩，2008；Almesi, 2003），以及作者或文中主角的個性與想法。

預測教學活動強調閱讀前的預測提問，以引發動機與閱讀慾望、閱讀過程中的假設—驗證，及閱讀後的反思感想。預測最適合從充滿好奇心與想像力的一年級學生開始，只須提醒預測要有根據，不是天馬行空的亂猜，教師先說明教學目標與方法，示範猜的方向及方法來搭建鷹架，讓學

表 4.3　年級與閱讀理解策略對照表

<table>
<tr><th></th><th>預測</th><th>摘要</th><th>結構</th><th>提問</th><th>推論</th><th>監控</th></tr>
<tr><td>一上</td><td rowspan="2">圖、文及背景知識預測內容及下文</td><td rowspan="2">自然段
抓重點句
重述故事重點</td><td>故事體結構</td><td rowspan="2">六何法</td><td rowspan="2">連結線索—指示詞
連結文本的因果關係</td><td rowspan="5">理解監控</td></tr>
<tr><td>一下</td><td>記敘文結構開始—經過—結果</td></tr>
<tr><td>二上</td><td rowspan="2">標題預測內容</td><td rowspan="2">「問題—解決」概念
摘段落大意</td><td rowspan="2">以結構重述故事重點</td><td rowspan="2"></td><td rowspan="4">連結線索—轉折詞
由文本找支持理由</td></tr>
<tr><td>二下</td></tr>
<tr><td>三上</td><td></td><td>刪除／畫關鍵詞
以結構摘全文大意</td><td>以結構歸併意義段</td><td></td></tr>
<tr><td>三下</td><td></td><td>歸納／潤飾主題句</td><td>說明文結構總—分—總</td><td>有層次的提問</td><td rowspan="6">理解監控</td></tr>
<tr><td>四上</td><td rowspan="2"></td><td rowspan="2">以結構摘全文大意</td><td rowspan="2">以結構摘大意</td><td rowspan="2">有層次的提問</td><td rowspan="5">找不同觀點（反證）</td></tr>
<tr><td>四下</td></tr>
<tr><td>五上</td><td rowspan="3"></td><td rowspan="3">主旨</td><td rowspan="3">議論文結構論點—論據—結論</td><td rowspan="3">自詢
詰問作者</td></tr>
<tr><td>六上</td></tr>
<tr><td>六下</td></tr>
</table>

註：粗楷字表示在教師協助下完成。

生練習。預測策略的重點在「問問題」，學習「問好問題」，因此等學生逐漸熟練預測程序後，可以將預測變為課前預習的預學作業。等上課時，請學生自己提出預測的問題，藉由上課討論時比較分析大家提出的問題，同時學習評估「什麼是好問題」（參見本章「二、提問與推論」）。

預測策略的教學步驟：1. 老師說明預測是什麼，為什麼要預測，2. 教師示範如何預測，3. 小組討論練習，4. 發表各組的預測與理由，5. 閱讀課文，驗證假設。由於國小課本的內容多不複雜且學生大多事先讀過，會削弱預測下一段的教學效果，因此建議以預測標題推論主題為主要策略，引導學生學習掌握文章敘述的主軸，結合提問、摘要與結構等策略，有根據

的合理假設，回到文本找線索證據驗證假設，監控自己預測能力與理解情形，不斷滾動「由上而下文章主軸思考」與「由下而上假設檢驗」之間的互動，動態建構意義統整的歷程，逐步培養主動追求意義的自學能力。教師課前文本分析時，配合六何法思考如何引導標題與文章主旨的連結，作者透過文本傳達的深層人生隱喻如何與學生生活經驗連結，深化學習。例如，南一版二下第八課「跌倒」，重點在跌倒的抽象涵意，對跌倒的正向思考，人生在遇到挫折失敗時的積極態度與作法。

- 重點年級：一年級。
- 教學目標：能配合圖、文及背景知識，建構有目的性的閱讀。
- 教學策略：1. 由標題預測內容主軸，2. 預測下文／結果並驗證。
  教師指出預測方向及方法，喚起以前生活經驗，引發動機。由圖及標題，猜猜看課文內容。

- 重點年級：二年級～三年級。
- 教學目標：能配合圖、文及背景知識，形成假設並驗證的能力。
- 教學策略：1. 預測文體結構（低年級——記敘文；中年級——說明文；高年級——議論文）【南一版三上語文天地二「結構圖」】，2. 由標題預測內容主軸【康軒版四上統整活動一「審題立意」；翰林版五上統整活動二「審題立意」】，3. 預測下文／結果並驗證。

教師指出預測方向及方法，透過生活經驗看圖猜內容，結合六何法提問拆解標題，有方向的協助思考，預測課文內容。

「預測」教學步驟

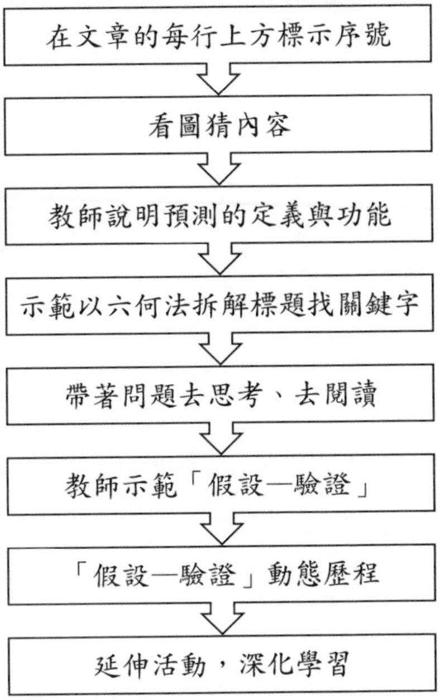

在文章的每行上方標示序號 → 看圖猜內容 → 教師說明預測的定義與功能 → 示範以六何法拆解標題找關鍵字 → 帶著問題去思考、去閱讀 → 教師示範「假設─驗證」 → 「假設─驗證」動態歷程 → 延伸活動，深化學習

S_1在每行上方依序標示「1、2、3……」的序號

S_2看圖猜內容——配合生活經驗引發動機

- 對春天的感覺？和夏天或冬天有什麼不同？

  （翰林版一下第二課「找春天」）

  （教師思考：喚起學生舊經驗，連結生活體驗，透過四季比較，讓學生說出，在春天會看、聽、聞、感覺到什麼？以培養學生觀察及系統思考能力為本課教學目標。）

- 看課本圖片，猜這課「找春天」要說什麼？

S_3教師說明預測的定義與功能——有根據的合理假設

S_4看標題猜內容——以六何法拆解標題找題眼

由拆開標題再解釋意思，找出題眼的關鍵字。教師先示範，再請學生練習。

- 「找春天」可拆解成「找」／「春天」或「找」／「春」／「天」。

  師生一起討論，不同拆法是否有不同的解釋。如果學生說，「找」／「春天」是尋找春天的意思，認為「找」／「春」／「天」的拆法很奇怪，顯示學生具備語感，認為「春天」不應再行拆解。

- 哪個是最能代表文章主題和重要涵義的關鍵字？

  （教師思考：閱讀時對標題的預測就像作文對題目審題一般，目的在找出題目的核心概念。）

  可能有的學生認為是「找」，有的支持「春天」。如果一時沒有共識，

可先形成「假設」，讓學生化身柯南小偵探，帶著問題思考，一邊讀，一邊找線索、找答案。

- 由標題預測課文的內容主要在討論什麼？

  誰、何時、何地、什麼、如何、為什麼

- 教師製作六何法卡片，貼在黑板上，教師先示範，再請學生練習。

  是「**誰**」要找春天？「**去哪裡**」找春天？還是「**如何找春天**」？「**為什麼**」找春天？

- 等練習數課以及教師示範後，請學生上臺挑選貼在標題旁，並解釋原因。

S_5 有目的閱讀，帶著問題去思考

- 這篇課文是故事嗎？

  （教師思考：一年級下學期學生已累積一些故事體閱讀經驗後，可以讓學生自己判斷文章是否為故事體，理由為何？）

  等學生發表後，教師再歸納統整，文章有主角、事件、經過及結果，所以是故事體記敘文。

- 主角是誰？主角遇到什麼問題？

  故事要吸引人，總會讓主角遇到問題，小紅帽和小豬都有被大野狼吃掉的危機，解決問題的過程與方法不但製造刺激精彩情節，還能在意猶未盡中學習人生智慧與道德教訓。

  假設學生認為主角是作者，作者遇到什麼問題？是「**誰**」要找春天？「**去哪裡**」找春天？還是「**如何找春天**」？「**為什麼**」找春天？哪個才是文章的主軸？先將這些可能的假設寫在黑板上，形成「假設」的問題，師生一起帶著問題思考，一邊讀，一邊從課文中找出支持或推翻假設的證據。

S_6「假設—驗證」的交互動態思考

閱讀文本過程中形成假設，邊讀邊找出答案驗證後，新的假設會再出現，形成「假設—驗證」不斷循環的動態歷程。課文的第二行「我心裡想，春天真的來了嗎？」作者心中的疑問形成問題，對外在的覺察產生內在認知衝突：「經驗中，春天應該很暖和啊，現在天氣明明冷冷的，**為什麼**爸爸媽媽都說春天來了呢？」**如何**解決問題呢？方法是親自到戶外找答案，解決問題的步驟，步驟一：看；步驟二：聞。由看見綠芽、聞到花香，證明春天來了。因此，結果是：到戶外體驗真的能找到春天。由**問題**—「如何」找春天，連結到**解決方法**，所以標題與內容的連結出文章主軸是「**如何**」找春天，「為什麼」找春天的次要軸線引發主軸的行動。

S_7 討論與寫作——延伸活動，深化學習

- 教師先設計「找春天」學習單，包括記敘文「人、事、時、地」四元素，及「原因、經過、結果」記敘文結構要素，融合故事體的「開頭（起因）—經過（問題、解決）—結果」，結合趣味圖像「魚頭—魚身—魚尾」（如表 4.4），更能吸引學生。
- 教師提問：主角是誰？個性怎麼樣？為什麼想要找春天？找春天的過程中會遇到什麼困難？如何解決？結果如何？等等的問題，讓學生分組討論、發表。再請學生用畫圖、注音等方式記錄討論內容，也可以結合口述重述故事重點，或轉化成短文。
- 連結學生生活經驗延伸提問以深化學習：看見綠芽並聞到花香就能證明春天來了嗎？有沒有其他的方法可以找到春天呢？學會「假設—驗證」的方法與步驟後，是不是可以應用練習，寫一篇「找夏天」、「找秋天」或「找冬天」的短文呢？

表 4.4　「找春天」的結構與重述重點表

結構		重點	重述故事重點（口述、畫圖或書寫）
起因			
經過	問題		
	解決		
結果			

表 4.4　「找春天」的結構與重述重點表（續）

參考答案：

結構		重點	重述故事重點 （口述、畫圖或書寫）
起因		天氣還冷，爸媽卻說春天來了。	天氣還冷，爸媽卻說春天來了，我心裡有疑問。**於是**全家一起去找春天。**我們**看到綠芽，也聞到花草香。**我發現**春天真的來了。
經過	問題	春天真的來了嗎？	
	解決	全家一起找春天。	
結果		看到綠芽，也聞到花草香。春天真的來了。	

老師可以補充連接詞（粗體字），帶學生一起唸讀，加了連接詞，是不是更通順。

二、提問與推論

提問與推論的目的都在引發學生思考，而問思教學正是東西方教育家教學的核心。孔子認為「學而不思則罔，思而不學則殆」，他的對話教學與蘇格拉底的詰問法，皆強調教思考而不是直接給答案的填鴨，無所謂標準答案，而是不斷辯證以追求真理。教師的天職在因材施教以啟發學生，透過問問題引導推論能了解學生，且有能力為不同學生設計、搭建學習的鷹架。那麼要如何因應不同文本特色，設計提問以推論掌握理解重點呢？深入的文本分析是第一步。記敘文與故事體重在感受與領悟，說明文重在獲得新知，而議論文關注以理服人。因此配合預測、摘要、結構及監控等策略進行閱讀教學時，要設計不同層次及方向的問題，以提問促進思考與學習，讓學生自行建構出知識，從而獲得主動思考、自行推論的能力。

問思教學的認知學習目標可以最能區辨認知學習深度與學習表現為指標，即 Anderson 等人（2001）修正 Bloom 認知領域層次，所提出的「記憶、了解、應用、分析、評鑑、創造」六個層次。其中記憶（remember）是指辨識、提取及回憶長期記憶中儲存的相關知識；了解（understand）是從教學訊息中創造意義，連結新知識與舊經驗；應用（apply）是指在新情境或問題中使用習得的概念或程序來解決問題；分析（analyze）是將概念拆解成許多部分，指出局部與整體間的關聯；評鑑（evaluate）則根據標準做檢查、批評與判斷；創造（create）為將各個元素組裝在一起，形成完整且具功能的新事物。以 Anderson 等人的認知六層次認知目標為規準，統整比較各年段的課文本位讀寫策略與 PIRLS 閱讀歷程如表 4.5，可歸納出讀寫整合教學的四層次提問推論為：事實、推論、評論及創造（參見表 4.5 及圖 4.2）。事實型問題是在文章中「找一找」就能回應；推論型問題需「想一想」以連結推論整合出自己的詮釋；評論型問題則需批判檢驗不同觀點後提出「我覺得」之個人觀點；創造型問題則需要連結

表 4.5　年級與提問、推論、寫作策略及 PIRLS 閱讀歷程對應表

<table>
<tr><th>年級</th><th>結構</th><th colspan="2">提問</th><th>推論</th><th>寫作</th><th>認知目標</th><th>PIRLS 閱讀</th></tr>
<tr><td>低年級</td><td>故事體
記敘文</td><td>六何法
有層次提問</td><td rowspan="3">事實型提問：
文中事實（人、事、時、地）、定義、觀點
推論型提問：
推論、比較、歸納及詮釋言外之意
評論型提問：
個人觀點、感受及評論
創造型提問：
活用所學嘗試創新的想法與作法</td><td>連結線索
連結文本的因果關係</td><td>轉譯
謄寫</td><td>記憶</td><td>提取訊息
「找一找」</td></tr>
<tr><td>中年級</td><td>說明文</td><td>有層次提問</td><td>由文本找支持理由</td><td rowspan="2">計畫
構思
修改</td><td>了解
應用
分析</td><td>推論訊息
「連一連」
詮釋整合
「想一想」</td></tr>
<tr><td>高年級</td><td>議論文</td><td>詰問作者</td><td>找不同觀點或反證</td><td>評鑑
創造
「我試試」</td><td>檢驗評估
「我覺得」</td></tr>
</table>

資料來源：作者自製。

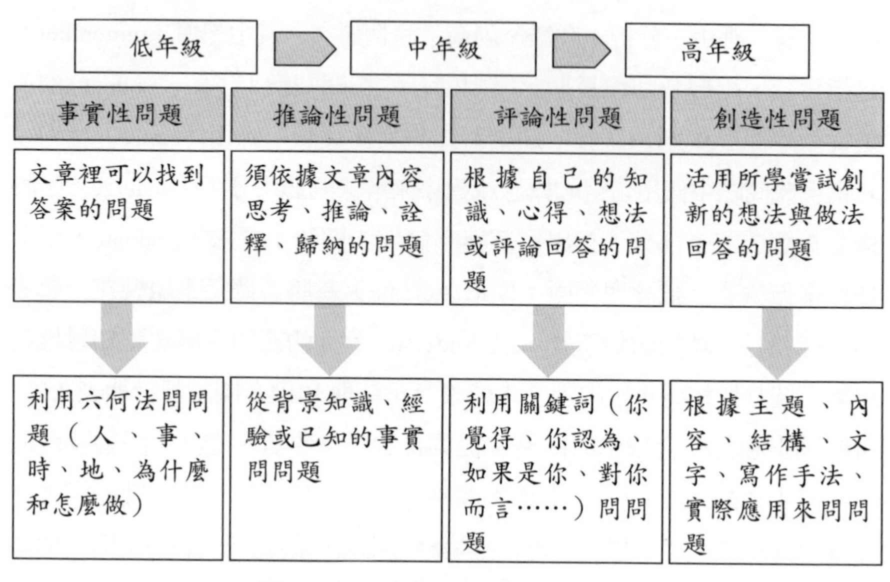

圖 4.2　讀寫整合的有層次提問

資料來源：作者自製。

讀寫以「我試試」嘗試創新活用所學。

其中 PIRLS 四層次閱讀歷程為提取訊息、推論訊息、詮釋整合、檢驗評估。提取訊息是找出文中明確寫出、眼睛看得到的事實；推論訊息則需連結段內或段間訊息，推論出文中沒有明確描述、意在言外的訊息；詮釋整合需要讀者運用自己的經驗及知識，去理解、詮釋並建構出文章的細節及更完整的意思；檢驗評估則為讀者批判性檢驗、澄清文章訊息（柯華葳等，2008）（參見表 4.6）。而課文本位閱讀理解教學建議的提問推論策略包括六何法、有層次的提問及詰問作者。其中有層次的提問為事實、推論與評論。事實策略包括：找出文中明確陳述的事實、定義與觀點；推論策略包括：連結線索與因果關係、由文本找支持理由；評論策略包括找不同觀點或反證、以自我提問做檢驗或評估。

提問與推論教學宜循序引導，由教師說明策略定義及功能，示範如何提問，搭建提問與推論方法、方向的鷹架，以師生對話或配對、小組討

表 4.6 PIRLS 四層次閱讀歷程

PIRLS 四層次閱讀歷程			
閱讀歷程		定義	舉例
直接理解歷程	**提取訊息** 「找一找」	找出文中明確寫出的事實	1. 與特定目標有關的訊息 2. 特定的想法、論點 3. 字詞或句子的定義 4. 故事的背景，時間、地點 5. 找出文章中明確陳述的主題句或主要觀點
	推論訊息 「連一連」	連結段內或段間訊息，推論出文中沒有明確描述的訊息	1. 推論某事件導致另一事件的因果 2. 歸納一段文字或論點的重點 3. 找出代名詞與主詞關係（指示代名詞） 4. 描述人物間的關係
詮釋理解歷程	**詮釋整合** 「想一想」	運用自己的知識去理解與建構文章細節及更完整的意思	1. 歸納全文主旨與主題 2. 詮釋文中人物的特質、行為或作法 3. 比較對照文章訊息 4. 推測故事的語氣或氣氛 5. 詮釋文中訊息在真實世界的應用
	檢驗評估 「我覺得」	批判性考量文章中的訊息	1. 評估文章所描述事件確實發生的可能性 2. 描述作者如何安排讓人出乎意料的結局 3. 評斷文章完整性或闡明、澄清文中的訊息 4. 找出作者的立場

資料來源：作者自製。

論、自詢等方式，讓學生練習與文本互動，逐步培養多元、深層思考與理解監控的能力。

- 重點／年級／目標／策略：

  低年級——六何法【翰林版四上統整活動四「六何法找重點」；翰林版四下統整活動三「改寫練習 5W1H」】，連結代名詞或轉折詞等線索，掌握文本句子的因果關係【翰林版三上統整活動四「因果句」；南一版五下語文天地二「因果句」】。

  中年級——配合文章結構與摘要，學習有層次提問；由文本中找支持理由及不同觀點的反證，並推論意在言外的深層涵意。

  高年級——培養自我提問能力，以個人感受、文章評鑑及詰問作者為重點。

  全年級——由讀到寫的創造活用能力，轉化閱讀為寫作。

（一）事實型問題：「找一找」

事實型問題問的是文中明確寫出而可以直接找到答案的問題，為提取事實訊息的「記憶」層次。利用六何法提問文中明確寫出的人、事、時、地、理由、步驟、方法、原因—結果、感受、特性、觀點等。例如：「是誰」、「在哪裡」、「發生什麼事」等。

（二）推論型問題：「想一想」

推論型問題必須依據文章內容去搜尋並連結線索，由已知推未知，思考推論出文中並未明確寫出的言外之意，且要由文本找到支持推論的理由或證據，是需連結先備知識或經驗以詮釋整合的「了解、應用、分析」層次。例如，主角的個性如何？主角遇到的問題是什麼？如何解決？為什麼這樣做？支持此觀點的理由或證據是什麼？

（三）評論型問題：「我覺得」

評論型問題是對文章或作者的觀點或寫作手法進行檢驗或批判，提出個人心得、看法、作法，或找不同觀點為反證。當讀到的訊息與預期有差異、疑問或不同的想法時，透過詰問作者、檢驗作者論述的立場，評估文章所描述事件真實發生的可能性，或闡明、澄清文章的訊息，為批判澄清與檢驗評估的「評鑑」層次。例如，你有什麼看法？如果是你會如何做？評估不同安排或作法是否更清楚、合理？作者要表達的主旨是什麼？你是否同意作者的看法？為什麼？作者的寫作手法（人物刻畫、內容鋪陳、敘事邏輯）有何優缺點？評估如何應用作者的作法或寫法？

（四）創造型問題：「我試試」

根據讀寫整合提出的創造型問題，引導學生活用從閱讀獲得的養分，由欣賞的讀者變身為創作的作者，為「自己試試看」的「創造」層次。創造型問題激勵學生由主題學構思，由結構學布局，由內容學取材，活用所讀延伸為寫作。針對目前國考引導寫作的命題形式，最需要具備的是如何有效掌握閱讀文本重點轉化為寫作的能力，則課堂中的創造型提問，就是為培養讀寫素養所搭建的最佳鷹架。例如：「如果是你，會如何寫？」、「如何根據閱讀文本的標題，決定寫作的主題？」、「如何掌握閱讀文本的重點，決定寫作的方向？」、「學習如何舉例」、「模仿應用譬喻法」、「試著活用詳略寫作技巧」等。

「提問與推論」策略教學步驟

S_1 文本分析

分析文本的重點、結構、主旨與特色，設計問題。

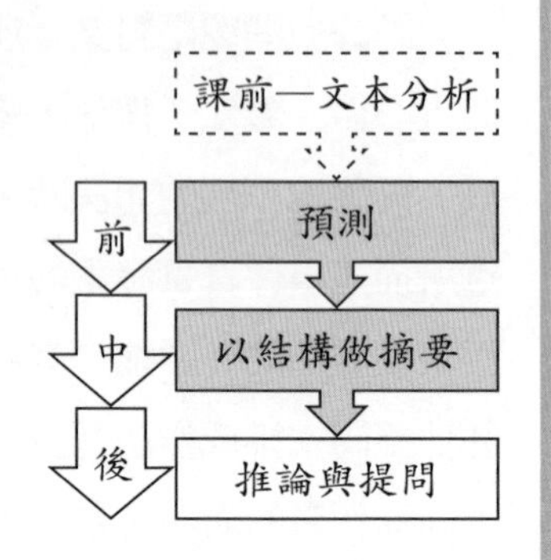

S_2 說明提問與推論的定義及功能

說明能促進閱讀理解的好問題，有三個指標：

1. 能注意文本的重要事實。
2. 能連結生活經驗做推論。
3. 能引發對文本意義的深層思考。

S_3 有目的、有策略的提問與推論

1. 閱讀前——預測：（六何法）提問文本的重要事實、由標題預測推論文章的主旨。
2. 閱讀中——以結構做摘要，推論出文章結構協助摘取重點。
3. 閱讀後——以提問推論深究文本內容，以自問自答監控確認自己的理解情形。

三、摘要

摘要（也稱為摘大意）是保留文本最重要訊息的精簡化歷程（Radev, Hovy, & McKeown, 2002）。摘要由具體到抽象，可分四個層次：摘段落大意、摘全文大意、主旨（main idea）、主題／中心思想（theme）（吳英長，1998；林俊賢，2013；Lehr, 1988）。四層次交互進行由下而上（關鍵字詞—主題句—段落大意—全篇大意）與由上而下（背景知識—預測主旨—結構—大意）的互動，交織資料導向的歸納與概念導向的演繹，以完成摘要。

（一）摘要：依據結構及文章中心意旨，簡短濃縮出文本要表達的重點，但仍包含文本的具體細節。

（二）主旨：將大意再精簡濃縮成短短的一句話，在傳達為文意圖外，仍保有文本的重要情節。

（三）中心思想：跳脫文章的細節，是作者為文意圖的文章核心概念，重在傳達對人性或人生的啟示。

摘要策略教學依據年級發展，有層次有重點的進行。三個年段的教學進程與教學重點如圖 4.3，分別為：1. 低年級——重述故事，2. 中高年級——刪除／歸納／主題句，3. 高年級——以結構寫文章大意。

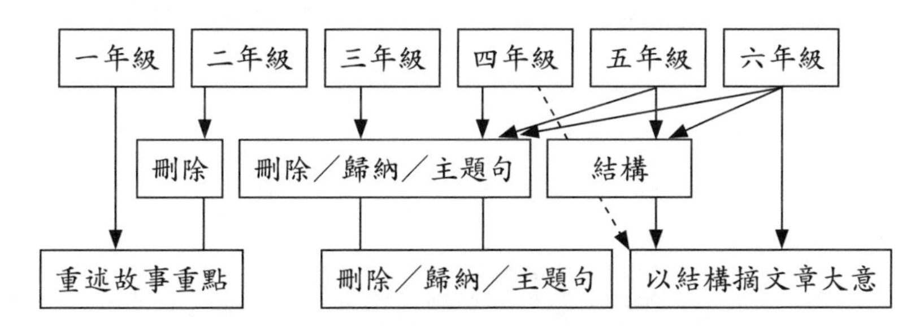

圖 4.3　年級及摘要閱讀理解教學的發展

資料來源：修改自方金雅（2012）。

（一）重述故事

- 前置作業：一、二年級時在課本每行上方標示序號，方便師生溝通；二下則改成標示自然段（自然段是文章自然形成的段落）的序號。
- 重點年級：一、二年級。
- 教學目標：能配合圖、文及背景知識，重述故事的重點。
- 教學策略：1. 看圖猜內容【康軒版二下統整活動一～四「看圖口述作文」；翰林版二下統整活動二、三「看圖口述作文」】，2. 記敘文／故事結構分析：「開始（背景—起因）—經過（問題—解決）—結果（結果—迴響）」【南一版三上語文天地二「結構圖」；翰林版三上統整活動三「認識記敘文」】，3. 以六何法重述故事重點【翰林版四上統整活動四「六何法找重點」】。

重述故事教學步驟

S_1 閱讀前由標題預測內容，從課文找答案

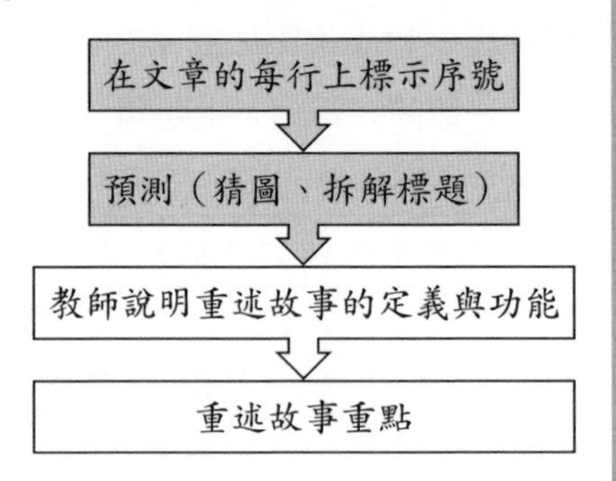

看標題「變得不一樣」，請學生練習預測提問。

（翰林版二上第四課「變得不一樣」）

翻開課本前，請學生猜一猜黑板上這課的標題「變得不一樣」，練習問問題。

（教師思考：經過一年級一整年的教師預測示範，搭建六何法提問推論預測內容的鷹架後，學生累積豐富預測提問之方向與方法的經驗，二年級教師要開始慢慢放手，撤除鷹架，讓學生擁有預測提問的主導權，試著自發提問，轉化成獨立提問的自學能力。教師只需從旁適時提示，再歸納整理出主要概念。）

學生可能問：是誰？哪裡變得不一樣？為什麼變得不一樣？

- 將學生提問的問題寫在黑板上，師生一起帶著問題去思考。翻開課本，找答案，驗證假設。
- 是誰長大了？主角是大肚魚或小蝌蚪？是誰變得不一樣？小蝌蚪。
- 誰發現的？大肚魚。
- 為什麼變得不一樣？先確定這個問題重要嗎？如果文章中沒有說，應該就不是作者要寫的重點。

- 哪裡變得不一樣？從課文中找線索。
- 所以這課文章主要內容在說什麼？小蝌蚪長大了。

S_2 故事結構分析

這篇課文是故事嗎？主角是誰？發生什麼事？後來呢？

（教師思考：提問時機有兩種，一為課前提問，讓學生回憶結構基模，主動思考課文是否符合。二為課後提問，等到課文分析結束後，再讓學生整理，課文是什麼結構。最後教師都要再行歸納統整故事結構：「開頭（背景、起因）—經過（問題、解決）—結果」。）

S_3 教師說明重述故事的定義與功能

說明閱讀的目的是要理解文章的意義，而「重述故事重點」策略可以幫助掌握文章主要內容及要表達的意義。

S_4 練習口頭重述故事重點

主角有誰？在哪裡？有寫時間嗎？發生什麼事？（背景—人、事、時、地）

在池塘，大肚魚發現小蝌蚪一天天長大的證據是什麼？

根據文本主軸（小蝌蚪長大）進行師生對話，共同討論出的關鍵詞（長大的前因後果與證據）寫在黑板上，緊扣文章主軸抓重點。

- 荷花池、小蝌蚪、~~大肚魚~~（表不重要，可刪）、長大、腳~~愈來愈~~長、尾巴~~愈來愈~~短、少了尾巴、圓~~圓的大~~肚子、跳~~來跳去~~、唱歌
- 歸納統整，練習抓重點

（教師思考：本課教學目標是練習抓故事重點並整理成筆記。）

方法一：整理成表格

應用學習單，請學生整理所討論的重點，寫在表格中。再一對一配對練習口述故事的重點（參見表 4.7）。

表 4.7　「變得不一樣」的結構與重述重點表

結構		重點	重述故事重點 （口述、畫圖或書寫）
起因	背景		
	起因		
經過	問題		
	解決		
結果			

參考答案：

結構		重點	重述故事重點 （口述、畫圖或書寫）
起因	背景	小蝌蚪和大肚魚住在荷花池。	小蝌蚪住在荷花池。大肚魚發現小蝌蚪一天天長大，他的腳愈來愈長，尾巴愈來愈短，多了圓肚子，會跳還會唱歌，原來小蝌蚪已經變成青蛙了。
	起因	大肚魚發現小蝌蚪長大了。	
經過	問題	怎麼知道小蝌蚪長大了？	
	解決	腳長、尾巴短、圓肚、跳、唱歌。	
結果		小蝌蚪變成小青蛙。	

方法二：整理成筆記

教師示範將黑板上的關鍵詞，增加連接詞，整理成通順的文章重點。請學生在白紙上，練習抓重點記成筆記。再請學生上臺分享整理的筆記，教師從旁提示注意事項或修正。

（資料來源：參考溫美玉，https://www.youtube.com/watch?v=LJZgr08b14A&t=37s）

（二）刪除／歸納／主題句

摘要是濃縮精簡文本並保留重點，評量摘要的指標有三：重點、精簡、流暢。Brown 與 Day（1983）歸結摘要策略的五個步驟：

1. 刪除不重要或瑣碎的訊息，2. 刪除重複的訊息，3. 歸納、概括化（generalization）、統整出上位概念，4. 選擇主題句，5. 如果作者沒有寫主題句，讀者就自己創造（Kintsch & van Dijk, 1978）。連啟舜（2016）則從心理歷程的面向，將摘要切割成三個更具體的心理歷程：1. 刪除／選擇；2. 概括化：將同屬性／階層的訊息概括提取出上位概念；3. 建構：在閱讀最後階段建構出可用的心理表徵，重新整理文章重要概念，幫助自己理解文本的意義。其中最關鍵的是概括化能力，能預測全文摘要的表現。而課文本位閱讀理解的摘要策略包括：刪除／歸納／主題句，其中的歸納即概括化以統整上位概念，而主題句即建構的改良（連啟舜，2016）。

國小學童多視摘取大意為畏途，因此在實際教學操作時，有必要將摘要教學的步驟再加以結構化、細部化及細步化，以逐步實作來積累摘要能力。

1. 結構化：有系統結構化地執行策略教學，由一、二年級的重述故事重點→二、三年級的刪除策略→三、四年級的刪除／歸納／主題句→四、五年級的以文章結構寫大意。
2. 細部化：將摘要策略再細分成數個子策略，「重述故事、刪除、歸納、主題句」，「段落大意、全文大意、主旨」。
3. 細步化：將每個摘要步驟再拆解成數個子步驟。例如，「段落大意」拆解成「**畫關鍵詞—刪除**」、「**歸納**」「**增加連接詞**」及「**重組文句**」四個子步驟。「摘全文大意」拆解成「**自然段**」、「**以結構歸併意義段**」、「**精煉上位概念—主題句**」、「**增加重組—統整成全文大意**」等四個子步驟。

摘要教學依鷹架漸進釋責模式循序漸進推展：1. 教師先說明策略定義與功能，2. 教師示範策略以搭建鷹架，3. 分組練習並發表觀摩，4. 討論及修正，5. 課後獨立作業。每一個策略或步驟須持續進行到大部分學生都已精熟後，再進入下一個策略或步驟。

經過一年級重述故事重點策略的學習，奠定二年級學習「刪除」策略——刪除不重要的細節或重複部分的基礎。但是，什麼才是重要的？到底什麼可刪而什麼不可刪，對學生而言還是相當困難的。目前習作以填空完成摘要的方式，對學生的摘要能力助益不大。學生需要的是學會如何摘要的方法，擁有獨立摘要的能力。一般摘要教學多採由下而上的文字訊息導向，循刪除／歸納／主題句及段落大意／整併成意義段／全文大意的步驟逐步進行。要求讀者轉換成作者觀點來判斷為文意旨，據以刪除較不重要的描述細節：形容詞、副詞或舉例等。例如，「她有一雙水汪汪的大眼睛，蘋果般紅撲撲的小臉，長而濃密的睫毛，走起路來婀娜多姿……」，經刪除形容詞及細節描述，作者要表達重點，簡言之就是「她很漂亮」。但常見初學摘要的學生，課文畫滿紅線，卻無法決定何者才是重要關鍵詞。可見在判斷不重要、重複或細節描述的訊息時，若缺乏文本主要概念的引導，則會見樹不見林，在刪與不刪之間難以抉擇。因此，由上而下概念導向可由標題預測出文章主軸，讓刪除／歸併意義段有所依據。而透過不斷「由上而下」概念導向及「由下而上」文字閱讀間交互推論思考，依文章主軸有所本的進行判斷，依明確理由刪除與文本主軸無關者，自能篩選統整出文章的重點，建構對文本意義的理解。

- 前置作業：一、二年級在課本每行標示序號；二下改成標示自然段（自然段是文章自然形成的段落）的序號，方便師生溝通。
- 重點／年級／目標／策略：請對照圖 4.3。

  二下——**刪除重複或不重要**／潤飾：**畫關鍵詞**【南一版三下語文天地三「刪除細節及重複訊息」；翰林版三下統整活動三「整理段落大意——刪除與歸納」】。

  三上——**歸納／潤飾**：自然段段落大意【康軒版三上統整活動二「自然段合併成意義段」、統整活動四「找段落大意及主題句」；翰林版三上統整活動一「自然段」、統整活動二「結構圖」】。

三下——以結構歸併意義段／主題句／上位概念（記敘文／故事體／說明文）摘全文大意【翰林版三下統整活動二「整理段落大意——刪除與歸納，句子縮寫」；康軒版三下統整活動一「找出課文大意，合併段意」；翰林版四上統整活動二「自然段合併為意義段」】。

四上——以結構摘要全文大意【翰林版三下統整活動三「整理課文要點——結構圖」】。

五上——主旨【南一版六上語文天地一「如何歸納文章的主旨」】。

摘要教學分為「段落大意」（三年級）及「全文大意」（四年級）兩階段：

1.「段落大意」分「刪除／畫關鍵詞」、「歸納」、「主題句」及「潤飾」四個子步驟。
2.「全文大意」分「以結構歸併為意義段」、「主題句／上位概念」、「全文大意」及「潤飾」四個子步驟。

不同發展階段有不同教學重點，因此設計摘要教學活動過程時，要考慮不同年齡學生對關鍵字的敏感度與理解狀況，採循序漸進方式引導學習（陳純純、江艾謙、王文秀，2006）。低年級的認知發展多處於 Piaget 的前運思期過渡發展到具體運思期的階段，在判斷重要概念與關鍵詞方面，能判斷故事內容的重要性（Stein & Glenn, 1979），但無法主動找出重要詞句或事件，也無法說明為什麼某些詞句更為重要。低年級的課文多是記敘文／故事體，學生有繪本閱讀經驗與基模，因此低年級摘要教學策略重在故事元素：主角、開始、經過、結果，以及故事發生的人事時地等的教學，從故事基本結構中學習抓重點。教學目標在訓練重述故事重點的能力，透過具體的人事時地物、圖畫、角色扮演活動或實物，結合提問與預測，引導思考故事的主軸與發展，強調口說能力及故事結構表格整理能力的培養，讓學生具備主動判斷文本重點並掌握故事主軸與細節關係的能力。其次，在歸納能力方面，低年級學生未必具備整體與部分關係的類包含（class inclusion）完整概念，以致無法順利掌握大意。因此三年級前的大意教學重點，應放在幫助學生理解大意的概念以及部分和整體的關係（吳敏而，1993），以協助學童慢慢掌握類包含概念的抽象歸納能力。

中年級學生的認知多已發展到具體運思期，可逐步循序教導「刪除」（二下）、「歸納」（三上）、「主題句」、「潤飾」（三下）及「以結構歸併意義段」（四上）等策略，由段落大意的摘要，逐步整合成全文大意摘要。高年級可引導發展「主旨」（五上）策略學習。以上的年級與策略教學對應提供教學判斷的參考，唯教師仍須保持彈性，視學生實際認知發展與學習反應，規劃調整適切的教法與進度，才能因材施教。

「刪除」策略教學步驟（二下）

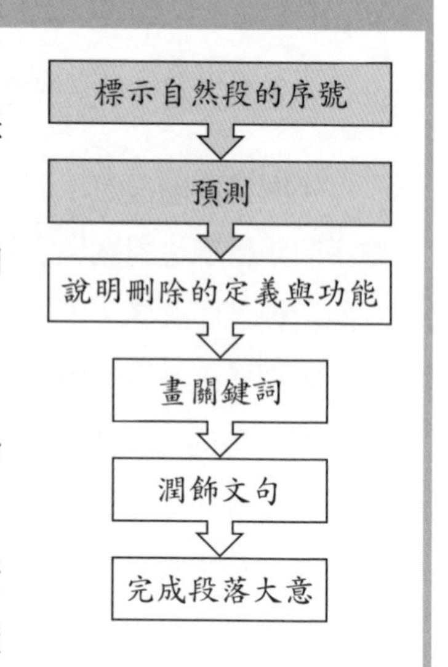

以南一版二下第三課「我想去的地方」為例。

- 請學生在自然段上標示 1、2、3……的段序號，方便師生討論。
- 拆解標題，預測討論文章的主軸——「不同季節想去的地方」。

S_1 說明刪除的定義及功能——讓文句精簡

先定義並說明刪除與畫關鍵詞策略的定義與功能：

刪除與主軸無關的細節及重複、修飾語詞（對人物、動作或事情的形容）、舉例等。刪除策略能精簡濃縮出文章重點。

S_2 畫關鍵詞

（教師思考：對學生來說，以文章主軸協助判斷，找出重要的關鍵詞，要比判斷是否刪除來得容易。可詢問：「對全文來說很重要嗎？刪掉後會不會影響意思的完整？」）

第一段，教師先放聲思考示範如何畫關鍵詞，說明為何刪除這些文句，搭建刪除策略的鷹架；第二段以後的課文分配給各組討論練習；將各組寫在小白板的刪除文句貼在黑板上；師生逐段討論修正確定關鍵詞，再一起潤飾，以增加連接詞並重組文句，完成段落大意摘要。

- 依文章的主軸選擇關鍵詞；刪除細節及重複文句

  第一段

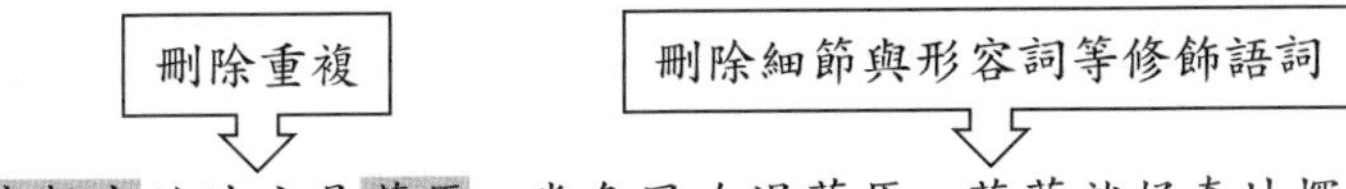

- 春天，我想去~~的地方是~~草原。~~當冬風吹過草原，花草就好奇地探出頭來，小朋友開開心心的在草原上玩耍~~。我喜歡~~春天~~歡樂的~~草原~~。

S_3 潤飾：增加連接詞並重組文句——讓文句通順

接著運用連接詞及文句重組，潤飾整理刪除後的關鍵詞，讓語句更通順而流暢。

重組文句

春天／我／想／去／草原／喜歡／歡樂的→我喜歡去春天歡樂的草原。

S_4 完成段落大意

第一段段落大意：「我喜歡去春天歡樂的草原。」

接著以第一段經驗為基礎，繼續進行第二、三及第四段的刪除策略練習，學生應能逐步熟悉策略方法與步驟。第五段「春、夏、秋、冬」可歸納為四季；「草原、海邊、田野、山林」可歸納為大自然，是歸納極佳的範例。教師可以此為例，解說歸納／概括化的概念。

「歸納」策略教學步驟（三上）

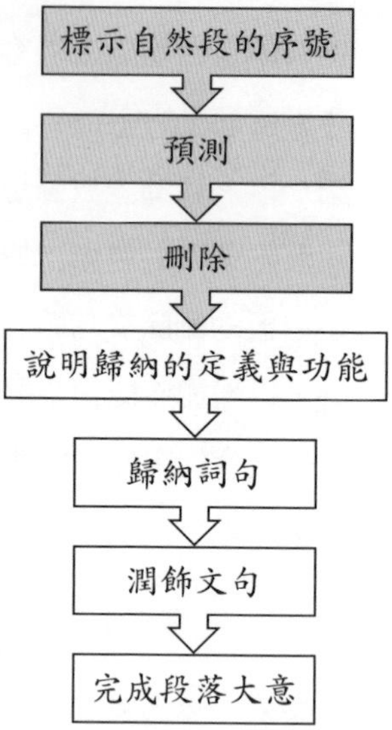

S_1 說明歸納的定義及功能——換句話說，或以概念歸納類似語詞或事物，讓文句更精簡。

例如，春、夏、秋、冬→四季；

爸爸、媽媽和我→全家；

有羚羊、金錢豹、梅花鹿……→動物

以類別概念歸納

生日那天，媽媽準備了~~汽水、可樂、糖果、蛋糕、洋芋片~~（飲料和點心），家人送我~~卡片、背包、球鞋~~（禮物），我覺得很開心。

歸納後：生日那天，媽媽準備了很多飲料和點心，家人送我不同的禮物，讓我覺得很開心。

標示自然段的序號 → 預測 → 刪除 → 說明歸納的定義與功能 → 歸納詞句 → 潤飾文句 → 完成段落大意

（教師思考：歸納／概念化是學生感到困難的摘要策略，需多舉實例練習。）

S_2 歸納詞句（先根據主軸預測協助畫關鍵詞）

刪除細節與形容語詞　　畫關鍵詞

~~如果你經過~~南港捷運站~~，也請你~~進站~~裡逛一逛。這裡有~~許多令人驚喜的創意~~：兔子和大象陪你走樓梯，小熊和秋千躲藏在車站裡，可愛的小豬穿著舞衣，抱著月亮的小孩不是就像你，喜歡抱著最愛的玩具~~。（康軒版三上第六課「不一樣的捷運站」）

S_3 潤飾：增加連接詞並重組文句——讓文句流暢通順

南港捷運站／進站／有許多令人驚喜的創意／人事物→走進南港捷運站，就會發現許多令人驚喜的**人事物**創意。

歸納語詞——人事物

增加連接詞

S_4 完成段落大意

增加主詞

一走進南港捷運站，你就會發現許多令人驚喜的人事物創意。

「主題句」策略教學步驟（三下）

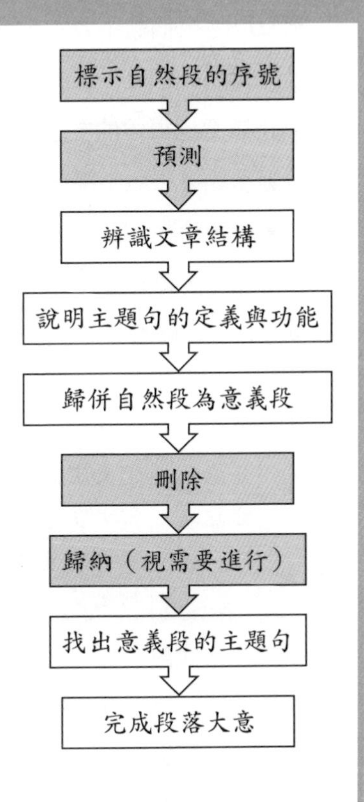

段落的主題句代表該段的主要概念。以結構（或配合結構圖）將自然段歸併成意義段，找出每個意義段的主題句，找不到時就自己寫。有時可以用上位概念來代表段意，段意未必都須是完整的句子，因此可交互使用主題句及上位概念來代表段意。

S_1 **說明主題句的定義及功能**——以主題句或上位概念來代表段落的主要意思。

S_2 **辨識文章結構**——先連結文章結構舊經驗及標題預測，協助判斷文章結構。

連結故事體及記敘文文章結構的舊經驗，由拆解標題預測文章主軸，閱讀段與段間關係，判斷文章的結構。

例如：康軒版三上第四課「辦桌」（敘述辦桌的原因、經過與結果），是記敘文。

南一版三上第十課「昆蟲的保命妙招」（第一段總說昆蟲演化妙招來保命，第二至五段舉例說明，第六段總結保命妙招的意義），是說明文。

文章閱讀辨識時，教師先放聲思考示範如何畫關鍵詞，說明為何刪除文句，搭建刪除策略的鷹架；第二段以後的課文分配給各組討論練習；將各組寫在小白板的刪除文句貼在黑板上；師生逐段討論修正確定關鍵詞，再一起潤飾，增加連接詞並重組文句。

S_3 歸併自然段為意義段

翰林版三下第二課「發現微生物的人」是「總分結構」說明文，文章主軸是「雷文霍克發現微生物的過程與貢獻」。全文共有 4 個自然段，第 1 段是總說，第 2 段與第 3 段都是分說，可以歸併成一段，第 4 段為總結（自然段以阿拉伯數字表示，意義段以國字表示）。依結構將自然段歸併為三段意義段：總說、分說、總結（如表 4.8）。

S_4 找出或寫出每段的主題句（上位概念）

教師示範第一段；第二段以後的課文分配給各組討論練習；將各組寫在小白板的刪除文句貼在黑板上；師生逐段討論修正確定關鍵詞，再一起潤飾以增加連接詞並重組文句。

表 4.8　「發現微生物的人」的結構與各段主題句

結構		主題句／上位概念
總說		介紹雷文霍克的貢獻──第一個發現微生物的人。
分說	分說一	雷文霍克把握時間、努力學習，對鏡片產生興趣的經過。
	分說二	雷文霍克製作顯微鏡，並且發現微生物之經過。
總結		雷文霍克為全世界人類開啟全新的視野，被尊稱為「微生物之父」。

S_5 完成全文大意

大意包括文章的重點，但仍保留細節，因此統整各意義段的主題句／上位概念時，要加入必要的細節描述，再以連結詞或文句重組加以潤飾，讓摘要更簡潔而流暢。

全文大意：

雷文霍克的貢獻是第一個發現微生物的人。他從小困苦，**但**能把握時間、努力學習。他對鏡片產生興趣，**因此**賣力研究製作顯微鏡的方法，**最後終於**發現微生物。雷文霍克為全世界人類開啟全新的視野，被尊稱為「微生物之父」。

「以結構摘要全文大意」策略教學步驟（四上）

詳見本章「四、結構」。

「主旨」策略教學步驟（五上）

五年級開始教找主旨，但從一年級開始就可以在教師引導下練習，師生一起合作用一句話說出作者要傳達的文旨。

例如，康軒版五上第七課「熊與鮭魚」的主旨是熊與鮭魚的關係展現大自然自有平衡生態的機制，人類應尊重並維持。

四、結構

文章結構是整合及連貫文章中概念與訊息的組織方式，對文章結構的覺察與辨識有助於學科內容學習、閱讀理解與記憶（Cook & Mayer, 1988）。結構是辨識文章組織方式的基模，能幫助讀者對閱讀內容做進一步的解釋、預測及推論（Graesser et al., 1994）。文本依組織方式可分為兩種結構，一種為敘事文本（narrative prose），如故事體裁或記敘文；另一種為說明文本（expository prose），解釋說明事件或現象，如說明文或議論文（Williams, 2005）。一年級以重述故事重點熟悉故事基模，並認識記述文的結構，三年級以後是閱讀的「讀以學」階段，說明文傳達的知識與新知，是透過閱讀學習新知的主要訊息來源。國小中高年級教科書的說明文比重亦隨年級而增加，例如，社會及自然與生活科技或科普文章多以說明文結構呈現。因此說明文閱讀在中高年級乃至終身學習中，扮演愈來愈重要的角色，則學習如何閱讀說明文，就成為中年級閱讀的重要任務。而當學科內容、新詞彙、抽象概念及文體結構都超出學生擁有的知識與經驗時，文章結構及背景知識，就成了造成學生閱讀理解困難的主要因素。因此，必須明示直接教導文章結構。而「以結構摘要全文大意」策略的學習重點，在中年級強調說明文結構，高年級則聚焦在議論文結構的學習。

國語課文中常見的結構包括：(1)「順承結構」：描述、序列，(2)「總一分一總結構」：因果、問題解決、比較對照及列舉，(3)「並列結構」：列舉（教育部，2011）（參見表 4.9）。學童對敘事結構的熟悉度高於說明文，教學時可以從「總一分一總」的簡單結構開始，配合課文結構並結合「因果關係」推論及「問題解決」提問等策略，教導不同組織類型的複雜結構。例如，翰林版五上第四課「邁向低碳生活」、翰林版六上第七課「守望相助」、南一版六上第四課「真正的富有」及康軒版六下第三課「把愛傳下去」，都是「總分一因果結構」；康軒版五上第七課「熊與鮭魚」則是「總分一問題解答」結構。

辨識文章結構是需要練習的，如果具備故事體的結構基模，就能根據基模結構的線索，找出故事元素：背景、起因、問題、解決、結果、迴響，發現問題解決的主軸線，建構對文本的深度理解，統整出文本的主要意涵。但是課文未必都是結構完整的典型文本，有時省略背景或迴響；有時是倒敘結構，先寫出結果再寫經過。因此建議進行結構辨識覺察教學時，先以典型結構、完整且具連貫性表徵的文本為範本，較有利於學生建立完整的結構基模。值得注意的是，即便文本結構完整，若讀者未能覺察，結構基模並不會幫助理解記憶（McGee, 1982），特別是對年幼的學童而言，更需要教師有意識的教學引導，才能幫助學生建立文章結構基模。其次，提供相同結構的不同主題文章接續出現，比較結構與取材的異同，可以強化閱讀摘要及寫作布局的能力。例如，翰林版二上第十課「賣房子」及第十一課「魯班造傘」都是故事體。若課本沒有多篇同類型課文，教師可以調整課的順序或另外補充，也可以進行跨領域連結，例如可連結國語、社會及自然，進行說明文體辨識學習。

教學專區 記敘文與故事體的文章結構

記敘文結構：開始／起因—經過—結果【南一版三上語文天地二；翰林版三上統整活動三；康軒版四下統整活動一】

故事體結構：背景—起因—問題—解決—結果—迴響

教學專區 故事體結構

故事體是對某一特定主題的人、事、時、地、物的背景下，所發生事件經過與結果的描述。故事文法是藉由說明故事要素與要素間關係而形成的故事結構。故事結構可歸納為「背景—起因—問題—解決—結果—迴響」（吳英長，1998；Stein & Glenn, 1979）。背景呈現故事發生的人、事、時、地、物；起因是引發主角的內在情緒反應及外在行動的事件；想要達成目標或處理失衡的情緒因而形成問題；從而採取行動的方法、步驟就是解決；不論想解決的問題或目標是否達成，都是結果；而故事主角或作者對結果所產生的感受、看法或評價，即為迴響。

故事體教學重點是分析主要角色的特質與功能、故事發展的因果關係、寫作手法、特色、生命感受與人性思考。

教學專區 說明文結構

說明文結構：總說—分說—總結【翰林版三上統整活動三「認識說明文」；康軒版三下統整活動三「說明文」；康軒版五下統整活動三「認識表述方式——說明」】。

議論文結構：論點—論據—論證—結論【康軒版五上統整活動二「議論類文章」；康軒版五下統整活動三「認識表述方式——議論」；南一版六上語文天地三「議論的表述方式」；翰林版六上統整活動二「認識議論說明文」】。

教學專區 說明文結構及圖示

說明文是介紹事物特徵、關係、因果或說明現象及原理的文章，由五項文體元素組成：(1) 主題，(2) 主要概念，(3) 支持和澄清主要概念的證據，(4) 輔助說明的圖片或表格，(5) 字彙或專門術語（Marinak & Gambrell, 2008）。說明文教學的重點是標題、次標題、各段主旨及圖文關係的掌握。

說明文結構為六種：描述、列舉、序列、比較／對照、因果及問題解決，每種類型各有不同定義及相對應的線索詞（signal word）與結構圖（參見表 4.9）。說明式結構不僅適用在說明文體，課本中最常出現的記敘文或故事類的文章，有大部分也能使用說明式結構來做分析。但教學時可從國語課文常見的類別開始，例如，因果或問題解決類型，有時以「總—分—總」代表即可，不必再細分說明文類型。

表 4.9　說明文文章結構類型、定義、線索詞及對應的圖表組織

結構	定義	線索詞	對應之結構圖
描述／概括	介紹或說明主題內容、背景，或主要概念的特徵	特徵、特質、類型、屬性、原則、包括、以……為證明、除了……也、定義、代表	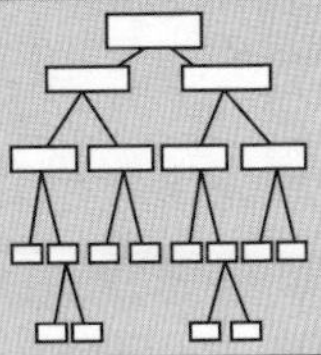
列舉／聚集／分類	舉出例證支持主題內容或概念，或依事務屬性進行分類	例如、有些……有些……、哪些、舉例、列舉、以……為例、像是、其中	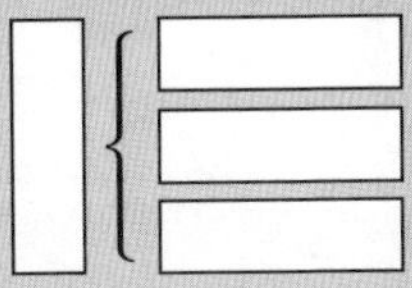
序列	依據事件的時間順序，將連續且相關聯的事件或程序排列出來	首先、其次、然後、第一、第二、最後、1. 2. 3.、步驟、階段、操作、接下來、順序、排列、早期……後來、以前……現在	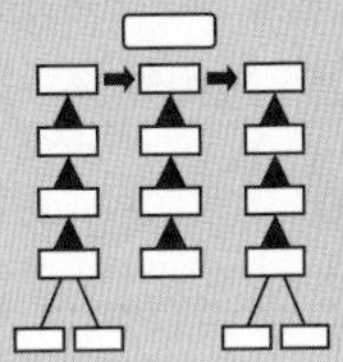
比較／對照	對文章中兩個以上主題進行相似或相異的比較	有的……有的、過去……現代……、比較、不但、優點……缺點、差異、相反的、變化、不同、更、類似、好像是、相同的、一樣、然而、但是、另一方面、替代、當	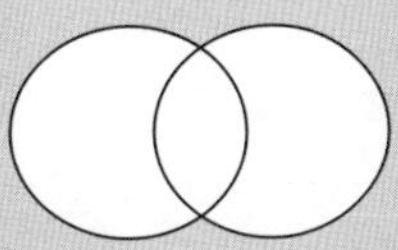
因果	說明事件或概念之間起因和結果的關係	如果、可以、由於、因此、因為、為了、原因、有關、原來、導致、造成、引起、帶來、使得、產生、結果、受……影響、若……則	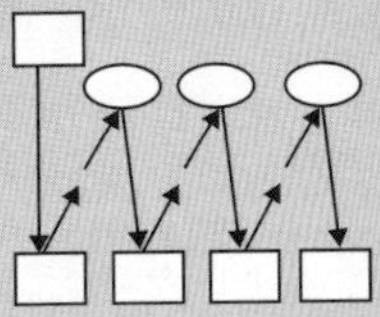
問題解決	呈現問題，並提出解決方法	問題／解決、提問／解答、都可以、也可以、困境、難題、建議、為什麼、如何、因為……所以	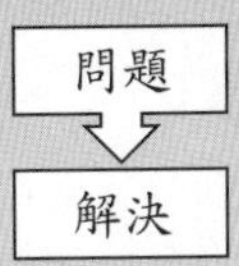 問題 解決

資料來源：整理自 Cook 與 Mayer（1988）、Meyer 與 Ray（2011）及教育部（2011）。

教學專區 議論文結構

議論文是用主觀的方式提出主張與見解，以證據及說明來支持、證實主張，說服別人的表述方式，並歸納結論。議論文包括三個要素：論點、論據及論證，有不同變化，有時不寫論證，有時正反論據兼呈，有時夾敘夾議，將論據與論證呈現在同一段。

論點：作者對問題抱持的想法、觀點、主張或立場，是文章的中心意旨。

論據：用來證明論點的事實或理論根據，包括數據、史實、名言佳句、自然、歷史的知識，或真實可信的親身經歷。

論證：具體說明論據與論點間的關係，解釋論據如何支持證明論點，包括引用、舉例、比喻、對比等。

例一 康軒版五下第十課「果真如此嗎」是議論文，結構為論點（第1段）—論據＋論證（第2至5段）—結論（第6段）（參見表4.10）。

表 4.10　「果真如此嗎」的結構與主題句

果真如此嗎			
結構	段落		主題句
	意義段	自然段	
論點	一	1	傳統或權威的看法未必可信。
論據＋論證	二	2、3	「旅人與熊」和哥白尼「太陽中心說」證明傳統或權威的錯誤。
	三	4、5	透過懷疑和實證，證明天圓地方、腐草化螢的錯誤。
結論	四	6	懷疑的態度和實證的精神，才能發現事實的真相。

註：阿拉伯數字表自然段，國字表意義段。

例二 康軒版五下第十課「做時間的主人」是議論文，結構為論點（第1段）—論據（第2至4段）—論證—結論（第5段）（參見表4.11）。

表 4.11　「做時間的主人」的結構與主題句

做時間的主人			
結構	段落		主題句
	意義段	自然段	
論點	一	1	妥善運用才能發揮珍貴時間的最大價值。
論據	二	2、3	嚴長壽事先規劃與歐陽脩善用零碎時間，都是善用時間的例證。
論證	三	4	事先規劃及善用零碎時間都是利用時間的好方法。
結論	四	5	妥善運用時間才能成為時間的主人。

「以結構摘要全文大意」策略教學步驟（四上）

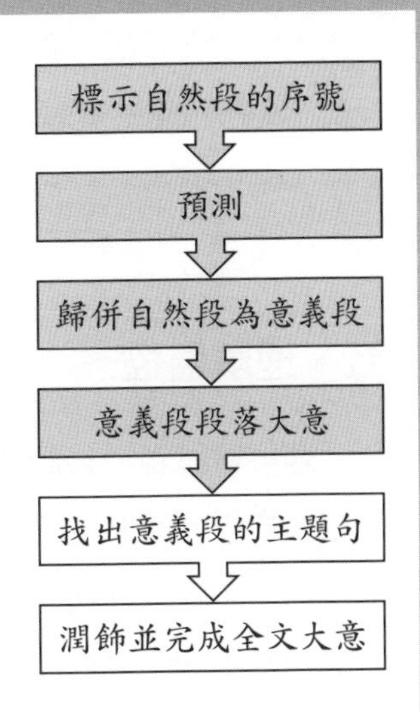

S_1 說明文章結構的定義及功能——結構是文章的組織方式，辨識文章結構有助於閱讀理解。

S_2 以結構歸併自然段為意義段

康軒版五上第三課「智救養馬人」是故事體記敘文，共有八個自然段，依結構進行合併後，成為背景（自然段第 1 段）—起因（自然段第 2 段）—問題（自然段第 3 段）—解決（自然段第 4、5 段）—結果（自然段第 6 段）—迴響（自然段第 7、8 段）六段（以阿拉伯數字表自然段，以國字表意義段）（參見表 4.12）。

S_3 找出或寫出每段的主題句（上位概念）

精煉意義段的主題句。

表 4.12　「智救養馬人」的文章結構與主題句

智救養馬人				
結構	段落		主題句	
	意義段	自然段		
背景	一	1	齊景公很愛馬。	
起因	二	2	齊景公因愛馬病死，要殺養馬人。	
問題	三	3	晏子想要救養馬人。	
解決	四	4	步驟一	晏子一一敘說養馬人的三大罪狀。
		5	步驟二	晏子作勢要處死養馬人。
結果	五	6	景公恍然大悟，放了養馬人。	
迴響	六	7、8	晏子的機智與勇敢，千古流傳。	

S_4 潤飾並完成全文大意

齊景公的愛馬病死了，他氣得要殺養馬人。晏子想要救養馬人，他說出養馬人的三大罪狀，還作勢要殺死養馬人，終於讓齊景公恍然大悟放了養馬人。晏子的臨機應變救了養馬人，他的機智與勇敢更千古流芳。

五、理解監控

理解監控源於後設認知概念，是能否獨立閱讀的關鍵能力。理解監控是對於自己理解狀況的自我評估，以及運用策略調整以促進理解。對國小學童而言，監控理解是抽象且不易理解的概念，左榕（2013）將後設認知比喻作腦中的小老師與小警察，用具體表徵及孩子聽得懂的語言，清楚說明、示範並練習，在閱讀過程中協助學生監督並指導、控制自己的理解行為。理解監控在閱讀歷程的前、中、後階段，都扮演重要角色，融合應用在預測、摘要、結構及提問推論策略中。例如，對預測進行自我驗證，判斷哪種寫作手法比較優美，清楚知道閱讀主要的目標是建構意義而非識字，會因應不同閱讀目標（摘要、讀書報告、作文）而選擇適合的策略，能分辨評估哪些策略是有效的，且能自發的在閱讀過程進行監控與調整，逐步成長為自動化理解監控的熟練讀者。理解監控策略教學步驟是讀者一邊讀，一邊檢查自己有沒有讀懂，困難是在哪裡，是在於字、詞或句子？接著針對自己沒有讀懂的部分，採取放慢速度、重讀、查字典、請教他人等策略嘗試解決困難，並評估方法的優缺點，以增進自己的閱讀理解。

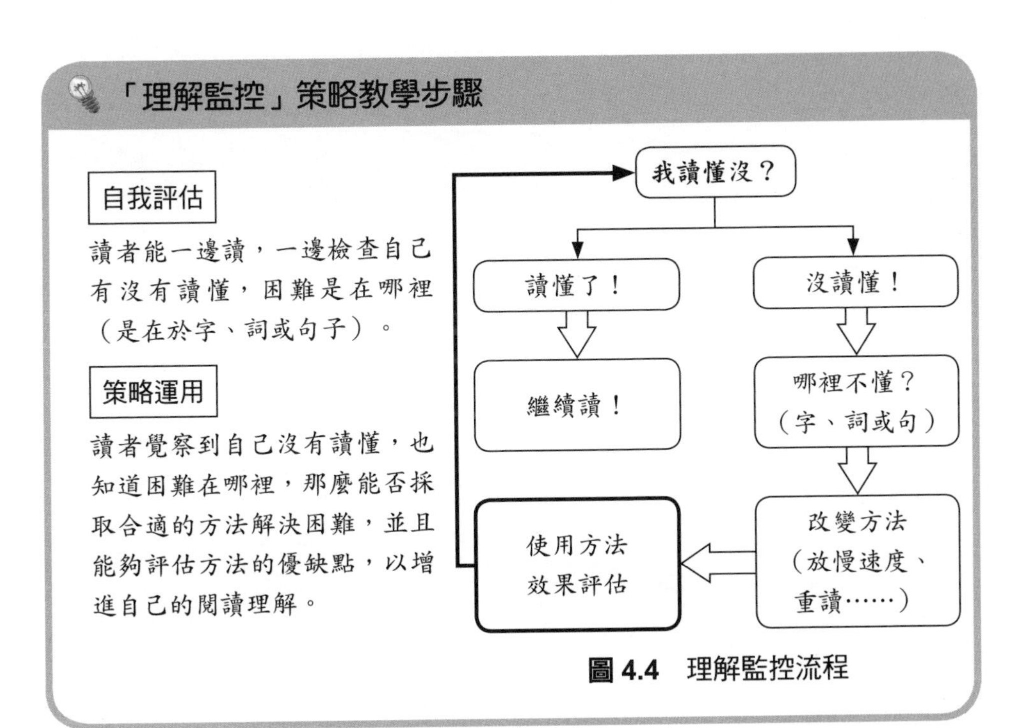

圖 4.4　理解監控流程

（資料來源：教育部，2011）

教出讀寫素養

第三篇

寫作理論與教學策略

寫作是學生必學的重要技能之一，也是能讓學生將所學知識串連起來、融會貫通的重要方法，但卻是三 R（閱讀、寫作、算數）中，最被忽略的能力（吳怡靜，2007）。「得語文者得天下，得作文者得語文」，因此在提升讀寫素養時，強化寫作能力更顯重要。然而在探究寫作之前，有幾項當前寫作教育趨勢的迷思，必須先加以釐清（何琦瑜，2007）。首先，閱讀與寫作都是跨領域學習的終身能力，學生必須透過閱讀與寫作學習，而其中能表達意念、清楚溝通的寫作能力，更是成功的關鍵，因此寫作力不應是附屬於國語文課程的作文課。其次，寫作能力並非天生或多寫就自然會的能力，寫作是一門可以教、可以學、每個人都可以透過方法精進的「技能」，且須從小教起。而有系統、有方法、有步驟的寫作教學，是學校教育必須承擔的責任。第三，提升寫作能力的關鍵在寫作教學的品質，學校教師的寫作教學不是花很多時間「批改作文」，或逼學生「每學期交出幾篇作文」。教師應扮演「引導」的角色，與其強調「如何教」，更應看重的是學生「如何學」。而結合閱讀、思考、寫作與學習的教學，能讓學生「學會學習」，是提升讀寫素養更有效的作法。

經檢視目前寫作在教與學上的問題，在教學方面，根據《天下雜誌》調查，臺灣寫作教學最大的困難是「時間」，與「學生閱讀和體驗太少，以致寫作能力差」及「學生缺乏對寫作的興趣」，並列為語文教學的前三害（何琦瑜、吳毓珍主編，2007）。在學習方面，實徵研究發現國內學童的寫作能力普遍低落（黃尤君，1996）。基本學力檢測也發現大多學童審題不清且無法掌握題意，選材失當而內容較難表達中心思想，用字遣詞平淡、口語化，布局紊亂而段落之間的文意關聯也偏弱（臺北市政府教育局，2011）。而學生在寫作時最感困擾、也最需教師多加訓練的是「組織內容，寫成初稿」的擬大綱階段（林銀美，2005；蔡銘津，1995）。然而，要如何解決國小寫作教與學的困境？其實九年一貫課程綱要及十二年國民基本教育課程綱要，已然提出良方妙藥：配合單元教材，以閱讀引導寫作方式，使學生根據生活經驗發展寫作能力。各學習階段應強調不同層次、文體及題型的基本練習，由淺入深，做通盤的規劃（國家教育研究院，2018）。簡言之，就是依年級逐步規劃實施課文本位的讀寫整合教學。

CHAPTER 5 寫作教學理論

寫作的目的在表情達意、溝通與創造，誠如亞伯拉罕・林肯所言：「寫作是溝通內心思想的藝術，也是人類世界的偉大發明。」使用書寫語言進行思想組織與傳達的寫作活動，涉及一連串複雜的認知過程，絕非僅為單純字詞句段的排列組合活動而已，要將抽象的心思意念轉化成具體的文字，需要的是有系統、有方法的長期教學與學習。

壹 寫作教學理論

寫作教學可分為成果及歷程取向兩大流派，分別立基於不同的寫作教學理論模式。其中成果取向係依據線性寫作模式，而歷程取向則本於認知歷程模式與社會文化模式。以下分別說明成果、認知歷程與社會文化的寫作理論及教學模式。

一、成果導向的線性階段模式

1950 至 1960 年代的形式主義寫作理論，重視作品的形式與特性，教學重點在字詞修辭、句子及段落特徵的文法。此成果導向將寫作區分為前、中、後三個階段，強調寫作前的題意釐清、取材運思及大綱擬定之計畫；寫作時的起草為文，將想法轉譯成文字的醞釀構思；以及完成後對文稿的審閱、修正或改寫。此線性階段模式類似於學者提出的中文寫作歷

程，包括：審題、立意、取材、擬大綱、下筆、修辭鍊句、審閱等（林國樑，1988；陳弘昌，2004），皆直線依序進行寫作的立意構思→下筆→修改。成果導向的線性階段模式以完成作品為主要目標，教師教學重點在充實寫作主題、過程與技巧等三方面的知識，但卻忽略寫作者的內在認知歷程，也缺乏對寫作歷程間遞迴互動關係的關注。

目前不少國小教師以講述法進行寫作知識體系的引導，採「教師命題→學生寫作→教師批閱」的線性成果取向教學，偏重充實學童的語彙句法或文字修辭，教師常在命題與簡單講解大綱與段落安排後，就放任學生自由發揮作文，少有活動或同儕討論。其次，實徵研究的結果也發現，這種教師主導、聚焦文法的成果取向寫作教學，階段雖頗為細膩，但教師缺乏可依循的有效作文教學方法，只將重心放在作文成品的批改，疏於對寫作過程的協助，對學生寫作的實質助益不大。況且批改時僅給整體分數，並非分項評閱，致無法精確診斷學生問題以謀改進。而學生處於被動狀態則易缺乏寫作動機，無法主動體驗寫作的歷程，皆會導致作文成效不彰（李麗霞，1988；杜淑貞，1986；曾世杰譯，2010；張新仁，1992；黃尤君，1996）。

二、認知歷程模式

1970 年代，受到「兒童教育中心」及訊息處理理論的影響，認知心理學主張學習者中心的歷程取向寫作教學模式。歷程模式認為成果線性模式簡化了寫作時的心理歷程，寫作教學因而開始有了重大的改變，關注的焦點由教師主導轉為學生中心，由寫作的「成果」轉為「歷程」與「認知策略」，其中最具代表性的理論是 Hayes 與 Flower（1980）所提出的認知取向寫作歷程模式。認知歷程模式（cognitive process model）是 Flower 與 Hayes 整理分析成人寫作過程的放聲思考底稿而建構，強調寫作是主動投入的內在心智活動，是寫作者長期記憶、寫作環境與寫作歷程三方面的互動。寫作歷程包含計畫、轉譯（translating）與回顧（reviewing）等活

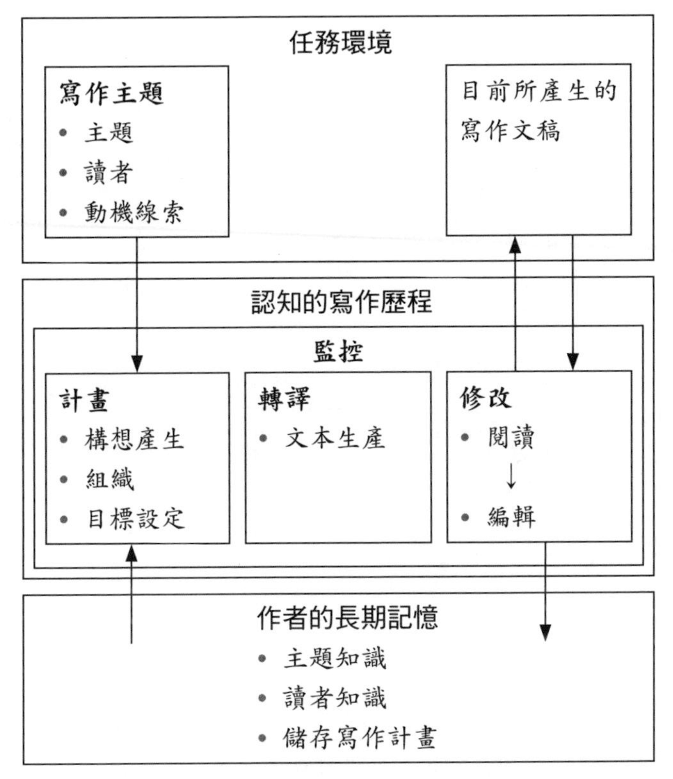

圖 5.1　Hayes 與 Flower（1980）的寫作認知歷程模式

資料來源：Hayes（1996: 3）。

動，且都在個體監控下進行（參見圖 5.1）（Hayes & Flower, 1980）。

其後，Hayes 針對 1980 版被質疑的部分進行多次修正，包括：忽略寫作者工作記憶的個別差異，只重視寫作者自身的認知歷程而忽略動機、情意及社會文化、人際互動等非認知因素（Berninger, Fuller, & Whitaker, 1996），並於 1996 年版提出的個體—環境模式中，納入動機／情緒與工作記憶的影響，同時將寫作歷程的計畫改為反思、轉譯改為產生文本、修正改為文本詮釋（參見圖 5.2）（Hayes, 1996）。而 2012 年的版本則將寫作分為資源、歷程及控制三個層次，並在寫作歷程中增加謄寫（transcriber）歷程（Hayes, 2012）。

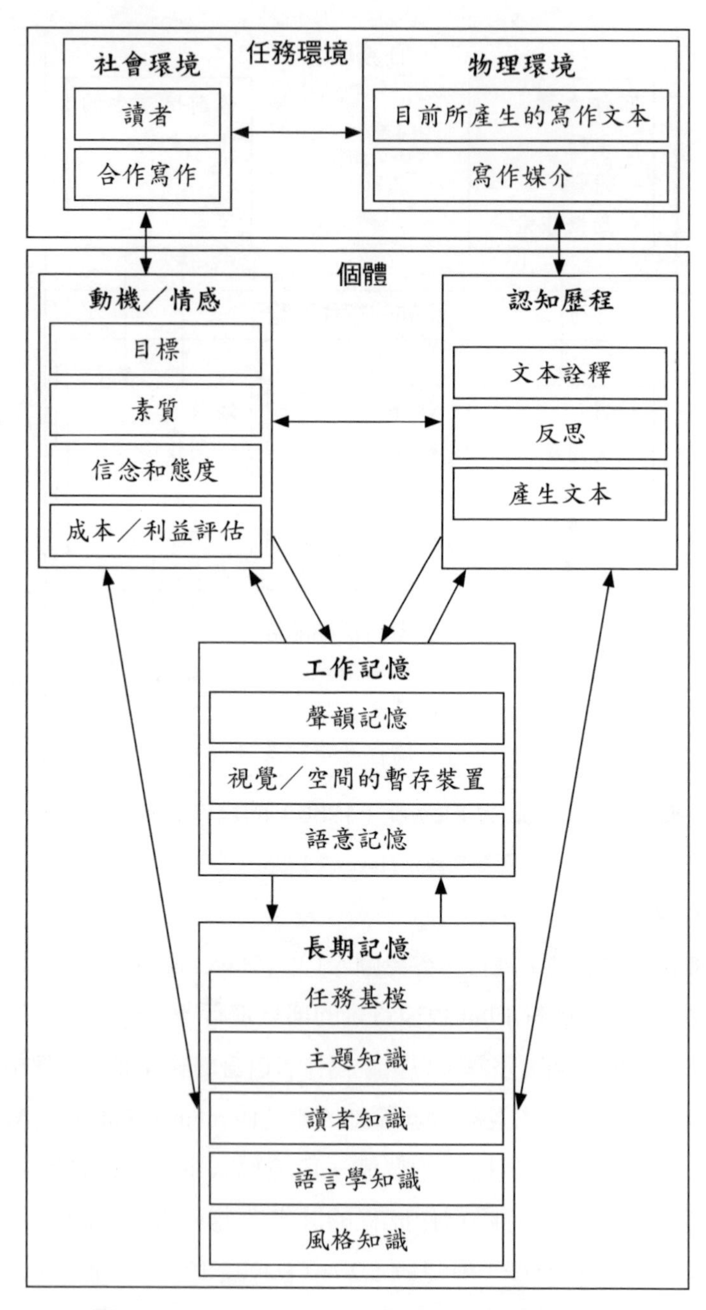

圖 5.2 Hayes（1996）的寫作認知歷程模式

資料來源：Hayes（1996: 4）。

以下綜歸認知歷程寫作模式理論，分成任務環境、寫作歷程、長期記憶與工作記憶四方面加以說明。

（一）任務環境

寫作的任務環境會影響寫作品質，包括主題、讀者、動機等寫作作業及目前所完成的文稿（Flower & Hayes, 1980）。Hayes 於 1996 年將任務環境區分為社會環境與物理環境兩部分，社會環境包括讀者與寫作的合作者，顯示寫作不僅是個體行為，也可以透過與同儕合作等方式進行。物理環境指目前完成的文稿與寫作媒介，用紙筆手寫或電腦文書處理等不同寫作媒介，對計畫、構思與修改會產生不同影響，而十二年國教語文領域內涵也強調科技對寫作的影響（國家教育研究院，2018），是教師面對數位原生代學生時，必須多加關注的部分。

（二）寫作歷程

認知歷程模式視寫作為問題解決的歷程，是寫作者為達成目標而採取的一系列環環相扣步驟。該模式認為寫作是穿梭交替進行，而非依順序直線而行。寫作其實頗具彈性，時而謀定後動，時而邊想邊寫、邊寫邊改，抑或一氣呵成後再行修改。而熟練的作者寫作時，會有系統地遞迴，流暢的在計畫、組織、起草和修正歷程之間來回轉移，且不斷持續監控這些活動（曾世杰譯，2010）。

基於 1980 年版對寫作歷程的闡釋最為詳盡，對寫作教學最具實務應用價值，因此以下採 1980 年版的寫作歷程為主，並參酌其他文獻（曾世杰譯，2010；張新仁，1992；陳鳳如，1999；Berninger et al., 1996; Flower & Hayes, 1981; Hayes, 1996, 2006, 2012; Hayes & Flower, 1980），進行說明。

1. 計畫

計畫是對要寫些什麼及如何去寫下決定，可分為靈感發想、組織想法及設定目標三個次歷程。計畫是寫作者依據寫作目標及文章的預設對象，從長期記憶中搜尋與主題或讀者相關的先備知識，捕捉浮現的靈感以形成內容構思，再經決策與推理後組織想法，規劃文章布局，所擬成的寫作大綱、計畫表或寫作心智圖。一如建築師蓋大樓前會先繪製藍圖，計畫通常在寫作前擬定，作為後續寫作的引導。而長期記憶中寫作相關知識愈豐富，就能愈快擬定計畫。不過計畫也可能發生於寫作過程中或完成初稿後，閱讀過目前已完成的文稿，再重擬或修正計畫。

2. 轉譯

轉譯是根據計畫將泉湧的文思構想轉換成文字的歷程。過程中必須依照寫作格式，同時考慮目標、內容、措辭、結構或標點符號等問題，常造成初學者或年幼者的工作記憶負荷過度，以致沒有心力去處理文章主旨或全文組織等高層次問題。因此寫字、標點等低層次寫作技巧的自動化，是高層次的構思技巧的基礎，不但能減少轉譯過程中工作期記憶容量的耗損，更能提高寫作的品質。

3. 修改

回顧修改是對閱讀理解的監控，通常年齡較長才發展此能力。修改穿梭出現在計畫與轉譯的歷程中，目的在改進現有文稿，包括閱讀評估與編輯修改兩個次歷程。Hayes（1996）強調寫作歷程中的閱讀是提升寫作表現的關鍵，因修改前必先閱讀文章是否符合寫作目標，評估寫得好不好，接著才能針對缺點進行修改。而三種類型的閱讀能力決定了寫作品質：(1) 閱讀以理解，閱讀能提供寫作內容或主題相關資訊的取材來源，判斷所讀素材有無作者偏見或錯誤訊息，理解所讀內容對寫作重要與否，是否納入文稿中；(2) 閱讀以定義寫作任務，閱讀文稿可確認所寫內容是否符合寫作任務目標，不致偏離主題或教師的要求；(3) 閱讀以評價，寫作過程中持續批判性閱讀目前完成的文稿，有助於接下來的續寫。一則評估是否修改不滿意處，決定是否還需增刪或潤飾內容，再則判斷還需找哪些資料。

4. 監控

寫作者會在寫作過程中有意識的控制自己的想法，時時監督寫作過程的進展或轉換。例如，決定需醞釀多久才開始下筆，何時該從某個歷程轉換到下一個歷程。監控能力與寫作目標或個人寫作風格有關，對擅長或熟悉的主題自然能得心應手，有人援筆立就而無需計畫，有人則字斟句酌力求慢工出細活。

（三）動機／情感

Hayes 於 1996 年將認知寫作歷程由原本個人行為拓展為社會行為，認為寫作者的目標、信念、態度、本益評估等動機及情感反應，都會影響寫作活動的投入程度。寫作者在寫作時常面對多個競爭目標，例如，既想清楚表達內容但又不能太過冗長，採用的觀點既想討好某些閱讀對象卻又不想觸怒其他立場者。因此，寫作者必須思考如何平衡這些目標或透過本益評估來分析該選擇的策略。其次，從智能觀點來看寫作，持能力是天生固定信念者，面臨失敗時會焦慮無助，認為自己是失敗者，而害怕寫作；持後天努力即能成長信念者，即使遭遇失敗仍會更加努力，勇於挑戰。

（四）長期記憶

長期記憶中儲存著關於寫作主題、寫作對象、任務基模、語言學及寫作風格等相關知識（Hayes, 1996; Hayes & Flower, 1980）。寫作環境會激發長期記憶中的基模，搜尋與寫作主題相關的背景知識、生活經驗、寫作結構、適合自己的寫作策略及程序、評價文章成功與否的規準等。例如，故事體結構中「誰、什麼、哪裡、如何、為何」等例行性提問，能讓寫作者有規則可遵循。長期記憶中也有關於寫作對象的知識，提供預期讀者看得懂的詞彙、內容或寫法等知識的線索。

（五）工作記憶

工作記憶是大腦的 CEO，就像交響樂團的指揮，是個體進行認知處理過程中，有意識地暫存、判斷並執行訊息的能力。Hayes（1996）認為所有寫作歷程都在工作記憶中進行，以 Baddeley 的工作記憶模式為基礎，包括中央執行系統、聲韻記憶、視覺／空間暫存裝置及語意記憶。聲韻記憶暫存聽覺及口語等語音編碼，視覺／空間暫存裝置暫存語詞及圖表等視覺／空間的編碼，語意記憶暫存概念性訊息，而中央執行系統則從長期記憶中提取寫作素材等相關訊息，同時監督控制並執行語意概念與邏輯推理，幫助解決寫作時遇到的困難。例如，將計畫構思轉譯成文稿，或閱讀檢視進行修改（Hayes, 2006）。

工作記憶有容量及時間的限制，當寫作者的轉譯認知負荷超載時，會造成寫作歷程間彼此妨礙而前後文不連貫。因此作者必須藉由遞迴去監控寫作時的諸多細節。遞迴的穿梭歷程適時補償有限的工作記憶，藉由對目標、構思、組織、起草與修正間的監控及來回閱讀檢視，讓寫作者在每個寫作時刻，將許多的資訊保留在腦袋中（曾世杰譯，2010）。而將低階寫字技巧自動化，兼採語文及圖表進行雙重編碼，都是能有效運用工作記憶以順利寫作的策略。

三、社會文化模式

1980 至 1990 年代，社會文化模式聚焦於寫作者、文本及語言本身的社會文化環境，探討寫作文本如何被社會文化塑形，以及寫作者如何透過寫作反過來塑造社會文化。社會文化模式不同意寫作是始於個人想法而終於文章完成的觀點，而認為寫作是一種複雜的社會互動與文化分享歷程（曾世杰譯，2010）。首先，寫作是作者與讀者間以意義為核心的訊息溝通，寫作者會依據假想讀者的需求及程度進行寫作，而事實上寫作者同時也是自己文章的第一個讀者（陳鳳如，1999），讀者意識能幫助寫作者監控文章的撰寫與修改。其次，課室中的社群活動也會影響寫作。例如，同儕討論與經驗分享能協助寫作計畫階段的構思，同儕互評對修改的效果往往大於教師的批改。再者，寫作的歷程與學習都與文化分享有關，沒有作品是完全原創或憑空而來，寫作者受自己文化、生活經驗或讀過文本的交互影響，往往在寫作時融入生命經驗或讀過的文本內容、角色、情節，形成多個文本間讀寫交織的互文性（陳靖文，2015）。例如，學生將自己生活經驗融入讀過的童話故事改寫中，形成新的文本創作。

歸結而言，成果模式從時間軸詮釋寫作歷程，但所強調的依序直線進行並不符合實際寫作歷程。採教師為中心則忽略對寫作歷程的協助與策略的指導，忽視寫作的溝通及批判性思考功能，因此對學童寫作的實質幫助不大。歷程模式兼顧時間軸與空間軸，細膩描繪寫作歷程各階段間交替穿梭的回饋與監控循環機制，能在寫作過程中提供學習者支持性的寫作內容與策略。而社會文化模式關注情境與環境對寫作的影響，強調透過社會互動與文化分享促進寫作的品質。

貳 寫作能力的發展

一個優秀的寫作者需要三種知識：語言、題目及讀者的知識（林清山譯，1991）。Berninger 等人（1996）強調寫作認知能力是逐漸發展出來的，認為 Flower 與 Hayes 的認知歷程只適合熟練的寫作者，無法全然涵蓋初學或發展中的作者。而從寫作歷程發展模式及對寫作專家／生手的研究結果中，可以梳理出寫作能力的發展歷程。寫作生手重視表面字句和文法，並無計畫或目標，往往想到什麼就寫什麼，文體結構知識不足，常無法下筆或覺起頭難，缺乏回顧習慣或即使回顧也檢查不出問題。而優秀寫作者的審題立意能力強，在寫作一開始就會設定好目標和全盤計畫，對作文題目的知識較廣博，可以產出較多且高品質切題的內容（張新仁，

1992；Flower & Hayes, 1981）。

整理國內研究結果及筆者觀察所得，亦可發現學生寫作能力的問題。國內學生在寫作時最感困擾的問題，也最需教師多加訓練的是「組織內容，寫成初稿」的擬大綱階段（林銀美，2005；蔡銘津，1995），顯示國小學童最需要的是寫作過程中構思引導及文章架構的知識與教學，而如何由被動接受轉為主動思考，也是目前學生最需強化的寫作能力。

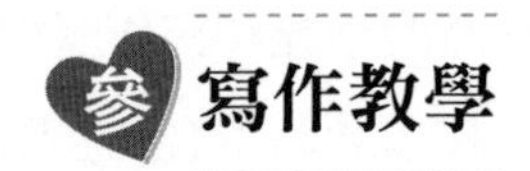

參 寫作教學

寫作教學的相關實徵研究結果顯示，認知過程取向寫作教學的效果最佳（張新仁，1992，2008；Hillocks, 1984），因教師明確指導寫作過程中的計畫、構思與修改，能具體強化學生的心理表徵與認知建構，使學生擁有寫作需具備的陳述性知識、程序性知識與條件性知識，而程度不佳的學生則需更多支持協助及動機的引發（張新仁，2008）。其次，多元教學策略及課文、範文的結構分析，能提升學生的寫作表現（林銀美，2005；陳鳳如，1999；蔡銘津，1995）。因此在寫作過程中，提供學生寫作的系統性實質指導與支持，透過結構性教學放聲思考示範分析課文與範文，可以鷹架學生最感困擾的文體結構與大綱研擬。至於師生對話、同儕討論後再獨作，不但能強化動機，更能達成學習遷移的效果。

一、寫作教學型態

在寫作的教學型態方面，陳弘昌（2004）將寫作教學依年級分為共作、引導式寫作及自作法三種方式。而 Hillocks（1986）根據後設分析的結果，將寫作教學分為四種模式：講述法、自然過程法、環境法及過程導向法。其中「自然過程法」是教師命題而學生自由寫作後交給教師批改的方式，為極少涉及實質教學的低結構模式。「講述法」以教師為中心，教師命題後提供範文、作法等相關訊息，學生完成後交由教師批閱，與自作法皆為獨立寫作教學。「環境法」強調由師生共同分擔寫作活動的責任，小組合作解決寫作問題，與共作法皆屬分享寫作教學。「過程導向法」則強調在寫作過程中提供策略的協助與支持，為引導寫作教學。此外，讀寫整合寫作教學以讀寫間共同知識與歷程為聯繫點，強調讀寫間的互動。

歸結寫作教學型態可分為分享、引導、獨立及讀寫整合四種。

（一）分享寫作教學

分享式寫作教學受社會建構與社會文化理論影響，又稱為合作法或共作法，是適合低年級學生或初學寫作者的教學方法。分享式寫作由教師命題或針對一個主題，師生共同研究寫作的方法或內容，藉由師生對話與小組討論，一起擬定綱要、蒐集資料、安排布局及文句，然後按照討論的結果，由學童各自抄寫下來。

（二）引導寫作教學

引導式寫作又稱為助作法，是由教師輔助引導學生逐步練習寫作的方法，重在段意表達與連貫的學習，適合中年級時指導取材及布局結構（陳弘昌，2004）。引導式寫作在命題後，教師解說題旨，引導學生根據題意擬定大綱，確定大致段落結構順序及寫作內容後，再由學童各自完成寫作。

（三）獨立寫作教學

獨立寫作是學生自己獨自完成寫作的自作法，以教師講授為中心，並未在過程中進行討論或提供策略協助。此教學法多應用於中高年級，是最多現場教師採用的方法。有時獨立寫作在命題後，教師會解說題旨、代擬大綱，建議內容或段落安排，再由學生完成。但也可能完全不說明，直接由學生自己確立中心思想，擬定大綱，下筆為文完成寫作，最後交由教師批改。

（四）讀寫整合教學

閱讀理解與寫作的統整融合環境法及過程導向法，由讀導寫，以寫促讀，在讀寫過程中提供策略指導與支持性協助，強調討論與合作學習，是適合國小一到六年級的教學方式。教師設定好讀寫聯繫主題與活動方式，可能是小書創作、讀書報告、訪問、作文或展演，在課文或範文閱讀教學時，學習標題、結構、取材或遣詞造句的技巧，由讀導寫，即學即用在寫作活動中。也可以由寫促讀，寫作過程中透過閱讀所蒐集的主題資料，活用閱讀文本中的寫作技巧於寫作中。

二、寫作技巧教學

寫作技巧教學有仿寫、續寫、改寫、縮寫及擴寫等，這些寫作技巧都可以從語詞、句子開始練習，再漸進到段落、文章的層次。在不同發展階段教導不同寫作技巧，十二年國教課程綱要建議仿寫、續寫教學於低年級進行，至中高年級則進行改寫、縮寫及擴寫教學（國家教育研究院，2018）。不過，課綱對年級寫作技巧的教學建議並非僵化規範，教師可視學生實際發展情形或課文內容做彈性調整。

（一）仿寫

仿寫是對範文的仿擬，分為形式及內容兩種。形式仿寫是對範文體裁與結構的模仿，內容仿寫則是對標題、立意、選材或技巧的模仿。初學寫作者藉由模仿範文，學習掌握寫作基本技巧，汲取優異的創作經驗，遷移到自己的作品中。值得注意的是，仿寫要力求變化以免東施效顰，以模仿為基礎，創新才是最終目的。教師宜針對不同文本特點，將閱讀能力和寫作能力的培養緊密地結合起來，促進知識向能力轉化。就像書法學習，始於臨摹而終於自成一體。

（二）續寫

續寫是根據提示，發揮想像力與創意，添加潤飾文字，把沒寫完的句子或文章接續完成，讓內容更豐富且結構更清楚。同時針對原文提供的情節、觀點、人物性格或情境脈絡，力求前後文的合理銜接、全文文意的連貫與完整。文章的開頭、中間或結尾都可以當作接寫的素材，例如，提供文章的開頭、結尾或影片、圖片、四格漫畫，引發靈感，要求接續寫出完整的文章。文體結構及主題知識不足者，或覺起頭難或無法下筆者，便適合使用接寫教學法。低年級可以從簡單的句子接寫開始，中高年級進一步練習段落，以及全文接寫【翰林版四上統整活動一；康軒版五下統整活動四】。

（三）改寫

改寫是在不改變原作題材與中心思想的原則下，藉由改變觀點、文體、內容、結構、敘述人稱、描述方法或結尾等方式進行寫作。改寫可以強化閱讀與寫作能力，培養分析、想像、創意及語言表達等能力。例如，將故事體改寫成議論文或劇本，將詩歌改寫成記敘文，將原文第三人稱改為第一人稱來敘寫，改變文章中心人物、情節或結局，將演繹式改為歸納式，將漫畫改為文字，將對話改為一般描述等，有時則是為配合不同閱讀對象的閱讀程度而改變原作的寫法【康軒版四下統整活動四；翰林版四下統整活動三；康軒版五上統整活動四】。

（四）縮寫

縮寫相當於摘要，是在不改變原文主要意思或思想的前提下，將句子或文章縮短的一種寫作方式，可以訓練掌握重要訊息的能力。縮寫時必須掌握內容的重點或關鍵字詞，保存主幹、刪除枝葉，讓句子或文章更精簡扼要。例如，刪去不重要的形容詞、舉例或細節等描寫，仍須兼顧文意的

明確完整及流暢通順【康軒版三上統整活動三；翰林版三下統整活動二；康軒版五下統整活動二】。

（五）擴寫

以一段文字或情境為基礎，在不改變原文內容和中心思想的前提下，發揮想像與創意，合理增加文字或擴展句子、段落、文章詮釋，讓簡單的意思變得更豐富完整。例如，在句子或文章中加入時間、地點、形容等語詞，增加動作、對話、感受、鋪陳、舉例或原因解釋等，讓文意更生動、具體而清楚【康軒版三下統整活動一；翰林版三下統整活動一；康軒版五上統整活動一】。

6 寫作教學策略

寫作學習循年級而有不同重點，主要內涵是寫作的四個成分：寫字、寫字流暢性、詞彙及寫作教學策略。由表 6.1 的年級及寫作教學成分雙向細目表可知，寫字包括筆順、筆畫、間架結構及偏旁變化；詞彙是指修辭及句型；而寫作教學策略則有計畫、轉譯、修改及監控。

壹 寫字

寫字與識字關係密切，寫字教學重質不重量，避免過度練習。除要求正確外，優先考慮字形端正，次之強調工整，最後強調美觀（國家教育研究院，2018）。

一、筆順

基本筆順對識字及寫字都很重要，書空的筆順是進入大腦心理詞彙的一條路，所活化的視覺皮質、左腦枕葉及頂葉、顳葉交接區，是拼音文字沒有的地方，所以筆順的學習與記憶有腦神經學基礎（洪蘭，2014）。教學時以教育部公告的筆順原則進行教學，學生書寫時能掌握合理筆順，也要尊重左手寫字者的寫字習慣。

- 國字筆順依據教育部「常用國字標準字體筆順手冊」（網址：http://language.moe.gov.tw/001/Upload/files/SITE_CONTENT/M0001/BISHUEN/F8.HTML）

表 6.1　年級及寫作教學成分雙向細目表

寫作教學成分		一年級	二年級	三年級	四年級	五年級	六年級
寫字與詞彙							
寫字	筆順	●					
	筆畫	●					
	間架結構	●					
	偏旁變化		●				
流暢	流暢性		●				
詞彙	修辭	譬喻、擬人	誇飾、類疊	設問、引用	排比	摹寫、示現	映襯
	句型		因果	假設、並列	連貫、轉折	條件、選擇	層遞、倒裝
寫作教學策略							
計畫	目標／審題立意		●	●	●		
	構思／取材		●	●	●		
	組織／布局			●	●	●	●
轉譯	起草／下筆		●	●	●		
	謄寫	●	●	●	●		
修改	閱讀／審閱		●	●	●	●	
	編輯／修改			●	●	●	●
監控				●	●	●	●

資料來源：作者自製。

二、筆畫

楷書基本筆畫有：「橫、豎、撇、捺、挑、點、折、勾」八項，識字筆順教學時，一邊引導書空，一邊口唸基本筆畫（參見第四章「參、識字教學」中的「部件辨識教學步驟」）。書法運筆教學時，先指導毛筆執筆方法，再就起筆、行筆及收筆進行觀察、示範和比較。書法教學可參考以下網站：

- 國家教育研究院製作的書法教學影片（愛學網：https://stv.moe.edu.tw/co_video_content.php?p=236621）

三、間架結構

間架結構是指字形的結構原理，依位置及組合可分為：上下（如：安、家、星）；左右（如：吹、唱、格）；上包下（如：問、間）；左包右（如：巨、區）；外包內（如：國、園）等。間架結構掌握得宜，能使字形端正美觀。間架結構教學內涵有：主要筆畫、筆畫互相穿插、間距均勻及筆畫順序等，可配合識字的部件位置教學進行。

四、偏旁變化

比較基本字為獨體字或作為偏旁時，在書寫時的字形變化及位置等差異，配合識字的部件位置教學，以了解偏旁變化的規律。

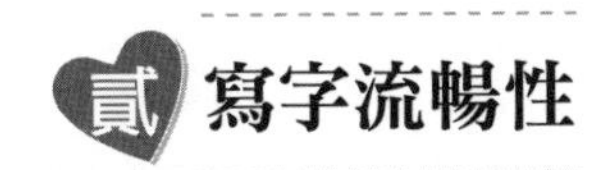

貳 寫字流暢性

寫字流暢性是指能正確流暢的書寫文字，也是自動化的寫字能力。寫字教學策略重質不重量，一為以識字策略輔助寫字，例如，部件辨識、偏旁及部首策略，提高寫字的正確性與速度。二為運用多元書寫策略練習寫字，包括：作業、日記、書信、作文等，在趣味性與實用功能下提升寫字流暢性。

參 詞彙

寫作詞彙教學重在擴展詞彙量，運用修辭與成語的美化修飾，目的在精煉寫作時的遣詞用字。

一、擴展詞彙量

文章是由段落組成，段落由句子構成，而句子則是語詞的組合。因此奠定一年級寫作基礎的是詞彙量，最重要的學習是造詞與造句。詞彙的學習是日積月累的成果，教師在課堂上有系統地將單字組合成不同詞彙，補充同義詞、反義詞以擴充詞彙量，但是只靠課本每學期約 200 字的生字量（教育部，2011）當然不夠，需要鼓勵大量閱讀來累積詞彙。

- 重點年級：一年級。
- 教學目標：1. 同義詞，2. 反義詞。
- 教學策略：1. 照樣造詞【康軒版一上統整活動一「生字造詞」；翰林版一上統整活動二「生字造詞」】，2. 擴充詞彙量（請參見第四章「伍、詞彙教學」）。

二、修辭

陳純純等人（2006）將國小常用的修辭分為經常使用及深度學習兩類，整理如表 6.2。依年段劃分並非規範低年級只能學譬喻法等特定修辭法，而是凸顯學習該類修辭的最適時機，並強調同樣使用譬喻法時，低年級與高年級應有各自表現出來的程度。經常使用是指學生無論在說話或是寫作時，常可看到或是會需要使用到，也是該年段學生應該具備且熟練使

表 6.2　年級及修辭教學成分雙向細目表

	經常使用的修辭類別	深度學習的修辭類別
低年級	譬喻、擬人、誇飾、類疊	設問
中年級	誇飾、類疊、設問、排比、引用	摹寫
高年級	設問、摹寫、示現、映襯、層遞	排比、層遞、對偶

資料來源：整理自陳純純等人（2006）。

用的修辭法。深度學習則指如 Vygotsky 提出的近側發展區中，學生可以在父母或教師協助下表現或學習的範圍。

精煉遣詞造句教學策略是在課文中學習並練習，活用在句子或文章寫作中。以下舉譬喻、擬人、設問、排比及摹寫，進一步說明。

1. 譬喻

譬喻就是打比方，用比擬的方式，在不同的事物中找出二者的相似點，將其中一個比喻作另一個，讓文句生動具體，幫助理解文意並產生情境的聯想。譬喻可分為喻體、喻詞及喻依三部分。例如，妹妹的小臉（喻體）像（喻詞）蘋果（喻依），取都很紅的相似點來借彼（蘋果）喻此（妹妹的臉）。常見的譬喻方法有明喻及暗喻，明喻用「像、好像、彷彿」等字詞來連接；暗喻又稱隱喻，用「是、為、當作」等字詞連接。

- 重點年級：低年級。
- 教學目標

  低年級：能完整寫出含有喻體、喻詞及喻依的譬喻句。

  中年級：能依文句變換喻詞，應用於人物、事物及景色的描寫。

  高年級：能正確適當的使用明喻及暗喻（陳純純等，2006）【康軒版二下統整活動一；康軒版五上統整活動三；南一版五上語文天地三；翰林版五下統整活動三】。

2. 擬人

轉化中的擬人修辭，是把事物當作人一般來描寫，讓動植物、日月星辰或山川大地、書本家具等，變得如人般有情感，能說話動作或思考，讓抽象的事物變得鮮活具體而有生命。例如，冬天在曠野中狂飆，在山巔裡呼號。

- 重點年級：低年級。
- 教學目標

  低年級：能用擬人法描述有生命的具體事物。

中年級：能用擬人法描述沒有生命的具體事物。

高年級：能用擬人法描述抽象的事物（陳純純等，2006）【康軒版五下統整活動二「轉化」；翰林版五上統整活動一「擬人」；南一版五下語文天地三「擬人」】。

3. 設問

在說話或寫作中，把平鋪直述的語氣，改為疑問或詢問的修辭方法，以吸引聽眾或讀者注意，達到抒發情感或啟發思考的目的，這就是設問。就形式可分為提問、激問（反問）與懸問（疑問）。提問是為凸顯重點而自問自答，先提出問題再回答；反問是指提問題卻不直接回答，但將答案藏在問題的反面，要讀者自行推敲；懸問是只問不答，留給讀者思考。

- 重點年級：中年級。
- 教學目標

  低、中年級：能用提問及懸問法，讓句型有變化。

  高年級：能用激問法，讓讀者思考、預測作者的想法（陳純純等，2006）【翰林版五上統整活動二「表述方式」；康軒版五下統整活動三；南一版六上語文天地一】。

4. 排比

複句是由兩個或兩個以上、意義密切關聯的單句所組成，能表達複雜且層次清楚的意涵。文章中運用結構相同或相似、詞性及語氣一致的語句，重複出現三次以上來表達相關內容的方法，就是排比複句，是各年級都可以學習應用的修辭方法。排比可以加深作者的情感表達與文章氣勢，讓語句充滿節奏與和諧美感，還能更完整合理說明事情。

- 重點年級：中年級。
- 教學目標

  詞組排比：使用結構相似的詞，依序將同樣的一件事說清楚完整。

  單句排比：使用結構相似的單句，依序將同樣的一件事說清楚完整。

複句排比：使用結構相似的複句，依序將同樣的一件事說清楚完整（陳純純等，2006）【南一版五上語文天地四；翰林版五下統整活動四；康軒版六上統整活動四】。

5. 摹寫

摹寫是運用身體的感官來描寫對人事物、顏色、聲音、形體、味道的感受，讓讀者有身歷其境的真實感。可分為視覺、聽覺、嗅覺、味覺及觸覺摹寫，是各年級都可以學習應用的修辭方法。

視覺摹寫：陽光平鋪在窗外的草坪上，把草尖上的露珠映成了一粒粒亮晶晶的露珠【翰林版五下統整活動二「表述方式」】。

聽覺摹寫：山上的泉水嘩啦嘩啦的流動，風吹過樹梢，傳來一陣陣沙沙的聲響【翰林版五下統整活動二「表述方式」】。

嗅覺摹寫：整個客廳有著如蜂蜜一般的酒香（李鼎「為一本書留一種味道」）。

味覺摹寫：我嘗了一口清湯，像是甘蔗萃取的味道，清爽又不油膩，格外好喝【翰林版五下統整活動二「表述方式」】。

觸覺摹寫：腳伸向秧田裡的水探一探，一股冷冽的寒氣直透進體內（吳晟「不驚田水冷霜霜」）【南一版三上語文天地一；康軒版三上統整活動四；康軒版五上統整活動一；南一版五下語文天地一；翰林版五下統整活動二】。

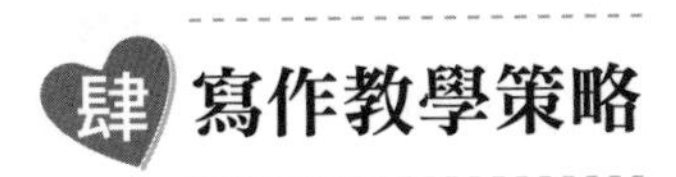

肆 寫作教學策略

寫作是一條漫長孤獨且相形艱困的路，如何讓學生從敢寫到想寫，從會寫到能寫，最終達到寫作教學的目標：構思精彩、結構精煉、文字精準，需要長期有策略、有步驟的系統教學。教師的任務是在語文課堂上時時刻刻實施寫作教學，有計畫地逐步培養學生的寫作基本能力，教會教好每一位學生，能具備起碼的語文表達能力，能勝任文字駕馭能力，能熟練與生活、社會、人生息息相關的實用語文能力（林明進，無日期）。余光中主張知識、經驗與想像，是創作賴以存在的三條件，因知識與經驗所引發的直接與間接想像能成就美感。知識是寫作的必備基礎，優秀的寫作者需要語言、主題及讀者三種知識；經驗分為來自觀察與體驗的親身直接經驗，或藉由閱讀書籍、影片、聽他人講述而得的間接經驗；想像則需要練習，以彌補自然的不足。如果閱讀與體驗是根，則寫作是葉，根深才能葉茂。著名雕塑家羅丹說：「美到處都有，對於我們的眼睛來說，缺少的不是美，而是缺少發現。」要提升寫作能力，需充實知識、豐富經驗及開發想像，引導發現生活的美、人情的善與學問的真，自然能水到渠成，有感而作。

寫作循可預測的順序發展。首先，從成品觀點來看，可分為三個階段：萌發塗鴉期、流暢基礎期、精進熟練期（參見表 6.3）（曾世杰譯，2010；ACE, 2014）。寫作的發展歷程類似口語，從一個字開始，再到詞彙、句子、段落，最後是完整的篇章（Berninger et al., 1996）。其次，從歷程觀點來看，寫作的歷程包括計畫、轉譯及修正等階段，隨不同發展階段有不同教學重點。由表 6.3 所整理的寫作發展與策略教學重點可知，寫作歷程需學習技巧，在計畫、轉譯、修改等寫作歷程中，需學習的基本功有：語詞、語法、運思、結構等寫作技巧。因此，如果缺乏專業、系統教學，學生較難成為熟練的作者。

讀寫入門的萌發塗鴉階段要先蹲馬步，全身心浸潤於語文情境中，重在寫作基本訓練及文章雛形的認識。在一、二年級萌發期最先發展的是轉譯的謄寫能力，以造詞造句、口述作文、看圖作文及一段式寫作為教學重點。有系統引導連結說寫，把要說的話有條理地說出來，「先說什麼，再說什麼，後說什麼」，由能說到能寫。從字到詞語、成語到完整的句子，以大量鍛鍊厚實學生最基本的語文能力，一步一步建立學生的文字基地。

表 6.3 年級與寫作教學策略對照表

歷程／技巧		計畫			轉譯		修改	遣詞造句	技巧
階段	年級	目標／審題立意	構思／取材	組織結構／布局	內容產出	謄寫			
塗鴉期	一、二	目標 讀者意識	構思 取材	故事體 （背景—起因—問題—解決—結果—迴響） 記敘文 （開始—經過—結果—感想） 應用文	口述作文 看圖作文 一段式寫作	完整的句子	朗讀修改	造詞 造句 譬喻 擬人	仿寫 續寫
基礎期	三、四	審題 立意 擬計畫表	構思 選材	組織布局 記敘文／故事體 說明文 （總—分—總）	三段式寫作	表述方式 開始／結尾 記事 寫人 狀物 繪景	閱讀修改 病句診斷 檢核表 小組合作	誇飾 類疊 設問 排比 引用	改寫 縮寫 擴寫
精進期	五、六	監控	段間銜接	議論文 （論點—論據—結論）	四段式寫作	表述方式 過渡 詳寫／略寫	自我診斷修改	摹寫 映襯 層遞	

資料來源：作者自製。

鼓勵學生「敢寫」、「多寫」，不會寫就用注音，也不必在乎寫錯字或要求寫作格式。從連結整合字的形音義開始學寫字，再進一步開發同義詞與反義詞、順序句與倒裝句、長句與短句的搭配應用等等。練習方法可以用照樣照詞、照樣照句等仿寫技法，或詞語接龍、成語接龍的續寫技法，有條不紊地打好基本句型基礎，循序漸進地有效學習，引領學生具備正確甚至精準的措辭造句能力（林明進，無日期）。一段式寫作重在「我手寫我口」及「我手畫我心」，練習將口語轉譯謄寫為文字與圖畫塗鴉。師生相互討論寫作內容，由生活體驗引導開發觀察力與想像力，激勵將口語轉譯成文字或圖畫的熱情與動力，以口述作文、短文續寫、片段銜接等方式，將腦中創思與靈感寫下來或畫出來。

流暢基礎期要練的是讀寫基本功，以重複練習積累不變應萬變的深厚內力。三、四年級學生大多能流暢的閱讀與寫字，發展出即興計畫，文章產出也慢慢成熟，對不同文章結構的熟悉讓謄寫漸漸自動化，可以透過自我對話進行即興修改。流暢基礎期寫作教學的目標是學習寫作基本功，藉由教學搭建鷹架，分項學習計畫、轉譯、修改，逐步操作如何審題、立意、運思、選材、組織布局與遣詞用字，鼓勵學生從「願寫」到「會寫」。寫作基本功對寫作專家而言，歷程中的審題立意與取材布局會相互影響，計畫、轉譯與修改各階段是環環相扣。但是相對於生手，這些階段可能各自發展而有不同成熟時機，需要各個步驟分項進行教學與演練。亦即分項演練審題、立意、取材、運思、布局及遣詞用字等技巧，逐步熟稔計畫、轉譯與修改等歷程。基於目前語文教學的時間有限，一學期至多寫 3～4 篇作文，很難完整修練寫作基本功。因此，在課堂教學中整合讀寫自成最佳解套妙招，如果每課皆以「微寫作」練功房貫穿大量的字詞句段篇練習，由讀思學布置小練筆，搭建登峰的逐級階梯，一學期就有約 14 課 14 次以上的寫作演練機會。隨著仿寫、續寫、擴寫、縮寫、改寫等套招練習，分項學習如何審題立意，如何把句子寫得生動精準，如何運思布局，日積月累自能練就寫作基本功。

高年級為讀寫進階階段，透過一次次實戰演練積累經驗，熟能生巧以精益求精，邁向構思精彩、結構精煉、文字精準的目標。教學重點在將基礎期分別習得的基本功從頭到尾連結起來，實地應用在寫作中。同時在重點或弱點上再加補強，力求寫作能力的精進與內化。林明進（無日期）認為，「題目」是文章的靈魂，「材料」是文章的血肉，那麼「章法結構」就是文章的骨骼了。必須有機整合靈魂、血肉與骨骼，活化作品的生命力，還要注入真實的情感，才不致變成行屍走肉般的樣板文章。教過、讀過都不如親自操作演練過，知行合一有賴陳述性與程序性語文知識的整合。因此，精進熟練期重在寫作的實作。每學期國語課本分為四個單元，上完一個單元後，配合單元主題與文體，分別依據年段延伸練習記敘、說明或議論文，依照「計畫（審題、立意、構思、選材、布局）→擬大綱→轉譯（下筆）→修改」的一貫步驟，每次作文都確實細部操作，要求學生每次作文練習，都必須按照完整的寫作流程演練（林明進，無日期），紮實修練內功心法，直到內化成自己的獨立寫作能力。其次，在每次寫作時，配合閱讀課文的特色、寫作手法、結構、句型，選擇一至二項的精進重點，要求學生在寫作中演練，尋求突破；或是針對學生寫作的問題或弱點，重點加強改進。

培養一個成功的作家並不容易，可是養成寫作的基本能力並不困難（林明進，無日期）。寫作教學是應該時時刻刻實施的，切忌說得多做得少，雖然教師示範在寫作是罕見，但是教師在寫作審題立意、構思擬大綱的放聲思考，是引導學生思考的重要鷹架，應切實示範說明。而作文教學也應該要有完整嚴謹的前置作業準備，如何進行每一次有效益、有趣味、有主題、有目標、有系統、有進階的作文教學，是每一位國語文教師在認真以外應有的認知（林明進，無日期）。

一、轉譯

轉譯是將口語或腦中思維轉化翻譯成書面文字的歷程，也是最早出現的寫作能力（Berninger et al., 1996）。寫作以口語為基礎，但有不同於口語的特定目的、形式及功能（Goodman, 1986）。具高度脈絡性的口語溝通讓對話雙方得以立即回應或解釋，然而寫作卻無法提供豐富情境脈絡來促進溝通，因此寫作者需具備假想讀者意識。Berninger 等人受社會建構論及發展心理學影響，認為正逐漸發展寫作能力的初學者或幼童，其寫作歷程不同於成人，因而從發展觀點修正 Hayes 與 Flower 的寫作模式，提出「寫作歷程發展模式」（a process model of writing development），將寫作環境擴展為情感、動機與環境互動的層面，認為轉譯是由「字詞層級」→「句子層級」→「段落層級」，隨成熟而逐漸發展的能力。轉譯可再細分為謄寫與內容產出兩個次歷程（Berninger et al., 1996），謄寫是將語言表徵轉換為書寫文字符號；而內容產出則是將工作記憶中的靈感構思轉換成語言表徵。

轉譯中的謄寫是所有寫作歷程中最早發展出來的能力，「我手寫我口」即是將口語化為文字符號，穿插運用注音符號、圖畫或文字，來表現自己的想法。轉譯應強調的是高層次內容意義，但是對塗鴉期的低年級學童或尚未達寫字流暢性的學童而言，若過分強調錯別字、標點符號或文句通不通順，反而會斲損學生的文思創意與寫作熱情。因此，除強化寫字與詞彙等基本技能的自動化外，可採口述作文或我手寫我口策略，鼓勵儘量多寫，而不要擔心錯別字、注音、語法或用詞錯誤等問題。

其次，針對低年級學童「自我中心」而導致寫作時句句皆以「我」開頭，言必稱我而無法從別人來看問題（例如，讀者觀點）的現象。現在有許多證據直接挑戰 Piaget「自我中心」假設，證實小一學童其實對讀者觀點是相當敏銳的（曾世杰譯，2010），關鍵是只要清楚界定寫作目標與對象，提供豐富情境、支持性訊息並導入生活經驗，讓學生對題材有感，低年級學生也能言之有物，以第三者角度說服別人（讀者）。例如，以「我最想買的東西」為題，讓學生寫一篇說服父母的短文。

轉譯訓練重在強化內容產出與謄寫能力，低年級時強調蹲馬步以逐步學習單字到語詞到完整句、段落的轉譯；中高年級的轉譯需達到自動化，才能學習不同文體結構等寫作基本功，發展出「事前計畫」、「評估」與「修改」的「後轉譯」能力。

（一）造句

1. 造出完整的句子

- 重點年級：一年級。
- 教學目標：1. 造出完整的句子，2. 美化句子。
- 教學策略：1. 照樣造句，2. 複句練習，3. 句型練習【南一版一上語文天地二；翰林版三下統整活動二】。

學貴慎始，寫出完整的句子是一年級開始學習的要求。先是教師示範，接著在學生練習時提示搭鷹架，要求口語或書寫的句子都要完整，有名詞、動詞及形容詞。其次，學習運用連接詞，前後文句要連貫且符合邏輯。再者，活用修辭與多元的句型。如果課文的修辭與句型止於課堂解說或習作練習，學習也就停在課堂上，變成無法活用的惰性知識。然而，如能善用課文修辭與句型搭建鷹架，結合讀寫就能將閱讀學到的延伸應用在寫作中。例如，學到康軒版一下第八課「七彩的虹」的擬人法：「太陽國王說要大掃除，小雨滴們就開心地出門了。」或是南一版一下第十六課「跳舞」的譬喻法：「當音樂快的時候，我的舞步也快，就像一隻快樂的小鳥。」讓學生發揮想像力與觀察力，仿寫練習造出完整的句子。讓課堂中的新學習有大量機會練習，持續實際應用在口說、小日記及作文中，才能內化成為能力。

2. 連接詞與句型

連接詞在句子中有連接的作用，不同句型運用連接詞連結上下文，可以建立字詞或句子間的關係，讓文章通順有變化，凸顯文意上條件、相反、因果、遞進等關係的效果。基於文句不通或思維紊亂是小學生寫作常

有的問題，因此在造句時加強邏輯思考訓練，特別是因果句、條件句的練習，是非常有必要的。

(1) 因果句

兩個句子中，一個是事件發生的原因，另一個是事件發生的結果，這種事件互有因果的句子，就稱為因果句。因果句的連接詞包括：「因此」、「因為」、「由於」、「所以」及「既然……那麼……」等【翰林版三下統整活動四；南一版五下語文天地二】。

(2) 假設句

前面的句子說明假設的情況，後面的句子說出假設情況的實現時，所產生的效果就是假設句。假設句的連接詞有：「如果」、「假如」、「假使」及「倘若」等【南一版五下語文天地三】。

(3) 並列句

當想表達某一種事物的多種情況同時存在，或動作交替出現時，運用的句子稱為並列句。並列句的連接詞有：「還」、「也」、「又」、「同時」、「既……又……」、「一邊……一邊……」、「一會兒……一會兒……」等【翰林版三下統整活動二；南一版六上語文天地一】。

(4) 轉折句

轉折句是由兩個以上前後意思相反或相對的句子所組成。常用的連接詞有：「……而……」、「……可是……」、「……不料……」、「即使……依然……」、「儘管……還……」、「雖然……卻……」等【翰林版四上統整活動二；南一版五上語文天地四】。

(5) 連貫句

為了讓連續的步驟、情況或動作有順序的呈現出來，就可以使用連貫句。例如：「首先……其次……」、「……接著……」、「……再者……」、「一……就……」等【南一版六下語文天地二】。

(6) 條件句

前面句子提出條件，後面句子說明在這種條件下產生的情形或結果，稱為條件句。常用的連接詞有：「只有……才能……」、「無論……都要……」等【南一版五上語文天地一】。

(7) 選擇句

選擇句是列出兩種以上的不同情況，卻只能從中選擇一種的句子。選擇句的連接詞有：「不是……就是……」、「與其……不如……」、「是……還是……」、「……也許……」、「……或者……」等【南一版六下語文天地二】。

(8) 遞進句

層遞（遞進）複句是後面分句述說的意思比前面分句更進一層。前後的句子，在說明程度上由輕到重、由大到小、由易到難、由遠到近、由高到低、由深到淺，範圍更廣或數量更多，是較適合高年級學習應用的複句句型。遞進句的連接詞有：「更」、「還」、「進而」、「不僅……又……」、「不但……而且……」、「不僅……還……」、「除了……還……」、「不但不……反而……」、「不但……而且……甚至……」。例如，「天時不如地利，地利不如人和。」等【翰林版四上統整活動一】。

(9) 倒裝句

倒裝句是為強調句子中某一部分的語氣，或配合韻律節奏，加深讀者的印象，故意讓句子的前後順序對調，但並未改變原句的意思。例如：又向前跨了一步，這蒼白的歲月（楊喚「年」）【南一版六上語文天地三】。

3. 完善造句質量以連成一段式寫作

結構化的造句教學，可以有效提升句子的質量。例如，彭遠芬老師研發的五星級造句法：「事實」＋「想像」＋「感受」，實用易行的整合讀寫，能提升造句長度與品質。

- 重點年級：三年級。
- 教學目標：提升句子的質量。
- 教學策略：五星級造句法【康軒版三下第九課】。

「提升造句的質量」策略教學步驟（三年級）

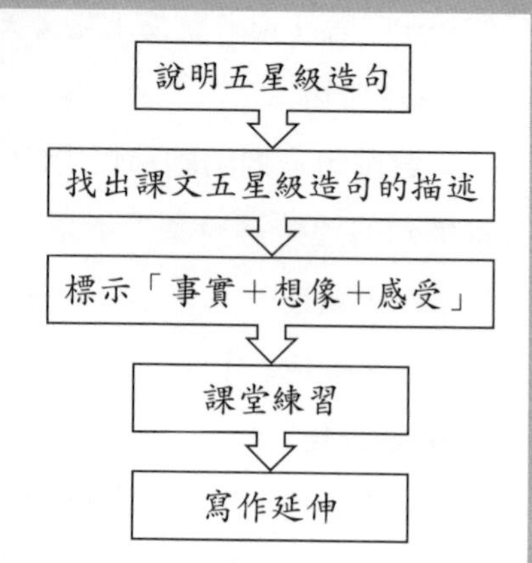

S_1 說明五星級造句的定義及功能——「事實」＋「想像」＋「感受」的造句，能提升造句的質量。

S_2 找出課文中五星級造句的描述

上課時請學生準備三枝「不同顏色」的螢光筆，在課文或閱讀教學時，練習在文本中找出描述「事實」＋「想像」＋「感受」的句子，分別用不同顏色的螢光筆畫出來，熟悉句型及寫作表現方式（如綠色畫【事實】句，黃色畫【想像】句，紅色畫【感受】句）。

S_3 課堂「微寫作坊」練習

課堂「微寫作」小練筆，進行小組或配對練習，依例仿寫造出完整的句子。

例如，康軒版三下第九課「大自然的美術館」的「語文焦點」中「我會造句」，「野柳海邊的岩石造型特別（事實），有的像可愛的香菇，有的像戲水的小象，還有的像切好的豆腐（想像），各有不同的趣味（感受）」。

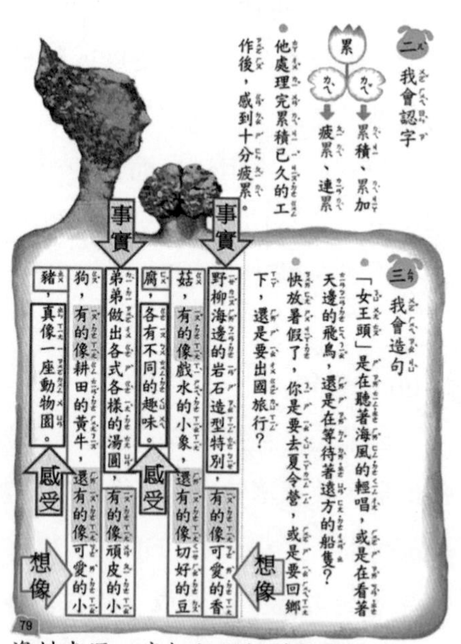

資料來源：康軒版國語備課團
https://www.facebook.com/photo.php?fbid=208257249533951&set=gm.1521392878163931&type=3&theater

S_4 寫作延伸

寫作時以主題延伸五星級造句再加上學生的創意，例如，「○○○遊記」，不但讓學生造出「完整句」，還可以讓學生不知不覺寫出一篇短文。

（資料來源：〈五星級造句法——彭遠芬〉，http://spring-stp.blogspot.tw/2016/02/blog-post_83.html#!/2016/ 02/blog-post_83.html）

（二）文章的表述方式

多元靈活應用文章表述寫作策略，能讓表達更豐富清楚。例如，細心規劃描述的詳略交錯，交互應用直接抒情或由景入情、由事入情來表現情感。雖然文章依組織方式可分為記敘文及說明文（依課本再區分為說明文及議論文）（請參見第四章陸之「四、結構」），各有不同的結構與表述形式。不過，文體結構並非僵化限制表述的方式，實際寫作時，常常兼用說明與議論，或採夾敘夾議來表述【翰林版三下統整活動三；康軒版五下統整活動三「認識表述方式」】。

1. 以記敘表述開展文章

- 主題是記人，就要掌握人物生理的外型、心理的性格與社會互動行為及評價等四方面的特色，具體刻畫外貌長相、穿著、神情、性格、興趣、言行舉止、動作說話、心理變化等，以及對人物的感覺、想法與評價【康軒版三上統整活動四「人物摹寫」；南一版三下語文天地二；翰林版四下統整活動三】。
- 主題是敘事，就要詳細敘述事件的前因後果與問題解決結果等。
- 描寫景物，就要強化時空感，掌握地點轉換或時間變化的特點，選擇覺得最精彩而印象最深刻的部分，做細膩的摹寫，或採動態、靜態的描寫【康軒版三下統整活動二；翰林版四下統整活動二；南一版五上語文天地四；翰林版五下統整活動一】。

- 抒發情感，用文字表達內心真實的喜怒哀樂，藉事抒情要在敘述事情的過程中把情感融入字裡行間抒發；觸景生情則被眼前的景物觸動而引發內心情感；若是寓情於景，只寫景不寫感受，但帶著強烈的主觀情感去描述客觀的事物。三者都要真情流露，真誠才能引起共鳴，強化感染力，讓人感同身受。否則情溢乎辭或辭溢乎情，都會過猶不及反成虛情假意了【翰林版六上統整活動三；南一版六下語文天地三；康軒版六下統整活動四】。

2. 以說明表述開展文章

說明表述方式是客觀、完整且清楚地說明事物的特徵與功能，及事件發展的緣由、經過、影響，或闡釋道理等。說明時不加入自己的主觀意見，也不做任何批評、心得或感想【康軒版五下統整活動三；南一版四下習作「胡蘿蔔果凍的作法」】。

3. 以議論表述開展文章

以「論點—論據—論證—結論」的四何法進行表述。提出自己主觀而獨到的見解、主張、觀點或批判為論點，舉出事實、數據、故事、理由等證據為論據，再推理論證所提論據為何可以支持論點，最後做出結論。也可運用起承轉合以正反論辯，文章開展時先正面敘寫，再「轉」入不同或相反的論點，最後以「合」歸納文意，總結全文【康軒版五上統整活動二「議論類文章」；南一版六上語文天地三「議論的表述方式」；翰林版六上統整活動二「認識議論文」】。

（三）文章的表述技巧

1. 詳寫與略寫

寫作前會大量蒐集材料，寫作時就要在積材中取材，選擇與主題有關的素材，無關的則要捨棄。其次，針對主題訂出素材的主次，選定文章的重點詳加敘寫，使內容表現得清楚、具體，突出文章的中心思想。其他次要部分雖非重點，但能讓文章有連貫性，所以簡略概括帶過即可。用詳寫，可以讓文章看起來有深度；用略舉，會使文章有廣度；兼採詳略，不但讓文章敘寫有變化，更能展現文章的深度與廣度。例如，康軒版四下第八課「照亮地球的發明家」，第五段對於愛迪生發明電燈的過程，如何面對失敗，一次次試驗各種材料的詳細描寫，是文章的重點，因此採詳寫手法；第四段敘述愛迪生發明兩千多種東西，並非文章主軸，只要略寫即可【康軒版四下統整活動三】。

2. 過渡

過渡是指文章的段落或層次之間的銜接或轉換，就像連接兩岸的渡船，必須銜接巧妙、轉換自然，才能達到承上啟下、全文流暢連貫的作用。在形式上，以運用「詞」、「句」或「段」三種方法來過渡；在內容上，可以採自然過渡，或運用一些轉折手法，銜接上下文【康軒版四下統整活動二「承上啟下」；南一版五上語文天地二；翰林版六上統整活動一「文章的過渡」】。

(1) 自然過渡

根據前後文的意思，或順著文章的邏輯發展，讓不同的兩個段落或層次能巧妙的自然銜接，既不會造成上下文之間脫節，又能讓文意連貫通順。其一，「詞」過渡，以「所以」、「因此」、「其次」等連接詞或「事實上」、「綜上所述」的解釋說明詞語當過渡。其二，「句」過渡，可用「因為……所以……」、「由此可見」來銜接。其三，「段」過渡，如翰林版六上第一課「旅客留言簿」：「（第二段結尾）……把本子抱到露臺來，聽著維他瓦河的歌聲，我翻開了精彩的留言簿。（第三段開頭）說實在的，剛開始完全看不懂他們在寫些什麼！……」。

(2) 轉折過渡

有時文章的層次或段落之間轉折比較大，如果沒有適當的過渡，就會令人感到轉得太過突然，文氣不順。如果加上承接上文以過渡下文的詞、句、段，就能巧妙轉換，連貫不同意思的段落或層次。其一，「詞」過渡，可使用「但是」、「然而」、「不過」等連接詞，或「無論如何」的

解釋說明詞語等當作過渡。其二，「句」過渡，可用「從另一角度看」、「特別要強調的是」來銜接。其三，「段」過渡，如翰林版六上第二課「遊走在世界的市場裡」：「（第五段結尾）凡此種種，似乎都透露出日本人那種近乎神經質的規矩、小心和謹慎。（第六段開頭）義大利人則不然；菜蔬魚鮮未必排得整整齊齊，各式各樣的蔬果多半大剌剌的堆放著，顏色的搭配卻全都顧到。」

二、計畫

寫作歷程多由計畫開始，但是年幼或初學寫作者不容易區分計畫與轉譯，多數小學生也沒有花時間擬定寫作計畫的習慣，覺得擬大綱或計畫表很麻煩，往往拿起筆就寫，想到什麼寫什麼，反而花更多時間邊寫邊想，結果常文句跳躍且前後文不連貫。Berninger 等人（1996）認為計畫未必皆完成於下筆前，而是依據時間軸分成即興計畫及事前計畫。兒童通常先發展出邊寫邊想的「即興計畫」，之後逐漸發展出下筆前的「事前計畫」能力。因此下筆前計畫運思的基本功是需要學習的，有必要分項實施目標明確的審題立意、構思選材及組織布局教學並同步演練。

（一）審題

審題是寫作的第一步，更是左右寫作成敗的關鍵。審題就像閱讀時的標題預測，首在拆解文字以抓住關鍵的「題眼」。「題眼」是文章的主題，除審慎分析、精準判讀題目字面的具體意思外，還要挖掘題目背後蘊含的抽象深意或弦外之音，才能正確擇定寫作主軸與方向；要是錯審題意，恐致文不對題而滿盤皆輸。其次，審題時要掌握題幹，題幹是寫作內容的要求，包括時間、地點、人物、事件、數量、表述方式與感受等，要具體釐清要採用的寫作體裁。題目若重人物事件、敘述經驗過程，可採記敘文書寫；若題目旨在抒發情感、心得表達，使用抒情筆法較佳；若題目重在說理服人、評論觀點或教訓啟示，宜採議論文來發揮。運用六何法建立「審題提示單」，搭建審題的鷹架，可以輔助列出寫作內容清單，聚焦寫作範圍。多次練習內化後，就可以簡化程序，以關鍵問題快速審題（參見表 6.4）。例如，「如何培養閱讀習慣」題目的重點在「如何培養」，必須清楚明確地寫出使用哪些方法才能培養閱讀習慣，可採論說文書寫。再如，「一張舊照片」，這個題目的關鍵文眼是「照片」，要在「一張」、「舊」的限制範圍下，聚焦照片中人物所發生的事來敘寫，再從照片中具體人物，提升到人物間抽象的情感層次，兼採敘事與抒情筆法，才能感人。再者，要明辨寫作的目標，依據目標及文章的預設對象，來決定寫作手法或觀點，要化身為媽媽立場抑或幼童角度來撰寫文章。

表 6.4　審題提示單

審題提示單	
一張舊照片	
時間 when	三年前
地點 where	鯉魚潭
人物 who	外公和我們全家
關係	祖孫
事件 what	家族旅遊
數量	一張
表述方式	記敘文
如何 how	×
為何 why	×
感受	懷念外公（藉事抒情）

審題提示單	
如何培養閱讀習慣	
時間 when	×
地點 where	×
人物 who	大家
關係	閱讀、習慣
事件 what	×
數量	×
表述方式	議論文
如何 how	方法 1、方法 2、方法 3
為何 why	重要性
感受	好處：增廣見聞

（二）立意

立意決定文章的中心思想與主要內涵，相當於文章的主旨。經審題掌握題目的涵意後，接著要決定想表達的觀點、見解或內容。立意要正向積極、真實客觀、深刻厚實。同一個題目，從不同角度切入，不同想法出

發，或採取不同書寫方式，就會產生截然不同的共鳴或省思。例如，「一張舊照片」，選定最鮮明、最有故事、最能「真情」流露的某一張舊照片，作為立意的焦點，才能感動讀者。接下來說明照片中的人物，令你印象深刻、真情流露的原因，或照片背後的故事，就能言之有物。

- 重點年級：三年級上學期。
- 教學目標：學習審題立意。
- 教學策略：1. 分析題目，2. 找出關鍵字，3. 確立文章表達重點【南一版三上語文天地二「看題目找關鍵字」；康軒版四上統整活動一「審題立意」；翰林版五上統整活動二「審題立意」】。

「審題立意」策略教學步驟（三年級）

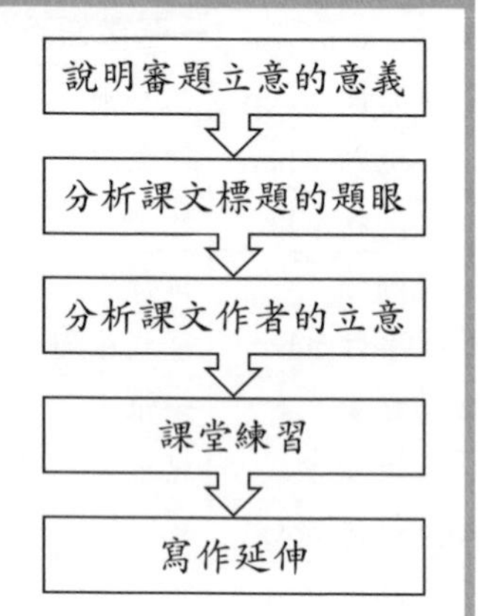

S_1 說明審題立意的定義及功能——判讀題目的意思，決定表達的重點，確保不偏離主題。

S_2 分析課文標題的題意與題眼

上課前，請學生先看課文的標題，試著分析題目，找出關鍵字的題眼。

S_3 分析作者的立意

讀全課課文，分析作者如何立意，掌握文章主要的表達重點。

S_4 課堂「微寫作」練習

課堂 10 分鐘「微寫作」小練筆，進行小組或配對練習，擬出相同題目的寫作想法。

S_5 寫作延伸

每個單元選擇一個適當的課文標題或主題，延伸為寫作題目，讓學生練習三段式文章寫作。

（三）構思取材

構思取材是在辨明題意及確立文體、中心思想與寫作方向後，搜尋與主題相關的材料、靈感並加以取捨的過程。例如，「一張舊照片」擇定以照片中人物間的情感為核心後，無論以親情、友情或難忘的經驗回憶，都可作為選材的考慮。取材來自長期記憶庫、生活或圖書館、網路，腦袋空空或腹笥甚窘的原因在於缺乏主題相關的背景知識、生活體驗或細心觀察，平時若廣泛閱讀、蒐集寫作素材，用心觀察體悟生活點滴，下筆時自能左右逢源、文思泉湧了。

構思靈感與寫作素材無處不在，但須有系統有步驟加以引導。學生寫作最大的困境是「不知道要寫些什麼」，如何讓學生「有話可說」、「有話想說」，要靠多讀、多想、多體驗，多讀、多想可以擴展內容廣度與見解深度；而多體驗則需先培養觀察力與想像力，並設計真實的體驗活動。

1. 累積主題素材

配合課文單元主題可以廣泛儲備不同主題的寫作素材，學期初即規劃好一學期的寫作題目，在寫作前數週公布題目，讓學生有時間蒐集主題相關資料，逐日記錄在小日記上，教師除檢視所蒐集資料是否離題，也可將優異素材張貼在課室公佈欄，讓同學彼此觀摩分享【南一版三上語文天地四「蒐集素材」；康軒版四上統整活動二「文章的取材」；南一版六下語文天地一「學習觀察並描寫」】。

2. 強化生活體驗

配合主題設計活動，例如，實際到校園體驗以蒐集「校園的角落」的素材；與媽媽共同完成一道菜，真實體驗「美味的一餐」的製作過程與感受。

3. 培養觀察力

觀察力基本功訓練得徹底，學生就擁有了具體、鮮明、細膩、靈活、真切的記敘與描寫能力。觀察力基本功可分級鍛鍊，初階練習時，從感官分項練習開始，逐次鍛鍊視覺、聽覺、嗅覺、味覺、觸覺等摹寫能力，進行直接描述練習（林明進，無日期）；進階練習時，則可混合運用感官摹寫加上想像練習，感官摹寫加上靜態與動態描繪【南一版三上語文天地四「五感寫作」；翰林版四上統整活動三「動態靜態描寫」；康軒版五上統整活動三「觀察事物並描寫」；南一版六下語文天地一】。

課文中俯拾皆是觀察力培養的範例。例如，本書第四章「陸、閱讀理解策略教學」的「一、預測」中，閱讀課文「找春天」訓練觀察方法，到戶外實際看、聽、感受、體驗四季的變化，再練習寫「找冬天」或「夏天的滋味」小短文。再如，康軒版三下第三課「雨變成一首詩」，有聽覺、視覺、觸覺、嗅覺等感官體驗，是觀察力結合摹寫、想像與動態描繪，師生共同寫作的好例子。

（四）結構布局

結構布局是建立文章的藍圖和骨架，在下筆寫作前思考醞釀設計文章的結構和布局。如果文字是文章的軟實力，結構就是文章的硬實力。小學課本將文章結構區分為故事體、記敘文、說明文及議論文等不同文章表述方式（簡稱為文體），或依文章發展分為「起、承、轉、合」，或講求「鳳頭、豬肚、豹尾」的內容格式表現。總起全文的開頭要揭示主旨或論點，如鳳頭般華麗吸睛，引起讀者繼續閱讀的意願，而好的開始就是成功的一半。文如見山不喜平，中間幾段的內容承接首段，繼而峰迴路轉、另闢蹊徑轉入不同或相反的情節、論點，要曲折有變化，像豬肚般充實。而結尾則要像豹尾般簡潔有力，歸納文意並呼應題旨以總結全文。此外，文章篇幅的比例要適當，開頭的魚頭要簡要新奇，結尾的魚尾要強而有力，約各占全文篇幅的五分之一，而中間魚身的正文要流暢詳盡，約占全文的五分之三。

結構布局在思考寫作材料的系統組織與段落安排，讓文意連貫、條理分明又合乎邏輯。文章結構知識是組織布局的先備知識，有助於掌握記

第三課　雨變成一首詩

原著：方素珍

春暖花開的三月，窗外下起了一陣雨。

老師問：「你們有沒有聽見雨聲？」小奇說：「有啊！剛才下著嘩啦嘩啦的大雨；現在下著淅瀝淅瀝的小雨。」

小康舉手說：「老師，我還聽見風聲，風和雨都是大自然的音樂家呢！」

老師點點頭說：「小奇聽得很仔細，小康也形容得很妙！我們一起來說說看，雨像什麼呢？」

小珍看著窗外，想了想說：「雨好像一根一根的針，從天上掉下來了！」

小雲搖搖頭說：「針會刺痛人，可是小雨打在身上一點都不痛，應該說雨像絲線一樣，從天上飄下來了！風一吹，雨就好像在跳舞呢！」

（略）

老師又問：「用你們的鼻子聞聞看，雨有沒有味道呢？」

這一堂課，大家你一言、我一語的跟「雨」玩遊戲，非常開心。

下課前，老師露出滿意的笑容說：「你們都很用心的觀察，表現不錯呵！」接著，老師在黑板上寫下：

「雨，淅瀝淅瀝的下，
像細細的絲線；
風，輕輕的吹，
像在和小雨跳舞……
雨，從天上飄下——
落在草地上，
聞起來，青草香，
摸起來，清又涼！
雨，帶來春天的訊息，
帶來笑聲和想像。」

大家又驚訝又高興的說：「哇！我們把雨變成一首詩了！」

資料來源：節錄自康軒版國小國語課本，第六冊（三下）第三課。

敘、說明、議論等不同文體的特定敘寫方式，而擬大綱計畫表則能協助布局及段落安排，是對開首應該怎樣，收結又要如何，行文之間應該如何過渡和照應等謀篇布局，進行縝密周延的思考。

1. 結構布局的原則

(1) 結構完整

講求起承轉合得宜、脈絡層次井然且呼應題旨。擬大綱時把蒐集的材料做適當取捨與安排，捨棄與主題無關的，再考慮材料組織的先後、詳略與正反，有條理、有層次的安排素材呈現的順序與方式，才能使結構完整而嚴謹。

(2) 段落自然

講求分段恰當且清楚。文章段落間的關係像一串粽子，雖然各段獨立，但要以主旨為軸心匯聚各個粽子用繩綁在一起，各分段恰當清楚卻又如鱗片相連緊密不斷，才能使文章的結構統一。

(3) 銜接恰當

講求段與段間的銜接連貫通順、轉折流暢。文章的句和句間、段與段間，語意都必須互相連貫，內容也要前後呼應，才能使結構周延。

2. 結構布局的方式

結構布局能力需分項長期訓練，學習如何依據不同文體決定如何開頭、結尾及開展文章，組織蒐集到的寫作素材。

(1) 順承結構

將構思取材歸納分類，依照事件發生的時間順序或空間移動敘寫，能脈絡明晰且邏輯嚴謹。時間順序法又分為順敘法與倒敘法。

①順敘法：依照時間、事情發生的先後順序排列或空間變化來安排段落，先發生的先寫，後發生的後寫；先看到的景物先寫，後看到的後寫。例如，題目「難忘的事」先寫開頭，接著依序寫在學校、家裡、公園所發生的難忘事件，最後再作結。這種依先後順序的寫作方法，可以讓讀者清楚事件的發生經過。

②倒敘法：將事情的結果、最重要的、最吸引人的先寫出來，再從頭述說原因和經過，這種刻意調整時間先後順序的敘寫方法，可以吸

引讀者注意，稱為倒敘法。例如，南一版五下第八課「沉默的動物園」，先寫回程已坐在飛機上，再倒敘之前到達祕魯及納斯卡地上畫被發現的經過【南一版四上語文天地二「段落安排」；翰林版四下統整活動三「順敘、倒敘」；南一版五下語文天地四「順敘、倒敘」】。

③鏡框法：先寫現在的情形，再回憶過去，最後又回到現在。例如：康軒版五下第五課「恆久的美」，作者先寫坐車看見稻穗，因而憶起米勒的〈拾穗〉畫作，文末回歸心得作結。

(2)「總—分—總」結構

依「總說—分說—總結」組織文章，先寫總論來表達主要觀點或事情重點；接著分別舉例或一一詳細敘述事件的發展；最後總結回顧總說重點或寫出心得感受，首尾呼應【康軒版四上統整活動三「總—分—總結構」】。

3. 文章的開頭與結尾

(1) 文章的開頭（一）

文章的開頭非常重要，要能切合題意，所謂萬事起頭難，寫作時難以開頭，是很多學生的困境，如果能成功破題，接下去就好寫了。常用的開頭方式有：時間法、原因法、提問法及開門見山破題法。學習多元的開頭寫法，可豐富寫作資料庫，選擇最適合的方式作為文章開頭。而開頭的決定，應以全篇文章思路為通盤考量，萬不可為了使用某種開頭而開頭。

- 重點年級：三年級。
- 教學目標：學習文章開頭的寫法。
- 教學策略：1. 時間法，2. 原因法，3. 提問法，4. 開門見山破題法【南一版四上語文天地四「破題」；翰林版五上統整活動一；康軒版五下統整活動一】。

①時間法：時間法是依時間順序陳述作為文章的開端，例如，翰林版二上第十一課「魯班造傘」的開頭：「從前，有個喜歡發明東西的人，叫做魯班。」敘述方式又可分為順序、倒敘及鏡框法。低年級學習以順序為主，依時間前後順序敘述事情的發展。倒敘法則先寫現在，再回溯過往。鏡框法依現在—過去—現在來敘寫。例如，康軒版五下第五課「恆久的美」即採鏡框法為文。

②原因法：在敘述主題之前，先把事情或寫作的原因說清楚，讓讀者了解事件原由的開頭方式，稱為原因法。例如，康軒版四上第九課「走進蒙古包」的開頭就直接說明事件的原因：「從小，就常聽爺爺提起，他小時候在蒙古生活的點點滴滴，使我非常嚮往……。」

③提問法：一開頭就問問題，能引發讀者的好奇。例如，康軒版三上第五課「我要給風加上顏色」的開頭就用問句：「風的臉是什麼樣子？風的身體是什麼形狀？」

④開門見山破題法：開門見山破題法在一開頭就點出文章主題。例如，南一版三上第十課「昆蟲的保命妙招」：「昆蟲的種類多、數量多，且大多數體型小，所以容易受到攻擊。為了保護自己，他們演化出各種保命妙招。」

(2) 文章的開頭（二）

- 重點年級：五年級。
- 教學策略：1. 主題情境感官描寫法，2. 天花亂「最」法，3. 故事開頭法，4. 錦言名句開頭法。

①情境感官描寫法：透過自然景物或社會環境的描寫，交代故事的背景或表達文章的主題。例如，南一版四上第十四課「巨人和春天」的開頭：「寒冷的黑夜，冰雪凍結了一切。北風吹過大地，捲起滿天的白雪。山頂的房子，射出微微的亮光，好像雪海中的燈塔，

帶來溫暖的方向。」又如康軒版五上第二課「秋江獨釣」的開頭：「紅紅的落日，灑下金色的光芒。秋風由江面吹來，捲起一道道的波浪……。」

②天花亂「最」法：施教麟（2016）教學生三招作文開頭的「起手式」：天花亂「最」法、故事開頭法、錦言名句開頭法，讓文章起頭不再是難事。其中天花亂「最」法是先撒出三朵花，每朵花代表一個例子，最後再回到文章的主題。例如，以「一份好禮物」為題舉例，每個人都曾收過禮物，漢代張良收到最好的禮物是「黃石公兵書」；珍・古德一輩子念念不忘的禮物是母親陪她去非洲；電燈是愛迪生送給人類最珍貴的禮物；而我收到的最好禮物是生日時爸爸送給我的電子字典。

③故事開頭法：首段提出故事，再論述看法，這種「先敘後議」適合議論文的開頭。故事開頭法是最能引人入勝，讓人想要一探文章究竟的方法。例如，題目「鄉村和都市」，開頭可寫在兩地學騎腳踏車的經過，或爺爺兩地養病的故事，之後再逐段論述「鄉村和都市」的優缺點（施教麟，2016）。

④錦言名句開頭法：引用錦言名句作為開場，不但讓人眼睛一亮，且能感受作者的博學多聞。例如，「影響我最深的一句話」的題目，就適合引用「良言入耳三冬暖，惡語傷人六月寒」當開頭。平時就鼓勵學生蒐集各類主題的名言錦句，整理成「我的名言成語錦囊」，寫作時就不會書到用時方恨少了。

(3) 文章的結尾（一）

文章結尾必須簡潔有力地總結全文，把最精彩的部分作為壓軸，草率收尾反致虎頭蛇尾。鏗鏘有力與主題及開頭相互呼應的結尾，不但有畫龍點睛的效果，更能讓人印象深刻。而融入個人感想、觀點或情感抒發的結尾，也能發人深省而回味無窮。

- 重點年級：三年級。
- 教學策略：1. 結果法，2. 前後呼應法【南一版四上語文天地四「首尾呼應」；康軒版五下統整活動一】。

①結果法：寫出事件的結果作為結尾，常用於記敘文。

②前後呼應法：呼應文章開頭，將文章一開始所提出的主張，在結尾重申一次，前後連貫，加深讀者的印象，達到首尾呼應的效果。

(4) 文章的結尾（二）

- 重點年級：五年級。
- 教學策略：1. 總結歸納法，2. 引用法，3. 抒發感想法，4. 自我期許法。

①總結歸納法：說明文或議論文多以綜合全文主要意思，歸納出結論，作為結尾。但注意不要重複前面使用的文字，或千篇一律使用「總而言之」作結，而要改用同義而不同用詞為文章總結。

②引用法：文章結尾時，可以挑選符合文章內容的名人錦言佳句、格言、成語，運用於文章結尾，藉由權威支持，來印證自己的見解，增加文章的說服力。

③抒發感想法：抒發感想法是針對文章的主題或事件，抒發自己內心的感想、心得或啟發。情感抒發要真摯，避免「我真的很開心」或「真是令人難忘的一次旅程」等空洞無意義的公式化結尾拼湊。

④自我期許法：能展望未來的自我期許，可以體現積極正向自我的提升，就是漂亮的結尾。千萬不要以「絕不辜負父母的期望」作結，就會淪為呼口號了。

（五）擬大綱

詳審題目並確立主要寫作方向，完成構思、選材、布局的思考藍圖後，接著要把思考藍圖的大綱列出，擬定寫作計畫表。大綱計畫表能發揮提示的功能，協助生手構思及規劃布局。擬大綱訓練讓學生學習基本寫作規則，避免想到哪寫到哪，變成流水帳。擬大綱可分心智圖式、表格式或綱要式。如果摘要是課文重點的縮寫，則擬大綱就是將重點擴寫為文。三年級學生初學擬大綱，先教結合圖文的心智圖，畫圖抓關鍵字對學生而言較為有趣。四年級的寫作大綱研擬可配合課文摘要學習，等精熟閱讀摘要後，再過渡轉化成寫作大綱，此時教表格式或綱要式計畫表，效果較佳。

1. 心智圖寫作大綱

心智圖運用擴散性思考，右腦和左腦並用，結合圖文二元編碼，能開展無限創意，大幅提升思考效率。心智圖不但可以培養寫作構思布局能力，也是摘要、做筆記、整理閱讀重點的策略。

- 重點年級：三年級下學期。
- 教學目標：學習心智圖擬寫作大綱。
- 教學策略：1. 審題立意，2. 擬定文章內容的關鍵字，3. 繪製心智圖。

「心智圖擬大綱」策略教學步驟（三下）

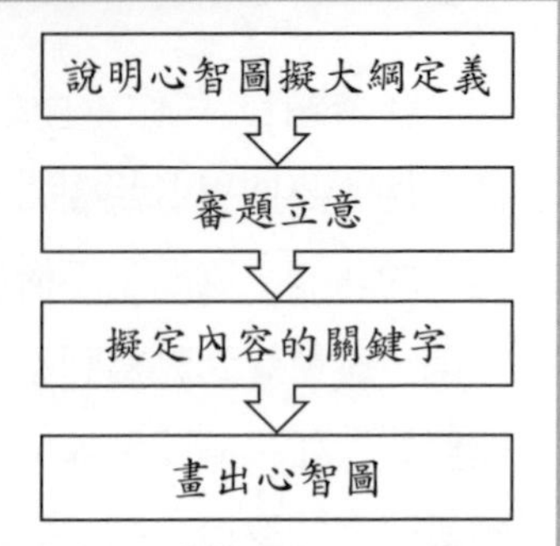

S_1 說明心智圖擬大綱的定義及功能——組織安排文章的內容。

S_2 擬定內容的關鍵字

審題立意決定文章的主要方向與內容後，擬出文章內容的關鍵字。教師先示範，再請學生練習。

例如，「我的媽媽」關鍵字有：外型、個性、興趣等。「我和媽媽」關鍵字則是：如何相處、難忘事件等。

S_3 畫出心智圖

依據關鍵字，畫出心智圖（如圖 6.1）。

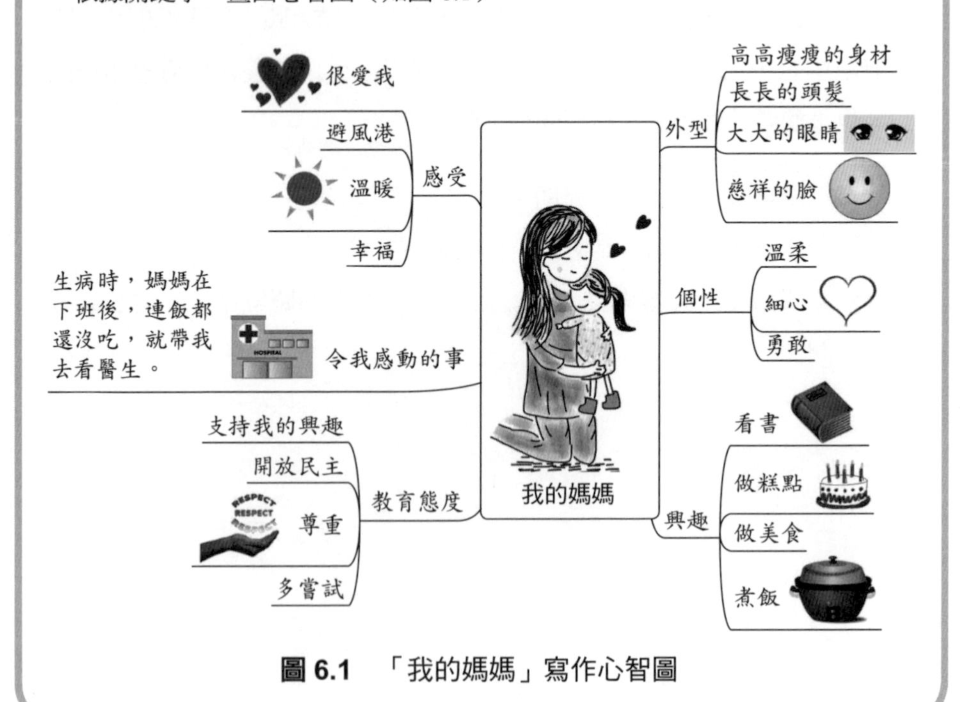

圖 6.1 「我的媽媽」寫作心智圖

2. 寫作計畫表

表列式寫作計畫表，可配合課文的摘要表學習，再過渡轉化成寫作計畫表。依年段練習，四年級演練故事體／記敘文及說明文，五年級演練議論文。

- 重點年級：四年級上學期。
- 教學目標：故事體／記敘文的寫作計畫表（參見表 6.5）。
- 教學策略：1. 審題立意，2. 依結構擬定文章內容的重點，3. 擬定寫作計畫表【翰林版三上統整活動三「結構圖」】。

表 6.5 我的寫作計畫——記敘文

我的寫作計畫　　　姓名：＿＿＿＿			
作文題目		○○○○○	
文體		記敘文	
文章結構		重點	
開始	背景／起因	第一段	
經過	問題	第二段	
	解決	第三段	
結果	結果／迴響	第四段	

- 重點年級：四年級下學期。
- 教學目標：說明文的寫作計畫表（參見表 6.6）。
- 教學策略：1. 審題立意，2. 依結構擬定文章內容的重點，3. 擬定寫作計畫表【翰林版三上統整活動三；康軒版三下統整活動三】。

表 6.6　我的寫作計畫——說明文

我的寫作計畫　　姓名：＿＿＿＿		
作文題目		○○○○○
文體		說明文
文章結構		重點
總說	第一段	
分說	第二段	
	第三段	
總結	第四段	

- 重點年級：五年級。
- 教學目標：議論文的寫作計畫表（參見表 6.7）。
- 教學策略：1. 審題立意，2. 依結構擬定文章內容的重點，3. 擬定寫作計畫表【康軒版五上統整活動二；康軒版五下統整活動三；南一版六上語文天地三；翰林版六上統整活動二】。

表 6.7　我的寫作計畫——議論文

我的寫作計畫　　姓名：＿＿＿＿		
作文題目		○○○○○
文體		議論文
文章結構		重點
論點	第一段	
論據	第二段	
	第三段	
結論	第四段	

三、修改

修改是針對文章的問題或缺點進行修正。俄國作家契訶夫說：「寫作技巧其實並不是寫作技巧，而是將寫得不好的地方刪掉的技巧」，足見認真的修改，是作品進步的重要關鍵。兒童先表現出的修改能力是「全部寫完文章後再做修改」，之後才慢慢發展出邊寫邊改的「當下做修改」能力（Berninger et al., 1996）。修改涉及意願、時機及能力，意即願不願意修改、知不知道問題在哪裡、能不能針對問題進行修改。國小階段的學生多不會自動修改文章，但是如果教師不要求一次就有完美的草稿，鼓勵多次編修並提供修改的機會與方法，即使低年級孩童也會樂意修改（Berninger et al., 1996）。

文章的修改可分時間及空間面向。1. 在時間方面，三個修改時間點分別是：下筆前、寫作中及完成後。當然修改也常往復穿梭在計畫與過程中，邊寫邊改。不過，整篇文章完成後再修改，常招來不想全文重新謄寫的抱怨，況且一旦問題出在通篇的立意取材或布局上，想要修改恐怕工程浩大或為時已晚，既不可行也造成師生困擾，此亦是直線式寫作被詬病之處。而過程與社會建構寫作模式強調過程中提供協助與合作支持，可避免過於頻繁的修正。低年級可於完成全文再檢視是否通順；中高年級於歷程中修正設置兩個檢視點，建議分別設置在擬完大綱及完成全文時。2. 在修改的空間方面，則分整體或局部，低寫作能力者只重視表層的局部修改，僅能針對錯字、標點符號進行修改；而有技巧的寫作者則傾向整體文旨或布局斧正，讓文章更有深度。

低年級學童多樂於發表，完成一段式寫作後，修改重點在鼓勵閱讀檢視文句是否完整流暢。寫作完成後的朗讀分享，提供師生一起檢視與修改文章的機會。檢視重點在：看看句子通不通順、完不完整，有沒有說清楚、講明白。教師一旁指導，針對共同問題提供修改意見，協助學生提升文章品質。

中高年級學童側重監控調整文章品質能力的建立。修改包括閱讀評估及編輯修改兩個步驟，都需要高度監控，而這些能力是隨成熟而逐漸發展出來的（Berninger et al., 1996），非一蹴可幾。發展中的學童對問題偵測比修改問題更感困難，需要提示協助指出問題所在。因此，需要教師搭建鷹架，協助診斷問題，學習修改的方法，從知道「不應該那麼寫」，終而能明白「應該這麼寫」。中年級學童以病句偵測修改為學習目標，而高年級則要強調文旨、結構布局等高層次問題的主動自發偵測與修改。比起傳統的完整作品批閱給評語方式，過程式文章修改更能提供實質改進協助。修改的時機可分為擬完大綱及完成全文時進行檢視修正；修改的方式可分為個別指導及同儕互評。個別指導是要求學生擬完大綱後，個別面交教師檢視，經討論得到立意、布局、取材的修改意見後完成修改，再次通過檢核並由教師蓋章後，才能下筆完成。同儕互評則將二人一組配對，運用寫作檢核表，練習相互檢視全文，找出需修改的地方，以精進寫作品質。

具體的文章修改步驟有三：1. 偵測問題；2. 閱讀修改；3. 練習修改。

（一）偵測問題

知道如何診斷問題，才能對症下藥。偵測問題是修改的第一步，三年級教學重點在診斷文章的病句。藉由語病診療學習單（參見表 6.8），知道常犯的語病類型（陳述性知識），學習如何診斷病句（程序性知識），練習如何修改，並建立自我監控系統。最後，能內化語病知識，應用在自己文章的閱讀與修改上。

- 重點年級：三年級下學期。
- 教學目標：診斷文章的病句。
- 教學策略：1. 認識病句【康軒版三下統整活動一；南一版四下語文天地一】，2. 診斷並修正【翰林版六上統整活動二】，3. 比較正確版與校對版，4. 建立自我監控，5. 自我修改。

表 6.8　語病診斷單

語病診斷單	
語病	如何修改
□語意不完整	
□缺少主詞	
□多餘字、重複、累贅	
□前後矛盾、不合邏輯	
□修飾、形容錯誤	

「語病診斷單」策略教學步驟

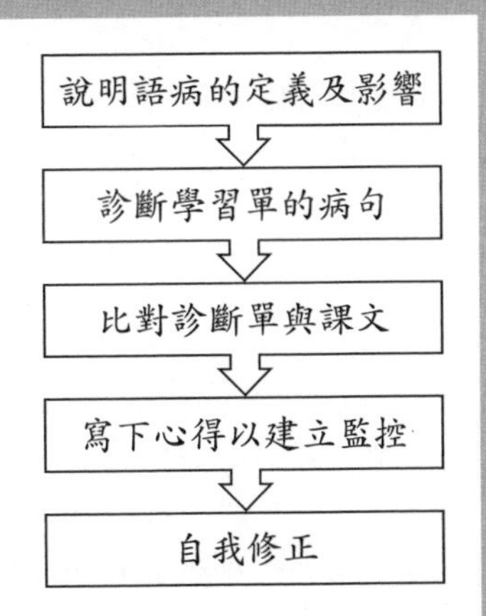

S_1 **說明語病的定義及影響**——寫作時如果語句使用不當，文章會生病，讀者也無法理解。

教師介紹五種病句的定義，說明病句的影響。

S_2 **診斷生病的課文**

教師事先將一篇課文改編，配合課文（康軒版三下第六課「黃金葛」）及統整活動（康軒版三下統整活動一），在課文中加入上述五種語病，製作「語病診斷單」學習單（如表 6.9）。教師先示範如何診斷並修改病句，再請學生練習。練習時，請學生當主治醫師，診斷錯誤所屬的語病類型，用螢光筆（黃色）將病句畫出來，再刪除、修改多餘或不合理文句，改成健康的句子。

表 6.9　「黃金葛」課文的語病診斷單

生病的課文	醫生診斷（符合的請打✓）
窗臺上這個小小的花盆，裝著一些很多的黑土，嫩綠的莖低垂著，再加上配上白斑的心形葉子，看起來非常十分的賞心悅目。這就是文麗上個月的時候所種下的黃金葛。	□語意不完整 □缺少主詞 □多餘字、重複、累贅 □前後矛盾、不合邏輯 □修飾、形容錯誤

表 6.9　「黃金葛」課文的語病診斷單（續）

生病的課文	醫生診斷（符合的請打✓）
每一次到了星期六晚上，文麗都會一邊幫黃金葛植物澆水，一邊對說：「你今天過得有沒有好嗎？又長小了一點呢！」看著嫩葉舒展的文麗，洋溢著一片綠意，心情格外沮喪。	□語意不完整 □缺少主詞 □多餘字、重複、累贅 □前後矛盾、不合邏輯 □修飾、形容錯誤
最近的時候，開始圍棋社上課，沒想到的是，她立刻馬上沉迷在象棋的世界天地中。一到星期六，她就偷偷找爸爸下棋，也所以忘記照顧黃金葛，這樣不知過了多久。	□語意不完整 □缺少主詞 □多餘字、重複、累贅 □前後矛盾、不合邏輯 □修飾、形容錯誤

S_3 比較正確版與校對版

接下來發下另一張「正確課文版」學習單，讓學生二度閱讀與校對，發現隱而未顯的語病（如表 6.10）。

表 6.10　「黃金葛」正確課文與生病課文對照表

正確版課文原文	生病的課文
窗臺上這個小小的花盆，裝了一些黑土，嫩綠色的莖挺立著，配上白斑的心形葉子，看起來賞心悅目。這是文麗上個月種下的黃金葛。	窗臺上這個小小的花盆，裝著一些很多的黑土，嫩綠的莖低垂著，再加上配上白斑的心形葉子，看起來非常十分的賞心悅目。這就是文麗上個月的時候所種下的黃金葛。
每到星期六晚上，文麗都會一邊幫黃金葛澆水，一邊對它說：「今天過得好嗎？又長大了一點呢！」她看著嫩葉舒展的黃金葛，洋溢著一片綠意，心情格外愉悅。	每一次到了星期六晚上，文麗都會一邊幫黃金葛植物澆水，一邊對說：「你今天過得有沒有好嗎？又長小了一點呢！」看著嫩葉舒展的文麗，洋溢著一片綠意，心情格外沮喪。
最近，文麗開始到圍棋社上課，沒想到，她立刻沉迷在圍棋的世界。一到星期六，她就急著找爸爸下棋，也因此忘記照顧黃金葛，這樣不知過了多久。	最近的時候，開始圍棋社上課，沒想到的是，她立刻馬上沉迷在象棋的世界天地中。一到星期六，她就偷偷找爸爸下棋，也所以忘記照顧黃金葛，這樣不知過了多久。

S_4 寫心得以建立自我監控

回顧自己對語病的認識，發現自己對語病的想法，省思如何建立並內化自己的語病監控系統（如表 6.11），才能在未來寫作時，主動偵測、自動防範語病。

表 6.11 語病診斷心得學習單

我的心得與發現：

1. 知道什麼是語病嗎？語病對文章有什麼影響？
2. 知道如何診斷、修改語病嗎？
3. 比較原版的課文，你知道為什麼作者寫的文章沒有語病呢？
4. 學會診斷與修改語病後，你要如何將這種能力應用到自己的寫作中？

____

____

____

____

S_5 自我修正

要求學生將學到的語病知識，應用在自己文章的閱讀與修改上。寫完文章後，自己多讀幾次，依據「語病診斷單」學習單的五大語病，試著偵測、診斷並修正自己的語病。

（資料來源：溫美玉、王智琪，2017）

（二）閱讀修改

高年級的修改教學重點為偵測題旨、結構等高層次的寫作問題，學習如何修改自己的文章，以提升寫作品質。要寫出好文章，當然得先知道什麼才是好文章，清楚寫作學習的目標：構思精彩、結構精煉、文字精準，擁有文章修改的陳述性知識。一般教師批改作文時，多以整體分數、評語而非分項進行評閱，學生得到「87 分」或「文章通順」的評語，很難知道自己的優點或哪裡寫得好，也無法精確診斷問題謀求改進。所以，寫作

評量的前提是知道好文章的標準。

寫作評量可分為量化與質性指標，量化指標包括：作文的總字數與相異字數，能簡便快速客觀評估寫作品質（葉靖雲，1999）；而質性評量標準則能提供具體建設性的修改建議。經文獻整理並參考國中基測作文評分規準，寫作的質性評量標準有四：立意取材、結構組織、遣詞造句及格式標點（如表 6.12）。

表 6.12 作文評定表

一、立意取材	
文題相符	沒有主旨，全文偏離主題。
	中心思想不明確，偶有離題。
	中心思想明確，緊扣主題。
取材適切	取材不合題意。
	取材平實，切合題意。
	取材切題豐富。
描寫生動合理	內容粗略不足，敘述不合邏輯，沒有條理。
	內容平實，敘述大致合邏輯，但條理不夠清楚。
	內容活潑生動，鮮明豐富，敘述邏輯性強，條理清楚。
二、結構組織	
段落分明	全文未分段。
	有分段，但不恰當。
	分段恰當、清楚。
結構完整	通篇直述到底，或僅單一段落，無始無終，前後沒有關聯。
	有開頭、主文及結尾，前後大致有關聯，但結構鬆散。
	脈絡層次井然，起承轉合得宜，結構完整，呼應題旨。
段間銜接	段間不連貫，轉折不清，銜接生硬。
	段間偶有不連貫，轉折偶有不清，銜接尚稱恰當。
	段間連貫通順，轉折流暢，銜接恰當。
三、遣詞造句	
句意流暢、句型豐富	句型單一，句子支離破碎而不連貫。
	句型單調缺少變化，句子偶有不連貫。
	句型豐富且句子連貫流暢通順。

表 6.12 作文評定表（續）

遣詞用字正確	有一半以上用字（錯別字）遣詞錯誤，文句支離破碎，難以理解。
	有少數用字（錯別字）遣詞錯誤，有時出現冗詞。
	用字遣詞精煉正確，沒有錯別字。
修辭精確	文章中沒有運用修辭。
	文章中運用修辭部分恰當。
	文章中運用修辭恰當優美。
四、格式與標點符號	
標點符號與格式	有一半以上標點符號錯誤；格式錯誤，如使用詩歌體。
	有少數標點符號錯誤（全文四分之一）；不能掌握格式。
	標點符號完全正確；格式完全正確。

（三）練習修改

藉由「文章體檢單」（如表 6.13）檢視文章，可以初步偵測診斷文章的問題。但是人畢竟多有患不己知的盲點，要找出自己寫作有何問題談何容易。但是若能建立「互相漏氣求進步」的安全激勵課室氛圍，再以分組或配對方式進行文章診斷活動，透過同儕互評，以「作文評定表」為標準，擁有好文章的陳述性知識，先批判性閱讀，再輔以「文章體檢單」提示，找出別人的問題就容易多了。但在高年級階段，要提醒學生，修改的重點是文章主旨與結構的高層次問題，非僅止於錯漏字或標點符號的表層問題。步驟是教師先示範，同儕交換作品練習，熟練如何修改的方法與步驟，擁有程序性知識。經累積多次相互修改經驗後，教師就可以慢慢淡出放手，讓學生獨立自行修改，獲取知道為何修改及何時、何處該修改的條件性知識。

表 6.13　文章體檢單

文章體檢單	
問題	如何修改
1. 文章內容是否切題。	
2. 結構是否嚴謹、段落銜接是否恰當。	
3. 語句是否完整、清楚、合邏輯。	
4. 是否有錯字，標點符號是否正確。	

- 重點年級：五年級上學期。
- 教學目標：修改文章的問題。
- 教學策略：1. 建立好文章的標準，2. 批判式閱讀【翰林版四下統整活動四；康軒版六上統整活動三；南一版六下語文天地三；翰林版六下統整活動二】，3. 同儕互評，4. 建立自我監控，5. 自我修改。

「文章總體檢」策略教學步驟（五上）

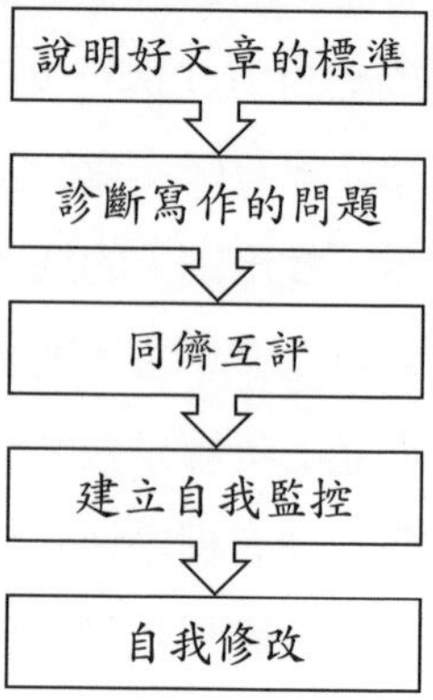

S_1 說明好文章的標準——立意取材、結構組織、遣詞造句及格式標點。

S_2 批判式閱讀

教師配合統整活動，製作「文章體檢單」學習單，以及有四種寫作問題的病文，讓學生了解寫作常犯錯誤類型有哪些。接著，教師先示範如何以「文章體檢單」進行批判式閱讀，診斷並修改問題。再請學生練習。切題、結構或段落的判斷是較難的部分，可於學生練習後，師生一起討論，讓學生逐漸提升診斷修改文章的能力。

說明好文章的標準
↓
診斷寫作的問題
↓
同儕互評
↓
建立自我監控
↓
自我修改

S_3 同儕交換修正

當完成一篇文章寫作後，請同學二人一組，交換彼此的作品，相互找出寫作錯誤並提供修改建議。

S_4 心得與自我監控建立

回顧自己對寫作常犯錯誤類型的認識，發現自己對閱讀、診斷、修正的想法，省思如何建立並內化自己的錯誤監控系統，才能在未來寫作時，主動偵測、自動防範文章可能的錯誤。

S_5 自我修改

經多次練習及同儕互評後，逐漸建立文章修改的自我監控系統，精熟內化修改知識，能自動化進行批判性閱讀、診斷、修改的程序，主動獨立修改自己的文章。

教出讀寫素養

第四篇

讀寫整合實務應用

素養導向教學應從培養國語文聽、說、讀、寫的基本能力著手，因此本篇將結合文字、文本、文化之十二年國教的三大學習內容（國家教育研究院，2018），發展國小不同階段的教學案例，以為讀寫整合教學的實務應用。

讀寫雖有不同目的，但共通點都在建構意義（Tierney & Shanahan, 1991），此對意義建構的思考正可作為讀寫整合的聯繫點。閱讀文本所建構的意義，是穿透文字探索人性，讀懂作者的心才能讀出深意；書寫創作所建構的意義，是憑藉文字剖析人性，寫入讀者的心才能寫出真情。不同文體結構只是文字的載體，放諸人性皆準的內容才是靈魂。因此教學時的文體區分，只是提供學習者思考內容組織的方便門，絕非限制思考或寫作的桎梏。能因應內容意旨而採多元寫作手法才能靈活布局，或兼採記敘與說明，或夾敘夾議，或在說明議論中帶有感情，才是讀寫學習應深究的王道。讀寫活動在共享知識（後設知識、領域／內容知識、文本特徵知識及程序性知識）與策略的基礎下，藉由語用而深度連結語言及思考，因目的不同而產生相異的訊息組織和策略應用方式。所謂「讀書破萬卷，下筆如有神」，寫作之所以不能言之有物、言之有序，實與缺乏獨立思考和深度閱讀有關。建構觀點認為讀寫學習者是受背景知識、文本及情境脈絡影響的主動問題解決者（Langer & Flihan, 2000），讀者／作者從先備知識及主題知識中選擇、連結、組織訊息來建構文本（Apivey, 1990）。「讀」以「寫」為目的，「寫」以「讀」為基礎，二者密不可分。結合讀寫雙翼，閱讀理解和寫作就能振翅高飛。讀寫整合教學的目的是培養學生讀寫素養及自學能力。在思考學生該學什麼、如何學、如何用的前提下，依循漸進釋責模式進行教學：由教師示範、搭建鷹架、練習到獨立。明示教導讀寫的聯繫點，轉化遷移語言、結構與風格手法等共同知識與執行歷程，在學生成長的每個階梯上添磚加瓦，學習掌握意旨深遠、結構嚴謹與語詞精妙三個原則，讓讀寫相互為用而漸入佳境。

第四篇分低、中、高年級三部分，各舉出五則讀寫整合教學範例，說明如何應用讀寫整合教學於課文教學情境中。在內容方面，基於本書主要目的在致力國小階段學童讀寫素養的培養，教學範例的教學活動以閱讀、寫作及讀寫整合策略為教學重點，因此在課程規劃上，並未針對識字、字彙、寫字教學，或配合九年一貫能力指標、十二年國教課綱學習表現多所著墨。需要進一步了解識字、字彙或寫字教學的詳細教學活動設計與能力指標者，可參考本書第四章及第六章的相關內容，而課文本位閱讀理解教學網站也提供許多優質教學活動的設計範例，可供參考（http://pair.nknu.edu.tw/pair_system/Search_index.aspx）。

第七章至第九章，分別介紹低、中、高年級不同發展階段的讀寫整合教學活動設計，目標在提升讀寫素養。教學範例實質連結理論與實務，循序漸進示範說明如何在不同年級進行讀寫整合教學，務求有系統、有步驟的持續在每一課都安排讀寫聯繫活動與微寫作練習，至於完整寫作或命題作文，則可視學生學習情形、教學時間與進度，彈性調整為一單元一次。範例中以四個步驟整合閱讀理解與寫作教學：文本分析、閱讀理解教學、讀寫整合、讀寫精進。以文本分析發掘讀寫的可教點與聯繫點，在系統化教學模式中寓有發展變化特色，從課文閱讀理解延伸連結寫作，在漸進習得讀寫基本能力的過程中，激發學生的無限創意與興趣熱情，進而精進讀寫能力。

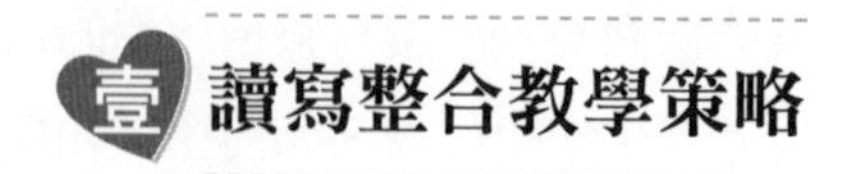

壹 讀寫整合教學策略

不同學習階段的讀寫教學目標及學習重點自有不同，國小每學期應至少完成 4～6 篇作文，但不必然拘泥於篇篇都是命題作文，配合課文形式內容而搭配新詩、日記、心得、報告或劇本創作，多元富變化的讀寫整合教學，既能活化教與學，展現豐富多元及彈性的風貌，亦可激發學生創作熱情，提升動機與興趣，達到讀寫練習的目的。以下介紹四種常用的讀寫整合教學策略：克漏字、預測、改寫或重組、主題延伸（Norton & Land, 2008）。

一、克漏字

克漏字可與閱讀、寫作做絕妙搭配，類似引導式作文。因必須先閱讀文章，精準判讀題目及寫作方向後再下筆，所以可以同時提升讀寫學習的效率。克漏字是將句子、段落或文章中的部分文字移除，透過個人或小組合作填寫缺漏的部分。挖空的部分可依學生程度或目的調整，依序由詞、句、段落到全文進行練習；也可以設計為連接詞、過渡段、開頭、中間或結尾的續寫練習。

引導寫作的關鍵是審題立意，看懂引導說明的重點，寫作才不會離題，而深入提問與討論結合勤加練習，可提升審題立意的功力。例如，99年基測引導作文「可貴的合作經驗」：「人際互動中，常有合作的機會，譬如：共同討論完成任務、彼此合力進行創作、一起組隊參加競賽……。合作的過程中，大家一起面對考驗，體會到解決問題的甘苦，並且累積了許多經驗。請寫下自己與他人合作的經驗及其可貴之處，並說明感受與想法。」讀完引導文字可發現題眼是經驗，限制在與他人合作的經驗，要說明合作的來龍去脈與過程，並證明經驗何處及為何可貴。

二、預測

讀寫預測策略不同於閱讀理解教學的預測標題或下文，讀寫預測是運用學生已有的故事基模、元素與結構為基礎，在閱讀前，先呈現故事人物、地點、關鍵字或句子等的提示單，請學生根據提示單預測寫下故事，鼓勵學生充分發揮想像力。接著呈現故事，師生一起討論對照人物、情節安排的可能並進行排列組合，透過比較，覺察並學習作者在故事情節與結構的創作巧思。

例如，由狀況題練習（如表 Part 4.1）開始，先一對一互相口說，再寫下狀況發生前一發生時一發生後的情況，不會寫的字可用注音。接著朗讀發表，請大家給意見。練習重點在內容的想像與觀察，而非錯別字或標點格式。

表 Part 4.1　狀況題練習單

狀況題（發生前—發生時—發生後）		
時間	颱風下雨	
人	自己打一把傘出門	
事	會遇到什麼事	
結果		
感想		

三、改寫或重組

讀寫整合可透過不同人稱、文章體裁或看法角度轉換，將所閱讀文本進行改寫或重組。改寫有改變內容、敘述順序、表達形式、人稱或故事結局等方式。形式上的轉換，如第一人稱與第三人稱的轉換，記敘文、劇本與說明文、議論文間的轉換；內容上的轉換，如為故事中反派角色發聲平反等。例如，將閱讀的「斑文鳥和小山雀」故事改寫為介紹斑文鳥和小山雀習性的圖文說明書，將閱讀的記敘文「智救養馬人」改寫為議論文「論機智」。

四、主題延伸

課本是最好的讀寫範本，以課或單元形成讀寫主題，配合課本與補充教材，由主題引導連結讀寫，由閱讀理解延伸為寫作，讓學生根據生活經驗發展寫作能力（國家教育研究院，2018）。只有親身體驗方能言之有物、有感而發，低年級可製作主題書，中高年級可進行主題讀寫，進行內容或形式上的仿寫、改寫或創作。

貳 讀寫教學的對應與整合

語文能力的養成包含聽說讀寫的能力，然而傳統語文課的閱讀與寫作教法，關注的是外顯的結果成品，而非內化的能力素養。課文閱讀強調生字語詞的記憶背誦，卻忽略讀出文章的深意，讀懂作者的寫作手法，才是閱讀的目的；作文重視成品的體例、用字與組織，卻忽略了寫作是否有力量、是否令人印象深刻，是否具說服力、能感動人，才是好文章的關鍵（林玉珮，2007）。因此，二十世紀之後的讀寫教育，開始轉移教學重點，由注重讀寫的「結果」，轉而強調讀寫的「過程」與「動機」。而九年一貫課程與十二年國教揭示的教育改革，將教學典範從「老師的教」轉移到「學生的學」，有系統、有步驟的讀寫整合教學將讀寫變成課程的一部分，期能以「自發、互動、共好」成就孩子的能力。而具有讀寫專業的教師，腦中自有要達成的讀寫素養清晰藍圖，知道每一階段孩子應發展的能力，能在學期初即規劃好一整學期的讀寫整合計畫與活動，在開學時就提早告訴學生，讓學生有足夠的時間蒐集資料並醞釀構思。優質教師是每次教學前能規劃完整的前置作業，塑造輕鬆、愉悅的環境氣氛，激勵學生自發參與投入學習活動。勝任的教師在讀寫教學時，能引導深度提問與討論，深入思考並充分互動。在師生對話、同儕合作學習、分享觀點及監控評改過程中，致力「你好，我也好」的共好。

整理閱讀理解策略與寫作歷程對應如表 Part 4.2，閱讀是由下而上資料導向的歸納，以背景知識預測標題，提問討論分析結構，以摘要全文大意，推論出主旨，分析寫作手法與文筆；寫作則是由上而下概念導向的演繹，由背景知識審查分析題目意旨以確立中心思想，蒐集素材後思考組織布局，以篩選、安排材料，斟酌用字遣詞再下筆成文。以讀寫共通知識、策略與歷程的基礎上聯繫讀寫，進行系統結構化教學，學生自然能逐步習得讀寫能力，提升讀寫素養。

表 Part 4.2　閱讀理解策略與寫作歷程對應整合讀寫

閱讀理解策略	讀寫整合	寫作策略與歷程	
標題預測	**拆解標題預測內容**	審題	計畫
主旨	**主題、中心思想**	立意	
提問推論——文章內容與脈絡	**擬大綱**	構思取材	
以結構摘要大意	**縮寫 ←→ 擴寫**	組織布局	
寫作手法	**寫作手法**	下筆	轉譯
修辭句型	**修辭鍊句**	遣詞造句	
格式、標點	**形式、格式**	格式、標點	
監控	**監控**	監控、修改	

參 讀寫整合教學課程設計原則

讀寫整合教學之教學程序依四步驟進行：1. 文本分析；2. 閱讀理解教學；3. 讀寫整合；4. 讀寫精進。其中文本分析是讀寫整合課程設計的核心，設計架構分四部分依序進行：1. 解析文本；2. 結構分析；3. 確立學習能力及學習目標（認知、技能、情意）；4. 設計教學活動（詳見第二章之「陸、讀寫整合教學的聯繫點與教學步驟」）。本書的讀寫整合教學課程依據閱讀及寫作發展原則而設計，教學範例兼採三個通行版本（南一、康軒、翰林）的課文為例。只要熟稔課程設計架構與原則，即能擁有自行設計課程的能力，並靈活應用於任何版本的不同課文中。

低年級讀寫整合教學及範例

低年級的閱讀理解教學重識字、流暢閱讀及預測、重述故事、因果推論等策略；寫作重點是寫字、流暢寫字、詞彙學習及轉譯。低年級閱讀理解及寫作教學項目整理如表 7.1，年級與閱讀理解、寫作策略對照表可參見本書的表 4.3 及表 6.3。基於最先發展的寫作能力是將意念轉換成文字的轉譯歷程，十二年國教課綱即建議低年級階段由口述作文開始引導寫作（國家教育研究院，2018）。程序性知識的學習是低年級讀寫教學的關

表 7.1　低年級閱讀理解與寫作教學項目表

低年級的閱讀理解與寫作教學項目	
1. **識字**：形音連結、部件辨識、組字規則、造詞	1. **寫字**：筆順、筆畫、間架結構、偏旁變化
2. **流暢**：閱讀流暢性	2. **流暢**：寫字流暢性
3. **詞彙**：單一詞義、擴展詞彙	3. **詞彙**：造詞、造完整的句子
4. **預測**：以六何法、標題、圖預測文章內容	4. **計畫**：讀者意識、一段式寫作、故事體
5. **摘要**：重點句、問題意識、重述故事重點	5. **轉譯**：口述作文、圖畫日記、童詩
6. **結構**：故事體（背景—起因—問題—解決—結果—迴響） 記敘文（開始—經過—結果—感想）	6. **修改**：朗讀評估、修改
7. **推論**：連結線索與文本的因果關係、上下文推詞意	
8. **提問**：六何法（何人、何事、何時、何地、為何、如何）	

鍵，目的在讓學生有機會學習使用各種策略去閱讀和寫作。其次，轉譯歷程需要相當多的注意力及工作記憶容量，對於訊息處理尚未自動化的年幼寫作者或寫作新手來說，會有負荷超載的問題。解決方法是暫時忽略對寫作的正常規制（林清山譯，1991），先強調有內容，再談格式、字的正確性、標點及文法。

低年級孩子喜歡聽故事、喜歡說、喜歡玩遊戲，因此將遊戲結合口述作文以重述故事重點，練習運用口說詞彙表達文字以發展轉譯能力，皆可促進讀寫發展，達成閱讀理解與寫作的教學目標。低年級的寫作活動強調多元有趣，用畫、用注音都行，有效評量的目的不是評斷、挑錯字或要求格式，而是以肯定、讚美與支持提供指引，活用閱讀所學化為寫作養分，鼓勵學生從「有內容」到「有章法」，從「敢寫」到「多寫」。

低年級讀寫整合範例（一）：我手寫我口學記事

一年級上學期要學習的讀寫能力是配合圖文作預測、學識字，以「讀圖、讀字、讀出情感」培養閱讀流暢，以照樣造詞造句培養口說到書寫的轉譯能力。一年級課程最大的迷思與禁錮就是識字課程單獨成立，為了識字而識字，忽略背後的價值與意義連結。認字不難，難在用對地方，難在沒有製造使用字、詞的機會。太少寫，國字被「有思考」的使用頻率太低，錯字比率當然就提高（溫美玉，2015）。因此應思考如何在詞義基礎上做中學，創造更多讀寫機會，拓展學習構詞並創造能讀會寫的語用環境。而同一策略在每課中持續教與學，精熟穩固後再逐步加入新的策略學習，才能培養學生紮實的讀寫能力。

壹 文本分析

一、解析文本

配合小一新生的身心發展，翰林版和康軒版國語課本在一上第一單元及南一版第二單元，都選擇以遊戲為主題，介紹四種貼近兒童生活的遊戲。課文簡單，不會有理解的問題，但孩子看不懂的是「深層的寓意」及「背後的手法」，需由寫作三要素──知識、經驗及想像來詮釋教材，構築「寓意與手法」的基本讀寫知識鷹架，從經驗與想像切入教學（溫美玉，2015）。確切的說，遊戲背後隱含的規則及社會規範才是課文的主題。以遊戲為包裝，乃基於孩童都有玩遊戲的經驗，也都喜歡玩遊戲。低年級孩童相信努力的效果，玩遊戲時在意的是公平性及趣味性，只要給予鼓勵與肯定，不管輸贏，都會玩得很開心。但什麼是遊戲呢？一群人一起玩要注意什麼，才能玩得開心、盡興又公平？不同的遊戲為什麼有不同玩法？如何傳達要遵守遊戲規則才能公平競爭進行遊戲的概念？遊戲如人

生，小一新生初入學，必須在新環境學規矩：上課鐘響要進教室、舉手才能發言、人際如何互動……等。遊戲背後的規則寓意是文本思考的亮點，而如何搭建規範概念的鷹架，協助孩子由自我中心的前運思期邁向具體運思期，則是本單元的教學重點。

其次，讀出課文寫作手法後如何連結寫作，學習完整記錄一件事。而覺察要以想像中的讀者為寫作對象，寫出讀者想知道的遊戲規則，則為寫作教學的目的。讀寫整合教學首在連結孩子的生活經驗以營造語境，實際去體驗遊戲怎麼玩，引導思考遊戲與團體互動中規則的意義。再由讀到寫，學習如何我手寫我口，說出遊戲的特色，由玩遊戲過程去感受，培養觀察力與想像力，學習記事寫作。本單元教學時，教師示範第一、二課，構築知識基模與概念的鷹架，引導由閱讀遷移到寫作。則第三、四課的持續引導提問與討論，自能逐步培養學生內化分析思考的能力。

二、結構分析

本單元課文雖以童詩形式呈現，但所呈現的遊戲主角、玩法、經過與結果，已具備依時間順序記錄一件事情的記事本質，可引導學生掌握記敘文元素（人、事、時、地）與結構（開始—經過—結果）的簡單概念，但一年級時尚不需強調背景、起因等名詞。而文本中缺少的情緒感受部分，正可以作為閱讀教學的亮點及讀寫整合教學的聯繫點。

例如，翰林版一上第二課「兩人三腳」：「你和我，兩人三腳，一起向前跑。……」簡單敘述遊戲的人、事及經過。而南一版一上第八課「兩人三腳」：「我和妹妹玩兩人三腳，我們手拉手，『一、二、一、二』……毛毛蟲有好多腳，怎麼走路沒跌倒？」則在人、事外，增添過程細節、情節轉折變化及有趣的對比反思。但二者都只點出遊戲過程，缺少明確的玩法規則與結果。康軒版一上第二課「吹泡泡」：「吹泡泡，吹泡泡，你吹一個大泡泡，……」則缺少想像與結果感受的部分，給了閱讀教學可自由揮灑的空間與著力點。

三、確立學習能力及學習目標

（一）學習能力

根據文本分析確立教學目標為記敘文元素與簡單結構的概念，學習以注音及圖畫表達想法。

（二）學習目標

1. 認知：說明記事的要素與結構，說明如何記事的方法與步驟。
2. 技能：「我手寫我口」、「我手畫我見」，將口說記事轉譯成書面文字。
3. 情意：喜歡分享自己的經驗和感受，願意遵守遊戲規則及團體規範。

四、設計教學活動

運用六何法的什麼（what）、何處（where）及如何（how），進行提問與討論，引導學生思考遊戲的元素知識：人、事、哪裡、如何玩（提取訊息）。可由教師擇定或由學生票選其中一個遊戲進行體驗，在課室具體操作（老師轉頭喊：「123，木頭人」）或到戶外體驗，補足課文缺少的規則與過程（詮釋整合），要求學生在體驗活動過程中觀察個人動作表情，並感受情緒變化（檢驗評估），再將實作經驗與感想，延伸為圖文創作（創造）。

教學流程：（預計 5 節課，(1) ～ (5) 代表節次，粗體字代表首次出現的教學策略）

閱讀理解→**看圖預測內容（六何法提問）→歸納**＋詞彙教學 (1) →內容深究→**推論→朗讀評估**→讀寫整合→形式深究→**記敘文結構**＋詞彙教學 (2) →實際體驗 (3) →讀寫精進→**轉譯（我手寫我口）**→記敘文結構→**朗讀修改** (4)(5)

貳 閱讀理解教學 (1)（(1) 代表節次）

一、看圖預測內容——六何法提問

師：先看圖，猜猜小朋友在玩什麼？在哪裡玩？需要幾個人一起玩？【提取訊息，進行推論】

（一）教師放聲思考示範

師：圖中有大人和小朋友，地點應該是戶外的草地。兩個小朋友一組，各有一條腿綁在一起，啦啦隊在旁邊加油，應該是在玩遊戲或比賽吧。

（二）仔細觀察，練習口說預測

師：現在，分組討論，看圖猜猜看，小朋友在玩什麼？【提取訊息，進行推論】

（三）經驗分享

師：你有沒有玩過？什麼時候？在哪裡玩？有發生什麼特別的事嗎？【檢驗評估】

師：「兩人三腳」，要怎麼玩？需要哪些規則？【詮釋整合】

生：兩個人，用繩子綁住一隻腳，……

（四）歸納遊戲規則與步驟

師：好，我們一起把剛才說的，整理在黑板上，變成大家都看得懂的遊戲規則和步驟。

1. 兩個人一組。
2. 用繩子綁住中間的腳。

二、內容深究

（一）推論文本隱含的深意 (2)

師：為什麼玩遊戲時要有清楚的玩法？要有規則？【詮釋整合】

師：就像遊戲要有大家遵守的玩法，上學上課也有規矩，上課鐘響要進教室、舉手才能發言、上課時不能隨意走動。如果有小朋友不遵守規矩，教室會變成怎麼樣？【檢驗評估】

（二）讀字、讀出情感——朗讀評估

師：老師先示範朗讀課文。注意要讀清楚、讀正確、讀出情感，重點要加重音。

師：現在老師唸一句，全班跟著唸一句。

師：兩位小朋友一組，互相唸課文給對方聽。練習完再請同學到臺前朗讀。

參 讀寫整合

一、形式深究

（一）以提問建構記敘文結構概念（參考溫美玉，2015）

開始：玩兩人三腳前，要做什麼準備？在什麼時候玩？在哪裡玩？【詮釋整合】

（二）配對練習口說遊戲規則與步驟

經過一：兩人三腳要如何玩？誰會說明遊戲規則呢？如果是你，會怎麼說？二人一組，互相說說看。【詮釋整合】

經過二：過程中會發生什麼事？課文中為什麼說要兩人同心呢？「同心」是什麼意思？【檢驗評估】

經過三：如果不同心，會發生什麼狀況？【檢驗評估】

結果或感想：大家覺得兩人三腳的遊戲怎麼樣？喜歡玩嗎？為什麼？【檢驗評估】

二、實際體驗「兩人三腳」遊戲 (3)

（一）兩組玩過後

師：大家有沒有發現，怎樣可以跑得最快？【檢驗評估】

（二）有人跌倒時

師：剛剛有同學跌倒了，為什麼會跌倒？跌倒時要怎麼辦？【檢驗評估】

（三）全班都玩過後

師：剛才你印象最深刻的部分是什麼？剛開始跑的時候，心情有沒有很緊張？跑贏了，是什麼感覺？輸了呢？【創造】

師：如果下次再玩，你會怎麼做，讓自己這組跑得更快？【創造】

肆 讀寫精進 (4)(5)

一、學我手寫我說

以「兩人三腳」的圖文創作整合讀寫。必須以清楚明確的指導語，引導思考的方向，讓學生清楚如何轉化陳述性知識（what）為實際操作步驟的程序性知識（how）。

各位小朋友，玩過「兩人三腳」的遊戲後，你是不是很想畫出玩遊戲時的情形，寫出玩遊戲的經過，還有自己的感覺呢？記得，要把下面的內容都寫出來喔！**不會寫的字，就用注音！**

1. 請說一說，玩兩人三腳遊戲，要先做什麼準備？
2. 請說一說兩人三腳的遊戲規則。
3. 什麼時間、在哪裡、跟誰一起玩兩人三腳。
4. 請說一說，兩人三腳要如何玩。
5. 在玩兩人三腳的過程中，發生什麼印象最深刻或有趣的事。
6. 你喜歡玩兩人三腳嗎？為什麼？

年 班 號 姓名

二、朗讀與修改

請學生上臺朗讀作品，師生一起找出語句通不通順、表達清不清楚、完不完整及合不合理等共同問題，教師示範如何修改。其次，將優異作品分享於課室公佈欄中，供學生觀摩學習。

低年級讀寫整合範例（二）：看圖說故事

一年級學童的小腦袋中裝滿童話故事基模和豐富的想像力，是最珍貴而值得開發的讀寫資產。以看圖說故事結合聽說讀寫，在讀讀畫畫寫寫中，自然而然學習重述故事重點及我手寫我口的轉譯能力。繼而在學習如何記錄一件事的基礎上，添加故事結構基模及推論邏輯因果的概念，以四格圖畫營造語境，學習有條理的說故事。

壹 文本分析

一、解析文本

康軒版一上第五課到第八課所開展的第二單元主題是「甜蜜的家」。第五課由自己的爸爸媽媽、哥哥姐姐歸納出「家人」的概念；第六課推展到大自然的星星／天空、小魚／小河、小鳥／大樹及我們／地球，推論歸納出大自然中「家」的概念；第七課中由「**因為**星期天爸爸媽媽不用上班，**所以**全家一起去爬山」的活動中推論出因果關係；第八課則透過熱鬧、互道恭喜聲的具體景象，推論出新年時大家在一起的結果，以及快樂過年的抽象概念。本單元的四課中，事件與主題間具有邏輯因果關係，可由具體事物推論並歸納出抽象概念，形成單元可持續建構的教學亮點。

第七課「爬山」的遊記：「星期天，爸爸媽媽不上班，我們一起去爬山。……終於爬上了小山頭。」第一部分點出「時間」為星期天；「背景」為爸爸媽媽等人物；「起因」為不用上班；以及「目標」為爬山活動。第二部分重點是「歷程」：爬山沿途所見所聽；以及達成目標的「方法」和「結果」。第八課「新年」：「新年到，新年到，大街小巷真熱鬧。……快快樂樂在一起。」具體描繪景物及人際互動來記事，並抒發內心感受。兩課的共同特色是「人、事、時、地」的故事元素及「背景、起因、經過、結果」的順承結構，持續學習可強化故事基模的結構能力，學習看圖、看標題結合六何法預測內容的策略，進而轉化為讀寫整合的聯繫點，學習如何說故事、抓重點。

二、形成結構分析表

以第七課「爬山」及第八課「新年」為例，分析課文結構如表 7.2。

表 7.2　第七課「爬山」及第八課「新年」的課文結構分析表

課別		第七課	第八課
結構		重點	
開始	背景	星期天	大街小巷好熱鬧
	起因	爸媽不上班	新年到
經過	目標	一起去爬山	新年好
	方法	大手牽小手	見面說恭喜
結果		爬上小山頭	快樂在一起

三、確立學習能力及學習目標

（一）學習能力

強化故事基模，學習抓重點及事件的因果邏輯關係概念。

（二）學習目標

1. 認知：說明故事結構；說明找出故事重點的方法；因果邏輯概念。
2. 技能：能找出故事結構與重點；連結文本的因果關係；上下文推詞意。
3. 情意：覺察並珍惜家庭的甜蜜。

四、設計教學活動

（一）提問討論

上課時深入提問討論，引導思考句子間、段落間、事件與主題間、全文連貫的概念歸納及因果邏輯推理，建立「人、事、時、地、物」的故事元素及「背景、起因、經過、結果」順承故事結構概念的編碼，不斷複習以儲存到長期記憶中，作為重述故事重點的鷹架。

（二）歸納內化

持續的歸納推論練習，讓抽象概念在具體實踐中，內化為可獨立運作的能力。

（三）實際體驗

一開學就宣布，請學生利用假日實際體驗爬山或出遊，而備案是全班逛校園進行體驗及取材。

（四）記事寫作練習

要求學生在體驗過程中仔細觀察，並記下過程與感受。再結合因果句的造句練習，學習如何依時間順序記錄一件事的開始、經過與結果，轉化為記事文章的寫作。

教學流程：（以第七課為例，預計 5 節課）

閱讀理解 →**看圖與標題預測內容**→連結生活經驗→形式深究→**整理記敘文要素及文章重點** (1) →內容深究→自然段→聆聽課文→因果句練習→**抓重點句**＋詞彙教學 (2) → 讀寫整合 →**摹寫→以表格歸納整理** (3) → 讀寫精進 →**造句擴寫**→學取材布局→朗讀修改 (4)(5)

第五課 門開了

貳 閱讀理解教學

一、看圖預測內容——六何法提問

師：圖中有哪些人，猜一猜，他們之間是什麼關係？【提取訊息，進行推論】

師：他們的臉上有什麼表情？能由表情和動作看出心情嗎？【提取訊息，進行推論】

（一）教師放聲思考示範

師：圖中人物的臉都笑咪咪的，手舉起來像在打招呼，應該是表示歡迎，所以他們的心裡應該覺得……

（二）朗讀課文、讀出情感——朗讀評估

老師先示範，學生練習，再上臺分享、評估。要求讀清楚、讀正確、讀出情感。

二、內容深究——概念歸納與邏輯推理

師：剛才由圖片推測他們很開心，能不能從文章中找到證據，證明他們是開心的。【推論訊息】

（一）上下文推詞意

師：第一次門開了，是爸爸媽媽回來了；第二次門開了，是哥哥姐姐回來了。第三次門開了，家人的笑聲都回來了。「家人」是指什麼？和爸爸媽媽、哥哥姐姐有什麼關係？【推論訊息】

（二）教師放聲思考示範

師：如果家人就是指爸爸媽媽和哥哥姐姐的話，把句子中的「家人」換成「爸爸媽媽和哥哥姐姐」應該也會很通順、很合理囉。試試

看：「門開了，爸爸媽媽和哥哥姐姐的笑聲都回來了。」應該對了，家人就是爸爸媽媽和哥哥姐姐。

師：第三次門開了，為什麼說家人的笑聲都回來了？表示他們的感情怎麼樣？【檢驗評估】

師：這課主題是甜蜜的家，請找出課文中和甜蜜的家有關的句子。

第六課 我們的家

貳 閱讀理解教學

一、看圖預測內容——六何法提問

師：標題是「我們的家」，看圖，猜猜「我們」是指誰？家在哪裡？

二、內容深究——連結文本的因果關係

教師放聲思考示範

師：天空是星星的家，因為星星住在天空中。小鳥住在大樹上，所以大樹是小鳥的家。家就是指住的地方。那青蛙呢？青蛙住在哪裡？池塘，所以池塘是青蛙的家。【詮釋整合】

參 讀寫整合

分組練習

師：黑板上的動物或物品，住在哪裡呢？各組選一個主題討論，幫他們找家。

蝴蝶、鯨魚、蚯蚓／書本、鉛筆、玩具／金字塔、沙漠、南極

肆 讀寫精進

小組合作寫小詩【創造】

保留課文最後一句，讓學生進行小組討論，將討論內容仿課本句型寫下來，合作創作一首小詩（如表 7.3）。

微寫作練習

表 7.3 小詩創作練習

____
____
____
美麗的地球是我們的家。

進階版是加上形容詞並改變敘述方式。例如：

蝴蝶的家是甜蜜的花朵，
鯨魚的家是藍藍的大海，
蚯蚓的家是營養的泥土，
我們的家是美麗的地球。

第七課 爬山

貳 閱讀理解教學 (1)(2)

一、看圖與標題預測內容 (1)

師：第七課標題是「爬山」，看圖和標題，猜猜內容會說什麼？【詮釋整合】

二、形式深究——整理記敘文要素及文章重點

師：出去遊玩的記錄，可以簡單的稱為……遊記。

師：遊記的文章應該記錄哪些東西，從課本中找找看。【提取訊息，進行推論】

時間：星期天
人物：爸爸媽媽和我（作者）
地點：爬山
事情：看到——小花一朵朵
聽到——小鳥ㄓㄓㄓㄚㄓㄚ的唱歌

標示自然段、抓重點句

師：這一課開始，我們要練習找出一段話的重點句。課本的每行有標出 1-2-3，從星期天是 1，到我們一起去爬山是 3，這是第一段，在上面寫（一）；一路上是 1，小花一朵朵小花是 2，……到終於終於爬上了小山頭是 5，這是第二段，在上面寫（二），所以這課總共有兩段。等一下注意聽課文第一段的錄音，一邊聽一邊想，這一段的重點會是哪一句？【推論訊息】

三、內容深究 (2)

（一）先聆聽第一段

師：第一段有時間（星期天），人物（爸爸媽媽），做什麼事（一起去爬山），不上班是可以做這件事的……？

（二）示範建構因果句的邏輯概念

師：因為我喜歡你，所以和你一起玩。我喜歡你是和你一起玩的原因。因為是星期天不用上班，所以可以去爬山。不用上班是可以去爬山的……？

生：原因。

師：事情的原因是不用上班，結果呢？因為不用上班，所以……【推論訊息】

生：去爬山。

（三）推論——因果句練習

師：「因為……所以……」的句子，前面一句說原因，後面一句說結果。現在分組討論兩分鐘，造一句因果句，寫在小白板上，等一下分享。

（四）教師放聲思考示範——找出重點句

師：在什麼時間，因為什麼原因，發生一件事。我們最想知道的，應該是事情的結果。所以第一段最重要的是一句話，應該就是「我們一起去爬山」。

（五）聆聽第二段

師：這是在說什麼事——爬山。爬山的過程中看到的和聽到的。我們最想知道的是事情的結果。爬山的結果是什麼？【推論訊息】

生：爬上了小山頭。

（六）找出段落的重點句

師：所以第二段最重要的一句話是什麼？【推論訊息】

生：爬上了小山頭。

師：誰爬上了小山頭？加上誰，用完整的句子說說看。

（七）目標—方法

師：做事的時候，設定目標是很重要的，目標可以讓你有明確的努力方向。像這課的學習目標，是找出每一段的重點句，剛才大家都努力認真達成囉！現在一起從課文中找找看，爬山的目標是什麼？【推論訊息】

師：很棒！爬上小山頭是目標。想達成目標要用方法，課文中有沒有寫如何爬上山頭，找找看，爬上山頭的方法是什麼？【詮釋整合】

生：我們大手拉小手，一起爬上小山頭。

師：大手是指誰的手？小手呢？為什麼大手要拉小手呢？【檢驗評估】

參 讀寫整合 (3)

一、視覺與聽覺摹寫

師：在爬山的路上，看到什麼？聽到什麼？【提取訊息】

師：爬山或出去玩，除了看到花、聽見鳥叫，還會看到、聽到什麼？【詮釋整合】

二、歸納整理

以表格學習單整理遊記的元素：「時、地、人、事」以及結構：「開始（背景、起因）—經過（看、聽）—結果」，並請學生想一想，作者爬上山頭的感覺。提問深化思考，以遊記元素及結構搭建鷹架，幫助學生建構並內化故事基模，為寫作暖身。

師：哇！終於爬上山頭了，作者心裡有什麼感覺？開心……【詮釋整合】

師：現在小組討論，練習將「爬山」這一課的「時間、人物、地點、起因、目標……」等，用完整的句子整理在學習單中（如表 7.4）。

微寫作練習

表 7.4　「爬山」課文重點整理

課別			第七課　爬山	寫作：○○遊記
結構			重點	重點
開始	背景	時間	星期天	
		人物	爸爸媽媽	
		地點	山	
		事件	爬山	
	起因		爸媽不上班	
經過	目標 方法		一起去爬山 大手牽小手	
	看到 聽到		小花一朵朵 小鳥ㄓㄓㄓㄚㄓㄚ的唱歌	
結果			爬上小山頭	
感想				

肆 讀寫精進 (4)(5)

一、造句擴寫練習

配合習作，加上感想，練習「經過……終於……覺得……」的句型及擴寫造句。

例句

我們爬上了小山頭。⇨經過三個小時的努力，我們終於爬上了小山頭，覺得非常有成就感。

練習（分組討論，練習依樣擴寫造句）

我學會溜直排輪。⇨經過＿＿＿＿＿＿＿＿，我終於＿＿＿＿＿＿＿＿，覺得＿＿＿＿＿＿＿＿＿＿＿＿。

二、學取材

無論以學生自行出遊或教師帶全班逛校園的實際體驗，皆可作為寫作素材。

三、學布局

以故事結構媒合讀寫，學習依時間順序安排段落。先依結構寫下重點，包括：時間、地點、目標及方法、結果，過程中看到、聽到的，再加上自己的感想，練習用完整的句子撰寫寫作大綱（如表 7.5）。最後用口語將大綱連貫成完整的一段文章。【創造】

表 7.5　「〇〇遊記」寫作計畫表

寫作計畫：＿＿＿＿＿＿＿＿		姓名：＿＿＿＿＿
結構		
開始	背景	
	起因	
經過	目標方法	
	看到聽到	
結果	結果	
	感想	經過　　　　　，我終於　　　　　，覺得　　　　　。

四、朗讀與修改

請學生將各段重點連貫成一篇文章，上臺朗讀。師生一起找出語句通不通順、表達清不清楚、完不完整及合不合理等共同問題，教師舉例說明該如何修改。其次，將優異作品分享於課室公佈欄中，供學生觀摩學習。

第八課 新年

貳 閱讀理解教學

一、看圖與標題預測內容

師：第八課的標題是「新年」，看圖和標題，猜一猜，內容會說什麼？【詮釋整合】

生：舞獅、拜年。

連結生活經驗

師：除了舞獅、拜年，新年還會做些什麼事？【檢驗評估】

二、形式深究

自然段

師：這課有幾段？

師：請在每行上面標上序號：1、2、3……6。這一課共有六句，有幾段？

生：一段。

師：這課有1段自然段，共有六句。自然段就是自然形成的段落。

（一）先聆聽課文1～2句

師：過新年是一個事件，已經有時間，有提到地點在哪裡嗎？

生：大街小巷。

師：時間、地點就是「背景」。

師：為什麼大街小巷真熱鬧呢？因為……【推論訊息】

生：要過新年了。

師：要過新年是事件的「原因」。

師：只要意思一樣，我們也可以換句話說，或用自己的話說，但要說

出完整的句子：「因為……所以……」。因為新年快到了，所以大街小巷非常熱鬧。

（二）聆聽課文 3～4 句

師：新年時還會做什麼事？課本中是誰做這些事？【提取訊息，進行推論】

師：大家是指誰？【推論訊息】

師：為什麼大家見面說恭喜呢？因為……【詮釋整合】

（三）因果句型練習

微寫作練習

師：以前是因為躲年獸，現在是慶祝嶄新一年的來臨，所以過新年時會彼此祝福新年好。現在兩人一組，練習用完整的句子來說「因為……所以……」，可以換句話說，只要通順就可以。等一下會請同學上臺分享。

三、內容深究

（一）聆聽課文 5～6 句

師：為什麼大家很快樂在一起呢？見面指在一起，可能是平時家人分別住在不同地方，像老師的爸媽住在臺北，弟弟住美國。過年時，大家才會聚在一起，平平安安團圓，互相祝福新的一年要快樂喔！這兩句也可以說「因為過年全家團圓，所以……」。大家試著用完整的句子說說看。

（二）歸納整理

師：整理一下新年這件事情，有時間（新年）；地點（大街小巷）；還有人物（大家），要做什麼事呢？見面說恭喜。試著用自己的話整理「新年」。【詮釋整合】

四、找出段落及全文的重點

教師放聲思考示範——找出重點句

師：這一課我們要繼續練習找出段落的重點句。還記得第七課，一件事情有原因和結果，因為是星期天不用上班，所以可以去爬山。這課有兩個段落，剛才有分別以一段練習，因為過新年，所以大街小巷變得非常熱鬧；因為過新年，所以大家見面說恭喜，祝福新年好！因為大家在一起說恭喜，所以很快樂。有沒有發現之間相同的地方啊？【詮釋整合】

生：第一句都是因為過新年。

師：所以在新年這件事開始的背景起因是新年到了，大街小巷變熱鬧、大家見面說恭喜是經過，結果是什麼？【推論訊息】

生：快樂在一起。

師：現在以「開始—經過—結果」將全課串起來喔！加上時間、主角（大家），用完整的話說出全課的重點句。【詮釋整合】

生：新年到了，大家快快樂樂在一起。

參 讀寫精進

一、看圖說故事

康軒版一上統整活動二的「看圖說一說」，呈現四格圖，要學生先看圖，猜一猜圖畫的先後順序。接著聽一聽故事光碟，然後說一說「美麗的樹林變成什麼？」、「美麗的樹林為什麼變了樣？」、「我們要怎麼做，才能給自己和動物們一個溫暖、快樂的家？」。

二、學布局、合作構思

分組合作，學習應用故事結構：「背景（人、事、時、地）—起因—

經過—結果—感想」來安排段落。討論如何應用因果推論來構思故事的內容（如表 7.6），將內容寫在海報紙，並上臺分享。【創造】

微寫作練習

表 7.6　「森林的故事」創作

○○○○

背景	起因	經過	結果	感想

三、分享與修改

對各組合作創作的作品，教師先肯定優點，再針對語句通順、表達清楚完整及合不合理等重點，提供改進方向。

低年級讀寫整合範例（三）：重述故事重點

一年級下學期要持續學習的讀寫能力，是重述故事重點及照樣造詞造句。以深度提問連結文本的指示詞及因果關係，持續進行邏輯推理訓練，以培養閱讀理解能力。強化記敘文結構概念，了解文章的基本形式，進而學習一段式寫作。

壹 文本分析

一、解析文本

一年之計在於春，新的一年，新的學期，總鼓舞大家趁著明媚春光，創造美好的新開始。一年級到六年級新學期的第一單元，常以春天、新計畫與時間等內容開啟新頁，提醒著韶光易逝，期許著要愛惜光陰，善用時間。緊扣單元的主軸深意，配合課文設計教學活動，醞釀讀寫聯繫氛圍，結合生活經驗操作與學習，設定不同發展階段的讀寫能力與學習目標。對處於具體運思期的低年級學童而言，抽象的時間概念須加以具象化，並結合實際操作，才能讓孩童在生活實踐中認識時間與生活的關係，引發「**問題**」意識，思考如何解決；至於中年級學童，可深化自發探索問題的後設意識；而高年級學童，則能進一步培養問題解決與時間管理的後設監控能力。

好的開始是成功的一半，在充滿活力的春天訂下新的計畫，更要執行並展現成果。以康軒版一下為例，可整合單元規劃系統性、策略性教學。

（一）互文閱讀

以單元主題為主軸，第一單元以春天為主題，「北風」、「春天來了」、「新的計畫」及「花開的聲音」四課環環相扣，整理單元出現的人、事、物及之間互動關係的表格，可以串起整個單元，相互參照比對不同文本對相同主題的描述，建構互文閱讀的樂趣與系統思考：「北風走了，春天來了。怎麼知道春天真的來了？想知道春天有什麼特性，要清楚如何觀察，看見花開、草綠、蝴蝶和蜜蜂，聽見小鳥唱歌，感覺天氣暖和。在春天要做什麼呢？要訂新計畫，展開新生活。」思考要引領學生從單元中學習什麼重點，融入哪些讀寫策略，可以達成哪些讀寫能力。以讀寫策略為教學主軸，持續進行「找出重點句、照樣造句寫出完整的句子」的教學與練習。

（二）讀寫整合

若以課為單位，一課一重點，可規劃第三課「新的計畫」的擬新計畫活動，或第四課「花開的聲音」的擬人與摹寫練習。

以第三課「新的計畫」為例，內容是被春風喚醒的小動物都有新計畫，連結生活經驗，為什麼會想要訂新計畫？「**想**」「**要**」點出主角內心的想法，為什麼產生這想法呢？是不是遇到了什麼問題，或有什麼願望目標？因為要達成目標，所以藉由新計畫的行動來解決問題，達成希望的結果。在一年級上學期奠定的因果推論基礎上，分析文中小動物的內心世界，發覺因生活問題而謀思解決的動機，應該是有趣的切入點。繼而反思自己，有要解決的問題或需求嗎？老師和同學們在新的學期，想實現什麼新願望呢？心動不如馬上行動，除學習如何擬定計畫外，還要真正去實踐，展現成果。

二、形成結構分析表

「新的計畫」課文的形式，是典型「開始—經過—結果」結構的記敘文，具備完整文章的雛形，結構可作為閱讀教學的亮點及讀寫整合教學的聯繫點（參見表 7.7）。

表 7.7　「新的計畫」課文結構分析表

結構	重點
開始	春天來了，大家都有新的計畫。
經過	小動物各有自己的新計畫。
結果	大家在春天都有新計畫。

三、確立學習能力及學習目標

（一）教學能力

學記敘文結構，找重點句，學習生活規劃與時間管理。

（二）學習目標

1. 認知：記敘文結構，找出重點句，說明標點符號引號「　」及冒號：的定義和用法，概述文章的雛形。
2. 技能：應用記敘文結構寫作，照樣造句，正確使用標點符號「　」及：，創作一段式小短文。
3. 情意：完成規劃自己的生活並確實執行。

四、設計教學活動

思考要設計什麼樣的讀寫教學活動，才能讓學生主動參與，和老師一起達到學習目標。

（一）以六何法切入分析「新的計畫」

新計畫的內容是什麼？為什麼要訂新計畫？如何做才能達成？完成計畫的結果會讓自己有什麼不一樣？

（二）激發問題意識

從課文解讀中找出小動物的問題，引導反思擬定新計畫的原因。

（三）參與實踐

創造學生參與訂新計畫的動機，激勵執行的動力，學習在計畫執行過程中評估與監控。

（四）寫作活動

融入認識結構與仿寫活動，保留原課文的開頭與結尾，以克漏字續寫方式，讓學生練習將體驗活動表達成文字紀錄。

教學流程：（預計5節課）

閱讀理解 →以標題預測內容→聆聽文章找出重點句→問題意識＋詞彙教學(1)→推論→歸納→重述故事重點＋詞彙教學(2)→ 讀寫整合 →內容深究＋詞彙教學→形式深究（認識文章結構）(3)→ 讀寫精進 →審題立意→轉譯→布局結構→修改分享(4)(5)

貳 閱讀理解教學(1)(2)

一、由標題預測內容(1)

師：第三課標題是「新的計畫」，「新的」表示以前沒有，「計畫」是指事前約定好要去做的工作。猜一猜，課文內容會說些什麼？【詮釋整合】

師：這課的主題是「新計畫」。如何抓重點呢？和主題有關的部分就是重點。

二、找出重點句（參考顏怡欣，2013）

師：跟前面兩課一樣，我們要繼續練習找出重點句。課文有3段，所以等一下大家要注意聽，邊聽邊思考，找出每一段的重點句。

（一）先聆聽第1段

師：第1段中最重要的是哪一句話？【推論訊息】

生：大家都有新計畫。

（二）聆聽第 2 段

師：第 2 段最重要的是哪一句話？【推論訊息】

生：小牛要認真的工作。

生：小魚要交五個新朋友。

生：小鳥要學八首新歌。

師：所以這三種動物都想要……【推論訊息】

生：學新東西。

問題意識

師：「**想要**」是想達成什麼目標，但是還沒去做。

師：有目標但還沒達到，就變成「問題」，要想辦法解決才行。因為小動物都有想要達成的目標，所以他們想出的解決方法是……，與主題有關的是……【推論訊息】

生：新的計畫。

（三）聆聽第 3 段 **(2)**

師：第 3 段最重要的是哪一句話？【推論訊息】

生：大家都有新計畫。

（四）推論——連結指示詞

師：「大家」是指誰？【推論訊息】

生：小牛、小魚、小鳥。

師：整理一下，第 1 段提出大家都有新計畫，第 2 段介紹三種小動物的新計畫，所以第 3 段歸結大家都有新計畫。

師：有沒有人可以說說看，這課主要在說什麼？【詮釋整合】

生：大家都有新計畫，小牛、小魚、小鳥都有新計畫。

師：有沒有說時間？北風走了，春天來了，是指新的……一年。加上時間怎麼說？

生：新的一年，大家都有新計畫，小牛、小魚、小鳥都有新計畫。

（五）歸納練習

師：小牛、小魚、小鳥都是什麼？可以合起來稱作……【詮釋整合】

生：動物。

三、重述故事重點

師：大家是指什麼？改成動物，再說一次這課主要在說什麼？【詮釋整合】

生：新的一年，動物都有新計畫。

師：好棒！現在兩人一組，互相說一遍這課的重點。

參 讀寫整合 (3)

一、內容深究

學習課文的句型、文章格式及標點符號，練習仿寫出文章的中間部分。

師：小動物都有新計畫，為什麼他們想要訂新計畫呢？【檢驗評估】

生：小鳥喜歡唱歌。

師：對！可能是小鳥會唱的歌不夠多的問題，想要學新歌。老師的問題是不會游泳，所以新計畫是「想要」學游泳。你們有什麼問題或願望？想要學什麼？【檢驗評估】

生：我要每天練習跳繩。

生：我要看故事書。

歸納整理

師：為什麼小動物想訂新計畫呢，可能是因為想學新歌、交新朋友，因為想要做什麼就是「原因」。訂了新計畫，要如何去做也很重要，計畫只有真正去實行，才能達成目標，才會美夢成真。我們一起整理一下，新的計畫有……【創造】

師生：什麼新計畫（名字）（what）
為什麼要訂新計畫（原因、理由）（why）
如何完成新計畫（時間、地點、方法）（how）

二、形式深究

師：一件事的發生有開始、經過和結果，我們要完整記錄一件事情，也要依照「開始—經過—結果」的順序，清楚的寫下來。

師：心動不如馬上行動，大家想不想試著寫出自己的新計畫呢？【創造】

師：先想一想有哪些主角，要做什麼？再加上自己的想法。仿照課本，寫在學習單的空格中（參見表 7.8），記得要加上標點符號喔！

微寫作練習

表 7.8　「新的計畫」課文結構學習單

新的計畫			
結構	課本	學習單	插圖
開頭	北風走了，春天來了，大家都有新的計畫。	北風走了，春天來了，大家都有新的計畫。	
中間	小牛說：「我要認真的工作。」 …… 小鳥也說：「我要學八首新歌。」	（　）說 （　）說 （　）說 我也說	
結尾	春天來了，大家都有新的計畫。	春天來了，大家都有新的計畫。	

肆 讀寫精進 (4)(5)

以結構媒合讀寫，由課文閱讀學習訂計畫的原因與經過，實際執行並練習自我監控與評估後，再加上結果與感想，仿寫一篇「新計畫」小短文。下指導語時要清楚說明要求達到的目標，提示完成的方法及步驟，不能只說「擬一個新計畫」，這樣會讓學生無所依循而難以完成。

一、仿照例子訂出自己的新計畫【創造】

各位小朋友，上完「新的計畫」，你是不是也想訂自己的新計畫呢？老師請小朋友利用周一到周五的五天時間，訂出自己的新計畫。就像學習單左欄的例子，要完成以下幾點喔！

1. 幫計畫取一個很酷的名字（what）。
2. 說明為什麼訂這個計畫的原因（why）。
3. 說明要如何（how）完成（包括：時間、地點及方法、需要什麼人協助或提供資源）。
4. 在每天睡前檢查有沒有做到，如果有做到就畫上「☺」；沒有做到就畫上「×」。
5. 寫下哪裡變得不一樣的結果和感想。（**不會寫的字，可以用注音！**）

新的計畫		姓名：＿＿＿＿	
名稱	跳繩大作戰	名稱	
原因	我想運動	原因	
如何完成（時間、地點、方法）（經過）	請媽媽幫我買一條跳繩。每天吃過晚飯後，請爸爸帶我到小公園，練習10分鐘。	如何完成（時間、地點、方法）（經過）	
結果 感想	我覺得自己愛上運動，變得更健康，更有活力。	結果 感想	

周一	周二	周三	周四	周五	周一	周二	周三	周四	周五
☺	×	☺	☺	☺					

寫出一篇小短文（原因—經過—結果）（不會寫的字，可以用注音）

新的計畫	
「跳繩新計畫」寫作範例	寫作：新的計畫
北風走了，春天來了，大家都有新的計畫。我也有新的計畫，叫做「跳繩大作戰」。	北風走了，春天來了，大家都有新的計畫。我也有新的計畫，叫做「　　　　　」。
因為我想運動，**所以**跟媽媽說：「請你幫我買一條跳繩。」每天吃過晚飯後，請爸爸帶我到小公園，練習 10 分鐘。	
春天來了，大家都有新的計畫。我的新計畫讓我愛上運動，變得更健康，更有活力。	春天來了，大家都有新的計畫。我的新計畫讓我＿＿＿＿＿＿＿＿。

二、分享與修改

教師先肯定學生作品的優點，擇優分享於課室公佈欄，提供學生觀摩學習的機會。其次，挑選學生作品的共同問題，舉出語句不通順、表達不清楚完整或邏輯不合理的例子，師生一起思考如何修改。

低年級讀寫整合範例（四）：整理表格學抓重點

二年級的學生已奠定故事基模，句子、段落、全文及與主題間的因果連貫關係，以及重述故事重點等獨立閱讀能力的基礎，但仍需持續學習以求穩固精熟。其次，已熟悉六何法提問策略，教師可漸進撤除鷹架，放手讓學生分組合作練習自我提問。而寫作方面，則需持續搭建鷹架，讓圖文標題預測內容的能力，能遷移為寫作的審題立意能力，擴寫造句及譬喻、擬人修辭學習，轉化為遣詞鍊句的寫作能力。

壹 文本分析

一、解析文本——內容

配合小一到小二的成長，南一版、翰林版及康軒版在二上都編排以種子「成長」為主題的課文。南一版第三課「小種子」：「小種子在土裡睡了很久很久。有一天，他醒了，好想看一看外面的世界。他努力的向上爬，……」以記敘文及擬人法描述種子的甦醒、發芽等成長經過與期待。而康軒版第三課「種子的旅行」與翰林版第三課「種子找新家」，一樣是以三種植物種子的播種旅行為內容，不同的是康軒版為說明文形式，而翰林版則為詩歌形式：「昭和草的種子，長著白色的毛，如果風兒吹過，就能輕快的飛呀飛。鬼針草的種子，……」，介紹不同種子旅行方式的知識。二者形成互文參照，既可比較表述方式，也能比較內容。讀寫聯繫教學，一則可運用「問題意識」，讓學生化身為種子，想像旅行與成長過程中，會發生什麼問題、如何解決，發展身分轉換的後設理解。二則可延伸連結小一新生入學到小二的一年間，如何解決生活問題的成長經驗，鋪墊出寫作的動機。此外，可進一步深入思考「長大」的意涵，不僅是外貌、身形的變化，更重要的是想法與態度的成長，引導學生由抽象概念理解到身體力行實踐，能「負責」、能「解決問題」，才是真正的長大。

二、形成結構分析表

表 7.9 整理「種子」相關課文的結構分析。

表 7.9　「種子」相關課文的結構分析表

結構		南一版「小種子」	結構		康軒版「種子的旅行」	翰林版「種子找新家」
開始	背景	小種子在土裡睡了很久	總說		種子成熟會去旅行	×
	起因	小種子醒了	分說	一	鬼針草像針附在動物上	昭和草用白毛飛行
經過	問題	想看外面的世界		二	指甲花果實裂開向外跳	鬼針草像針附在動物上
	解決	自己努力，他人幫助		三	昭和草用白毛飛行	指甲花果實裂開向外跳
結果		看到世界，快樂的長大	總結		種子用不同方法去旅行	種子找到新家，開心長大

三、確立學習能力及學習目標

（一）學習能力

表格整理及文體改寫。在整理表格方面，若以比較不同文體的表述方式，學習分析文章結構能力為目標，可在閱讀三個版本的文章後，再製作表格比較；若目標是培養分類、歸納與整理能力，找出文章重點，則任一版本皆可。其次，寫作方面，文體改寫活動適用於所有版本，無論是記敘文、詩歌或說明文改寫成故事體，都能培養取材的言有物及結構布局的言有序能力。

（二）學習目標

1. 認知：辨識文章重點，分類、歸納與整理能力。

2. 技能：整理表格，監控調整，辨別文章開始與經過，進行取材布局。
3. 情意：主動整理表格，分享文章重點。

四、設計教學活動

二年級學生可以開始練習在家預習標示自然段，再到課堂作確認。

（一）實物與影片

教師事先採擷三種植物並蒐集影片，讓學生親眼觀察三種植物的外貌、特性，動手操作種子旅行（傳播）方式。

（二）觀察體驗活動

若時間允許且校園有課本中的植物，在課堂簡介植物圖片後，可直接到校園進行尋找體驗活動。

（三）表格整理

先引導學生用六何法（what、how、why）提問，討論文本內容的重點，搭建繪製表格的鷹架。讓學生試著自行整理表格，接著全班討論分享。討論後再二次整理表格，比較表格前後版的差異，培養主動整理表格、抓重點及監控調整的能力。

（四）讀寫整合

分組肢體演繹課文中植物的旅行活動，營造語境及動機，引導思考種子旅行可能遇到的問題或困境，連結延伸「種子奇遇記」的文章寫作。

教學流程：（預計 5 節課）

閱讀理解 →**拆解標題預測內容**→唸讀文章找出重點句＋詞彙教學 (1) →重述故事重點＋詞彙教學→**抓重點整理成表格→監控調整** (2) → 讀寫整合 →**肢體律動活動→學開始→發揮想像學擴寫** (3) → 讀寫精進（開始—經過—結果—感想）→**審題立意→取材布局→撰寫作文**→修改分享 (4)(5)

貳 閱讀理解教學 (1)(2)

以翰林版「種子找新家」為例。

一、拆解標題預測內容 (1)

師：第三課標題是「種子找新家」，看圖，有哪些植物的種子？【提取訊息】

師：在野外見過嗎？有沒有被鬼針草黏住衣服的經驗？【檢驗評估】

拆解標題預測內容

師：拆解標題，種子應該是主角，「想」要去找新的家。標題可以解釋成「種子／想要／去找新的家」。

師：配合圖和標題拆解，可以用六何法問哪些問題？【詮釋整合】

生：為什麼要找新家呢？哪些種子去哪裡找新家？如何找新家？

二、觀察實物與影片

師：在家預習時都標好自然段了嗎？老師說明段落標示時，要自己核對標示正不正確。第 1 段是「昭和草……就能輕快的飛呀飛」。第 2 段是……。課文總共有幾段？

（一）唸第 1 段

師：第 1 段的主角是誰？外型有什麼特徵？【提取訊息】

師：昭和草的種子如何找新家？【推論訊息】

師：這是老師昨天找到的昭和草，這是白色冠毛。等一下看影片，大家要仔細觀察昭和草的外型和特點，以及它們如何找新家。

（二）教師放聲思考示範——自己整理說出重點句

師：找出重點句。如果沒有直接可以用的句子，就自己造句。主角是昭和草，要去旅行是目標。有白色冠毛，所以風一吹就會飛，是方法。整理一下，重點句是：有白色冠毛的昭和草會隨著風去旅行。

（三）唸第 2 段

師：試試看，說說第 2 段的重點句。【推論訊息】

三、重述故事重點 (2)

師：把四段的重點句串聯起來，就是整篇文章的重點。現在兩人一組，說給同學聽。

四、整理表格（參考溫美玉老師臉書資料，https://www.facebook.com/groups/247170855413829/permalink/515288671935378/）

（一）先自行整理表格【詮釋整合】

師：有三種植物、三種外型和特徵、三種旅行（傳播種子）方式，現在請大家畫成表格，把課文內容的重點整理成表格（參見表 7.10）。

（二）學生發表

師：老師請整理得很棒的同學先上臺分享，說說他是如何整理表格的。

（三）全班討論並共作表格

師：將黑板上全班討論出來的表格，再重新寫一次。

微寫作練習

表 7.10　「種子找新家」課文的表格整理

從課文 ————→ 表格

名稱 重點	昭和草	鬼針草	指甲花
外型（特徵）			
旅行方式			
圖像			

（四）表格比較、學習監控與調整【檢驗評估】

師：比較自己畫的和全班共作的表格，有哪些一樣的地方？哪些不一樣？

師：為什麼要把課文變成表格？有什麼優點？整理表格時要注意什麼？

參 讀寫整合 (3)

以肢體律動活動營造語境，想像種子找新家的過程中，可能遇到的困境，並思考如何解決。

一、肢體律動活動

師：每組四位同學，一位當旁白唸課文，其他三位各自選擇當其中一種植物：昭和草、鬼針草、指甲花，討論 3 分鐘。一組一組出來表演，要演出植物的特色和找新家的動作。

二、添加故事的開始

師：種子為什麼要找新家？原因是什麼？【詮釋整合】

師：可不可以把第四段的前兩句「種子成熟時，會出去找新家。」搬到最前面當文章的開始呢？

三、補強故事的經過

師：種子們用飛的、蹦出來或是黏著在動物身上，都能順利找到新家嗎？中間會不會遇到什麼問題？風太大，吹到樹上，被小動物吃了……

師：想像種子寶寶離開媽媽去冒險，過程中會遇到什麼樣的狀況？發生什麼危險？要如何解決問題，才能找到新家，開心長大。小組討論 3 分鐘，列出問題狀況與解決方式。等一下到臺前分享。

【創造】

肆 讀寫精進 (4)(5)

以結構學習單整合讀寫，練習將詩歌體文章轉化成故事體記敘文，深化對主角性格塑造與內心世界的描寫，以及問題解決歷程，擴寫成完整的故事。【創造】

一、學審題立意

課本是「種子找新家」，寫作題目改成「**種子的冒險**」，題目重點在「冒險」，如何以「小種子的冒險」為題，引導學生思考冒險是什麼意思。運用擬人法以種子第一人稱當主角，先幫故事起個頭，再運用課本中種子的外型、特色及傳播種子方式為基礎，讓學生發揮想像力創造小種子冒險的故事，最後寫出結果和感想。

二、學取材布局

各位小朋友，讀完「種子找新家」課文，請你選定其中一種植物的種子當主角，寫出「種子的冒險」的故事。發揮想像力，想想種子在飛呀、蹦啊、黏住動物的過程中，會遇到什麼危險或問題？該如何解決？現在就變身成種子，把冒險的原因 (1)、經歷 (2)、結果和感想 (3)，分成三段，寫成「**種子的冒險**」的故事，並畫成圖畫。

1. 記得要加上故事的**開頭**（時間、地點、人物個性、冒險的原因）
2. **經過**（過程中遇到什麼危險或難題？如何解決？）
3. **結果**
4. **感想**

三、修改與分享

教師先肯定學生作品的優點，擇優分享於課室公佈欄，提供學生觀摩學習的機會。其次，挑選學生作品的共同問題，舉出語句不通順、表達不清楚完整或邏輯不合理的例子，師生一起思考如何修改。

低年級讀寫整合範例（五）：詩文轉換寫童詩

寫童詩是兒童的天賦，更是兒童生活創作的樂趣。低年級學習的重點是將口語轉譯成文字，而兒童詩創作則是口語文字結合的最佳媒材。南一版二上第九課「一起來寫詩」是教師童詩教學的絕佳教學範例，也是師生共作將口語轉譯成文字的示範。童詩教學時，可以先上第九課及第七課「大地的音符」，當學生了解童詩的特色後，再以主題聯想，例如：月亮、媽媽、春天的清晨，觸發孩子發揮想像力，嘗試輕鬆自在的寫童詩。其次，二年級學生開始認識不同寫作手法與文體格式，若能搭建詩文轉換的橋梁，以簡練童詩與完整記敘文間的變身活動為鷹架，前後變化絕對令人眼睛一亮，在新奇有趣的氛圍中引發旺盛的創作動力，不但學會辨識文體特色，還能練習擴寫與縮寫，為中年級的摘要學習暖身。

壹 文本分析

一、解析文本

詩是精煉的語言，可以加油添醋擴寫成記敘文；記敘文則是添枝加葉後的成品，若要縮寫成詩，需修枝剪葉，只留主幹。二者間的轉換過程，其實就是摘要策略「刪除、歸納、主題句」的前奏，既能練習抓重點，又能學習鋪陳描述，一舉數得。南一版二上第五課「我愛秋夜」適合改成童詩，還能以第一課「小時候」作為練習，具體驗收學習成效。

二、形成結構分析表

「我愛秋夜」課文的結構分析如表 7.11。

表 7.11　「我愛秋夜」課文的結構分析表

我愛秋夜		
結構（寫作手法）	段落	主題句
開頭（依時間順序）	1	秋天的晚上，我和爸爸去散步。
經過（先寫─再寫）	2 3	看見秋夜美麗的月亮。 聽見秋蟲熱鬧的歌聲。
結尾（首尾呼應）	4	我愛美麗的秋夜。

三、確立學習能力及學習目標

（一）學習能力

1. 辨識詩歌與記敘文的寫作手法，2. 抓重點，3. 建立縮寫與擴寫概念。

（二）學習目標

1. 認知：說明詩歌與記敘文結構，抓重點。
2. 技能：操作詩歌與記敘文間的轉換，學寫童詩。
3. 情意：覺察不同創作手法，分享童詩創作。

四、設計教學活動

要讓學生辨識不同文體間寫作手法的差異，設計文體轉換與比較活動是最直接的方法。詩文大變身讓學生主動參與，和老師一起達到學習目標，在實際體驗中學習文體特色的陳述性知識，以及如何詩文轉換的程序性知識。

（一）詩文變身活動

先以討論、聯想刺激想像創造語境，以內容分類為初學者布置童詩的基本結構，避免雜亂。其次，語句要完整清楚。最後要練習精簡語言。

（二）學習寫童詩

在實作中了解縮寫及擴寫的對應，學習寫童詩。

教學流程：（預計 5 節課）

閱讀理解→拆解標題預測內容→**從課文找支持證據**→內容深究→唸讀文章→**找出關鍵詞與重點句**＋詞彙教學 (1)→重述故事重點＋詞彙教學→**分析取材構思** (2)→讀寫整合→形式深究→**詩文轉換** (3)→讀寫精進→**童詩創作**→修改分享 (4)(5)

貳 閱讀理解教學 (1)(2)

一、拆解標題預測內容 (1)

師：標題是「我愛秋夜」，拆解標題，猜猜內容會寫些什麼？【詮釋整合】

師：可以拆成「我」（主角 who）／「愛」（方法 how）／「秋夜」（對象 what），內容會是我如何愛、為何愛秋夜嗎？能不能從課文中找證據，說明支持或反對的理由。

二、內容深究

核對自然段共有 4 段。

（一）唸第 1 段

師：第 1 段的關鍵詞是什麼？【推論訊息】

（二）教師放聲思考示範——抓出關鍵詞與重點句

師：時間是晚上，人物是我和爸爸，事件是去散步。「走在步道上，陣陣秋風吹來，帶來了清涼的氣息。」是形容散步的感覺和描述散步過程的細節，不是散步事件最重要的結果，可以刪除。所以第 1 段的關鍵詞是「秋天／晚上／我和爸爸／去散步」，整理成第 1 段的重點句「秋天的晚上，我和爸爸去散步」。

（三）唸第 2 段

師：現在換同學們練習，分組討論 3 分鐘，找出第 2 段的重點句，寫在小白板上。先找出關鍵詞，再整理成完整的一句話，如果唸的時候覺得卡卡的，就要加上連接詞。等一下上臺分享。

三、重述故事重點 (2)

師：4 段的重點句都找出來了，現在把 4 段重點句串聯起來，就是全篇文章的重點。二人一組練習重述重點，先一個說，一個聽，說完再交換。

四、分析取材構思

師：作者認為什麼最能代表秋夜？秋夜會看到、聽到、感覺到什麼？【檢驗評估】

生：月亮、秋風、秋蟲、涼意。

參 讀寫整合 (3)

一、形式深究

師：這篇是什麼文體？為什麼？【檢驗評估】

生：時間、人物、事件是背景，有經過和結果，所以是記敘文。

詩文轉換

師：記敘文能不能變身成童詩？【創造】

師：童詩和記敘文的寫作手法一樣嗎？童詩有什麼特殊的寫作手法？

師：一句一句短短的，要分行，每段開始不用空兩格。充滿天馬行空的想像力和趣味性，唸起來有節奏美感，有音樂性。常用擬人法（把動植物事物比擬作人）、排比法（使用同樣的詞或句型），還有譬喻法（什麼像〇〇、是〇〇）、摹寫（視覺、聽覺）。

童詩的寫作格式

1. 一次只寫對一個主題的想法。
2. 平頭：開頭不用空兩格。
3. 分行：原則上每句一行，太長的也可分成兩行或三行。
4. 分小節：像作文的「分段」，依不同類別、概念分段。
5. 用字精簡，少用連接詞及形容詞。
6. 押韻：可押、可不押，但押韻較順口。

二、記敘文改寫成童詩

師生共作，將「我愛秋夜」改成童詩，一起朗讀（資料來源：取自 http://blog. xuite.net /sir065/123/244459101）。

我愛秋夜

晚上，
我和爸爸散步，
秋風吹來
清涼氣息。
抬頭看，
又圓又大的月亮，
柔和的銀色月光，
秋天的夜空，
好美！
月光下，
秋蟲高歌，
傳遠方，
秋夜的大地，
好熱鬧！
我愛秋夜，
愛他的涼意，
愛他的美麗夜色。

肆 讀寫精進 (4)(5)

一、詩文轉換練習

以第一課「小時候」作為詩文轉換的練習，具體驗收學習成效。

小時候

小時候，
喜歡穿爸爸的西裝和鞋子，
做大人很神氣，
希望自己快長大。
小時候，
喜歡看天空的雲，
變化的雲很好玩，
進屋說給媽媽聽。
小時候，
喜歡爬上爺爺的椅子，
變成爺爺很得意，
全家都聽我的話。

二、童詩創作

童詩很自由、很生活化，任何想法都是童詩創作的好題材。童詩創作教學引導的方法如下：

（一）鼓勵學生自由聯想：看到彩虹想到什麼？

（二）擬人：蝸牛的個性。

（三）譬喻：爸爸像……、蜜蜂像……。

（四）摹寫：雷聲轟隆轟隆、五彩繽紛的泡泡。

（五）以想像提問：如果不用上課。

（六）以為什麼提問：為什麼天空是藍的？

（七）排比：春天來了……；夏天來了……。

（八）以對比觸發想法：比賽贏／輸、飯前／飯後。

（九）一問一答法：快樂是什麼，小鳥說……。

初學者可以從範本仿作開始練習，例如，以「小時候」為主題，小時候讓你聯想到什麼、喜歡什麼，可以從「食、衣、住、行、玩、樂」的分類，去刺激想像創造。但仿作會限制想像與童趣，不宜常用，以免扼殺學生的創意。宜讓孩子自由馳騁，充分釋放想像力與創造力，才能享受創作的樂趣。

三、修改與分享

請同學上臺朗讀詩作，讚美肯定優點，擇優投稿報刊或分享於課室公佈欄，提供學生觀摩學習的機會。其次，挑選學生作品的共同問題，舉出語句不通順、表達不清楚完整或邏輯不合理的例子，師生一起思考如何修改。

CHAPTER 8

中年級讀寫整合教學及範例

讀寫流暢性是閱讀理解與寫作的充分條件，也是在三年級之前的讀寫學習核心。如果學生到了三年級仍不能流暢的識字與寫字，就必須進行補救教學，才能在升上四年級後，順利藉由讀寫來學習新知、表達想法。因此小學一到三年級的國語課程是幫助學生建立讀寫的基本能力，而四年級以後的國語課程就可以開始幫助學生發展形成「情境模式表徵」所需的讀寫能力（陳明蕾，2010）。

中年級讀寫教學以詞彙量為核心，教學重點是能理解文本並摘出大意，以及正式開始學習寫作基本功。要發展的閱讀策略有：擴展詞彙量、流暢的閱讀（讀出印象），學習預測（拆解標題預測內容）、摘要（刪除、畫關鍵詞、歸納、主題句）、推論（連結線索、由文本找支持理由）、有層次的提問（事實、推論、評論、創造）等閱讀理解策略。寫作策略則包括：審題、立意、取材構思、布局結構、遣詞造句等寫作基本功，以及計畫、轉譯與修改的寫作步驟和歷程（參見表 8.1），年級與閱讀理解、寫作策略對照表可參見本書的表 4.3 及表 6.3。

中年級讀寫聯繫的關鍵知識包括：由閱讀的標題預測遷移到寫作的審題立意、由閱讀的摘要（縮寫）遷移到寫作的擬大綱（擴寫）、由閱讀提問討論遷移到寫作構思取材，學習讀出重點、寫出重點，由理解文本意義到表達心中想法。讀寫的具體學習任務包含以下五項：一、文章基本結構，包括故事體的「背景、起因、問題、解決、結果與迴響」，記敘文與說明文的「開頭—中間—結尾」、「總—分—總」等。二、學習寫作手法，依序學習記敘文「事—物—人—景」的敘事寫作手法，其中又以記事最為重要，因為寫人、狀物或繪景都離不開記事。三、學習四種轉譯寫作能力，其中三種在中年級學習：敘述、描寫、說明，而議論則為高年級階段的學習重點。四、教師要在真實文本的讀寫教學中搭建鷹架，鼓勵大量閱讀以充實背景知識，幫助學生發展情境模式表徵，推論文本言外之意的深層理解。五、引導整合記敘文、說明文及課程內容的讀寫學習，提供豐富環境與大量機會，不斷循序練習直到精熟，能內化統整讀寫策略及流程，從「多讀」到「會讀」，從「多寫」到「會寫」。

表 8.1　中年級閱讀理解與寫作的學習項目

<table>
<tr><th colspan="2">中年級的閱讀理解與寫作學習項目</th></tr>
<tr><td>1. 詞彙：同義詞、反義詞、詞素覺知、多義詞</td><td>1. 詞彙：擴展詞彙、修辭、句型</td></tr>
<tr><td>2. 預測：拆解標題預測文章內容</td><td>2. 轉譯：完整文章寫作（記敘文、說明文）</td></tr>
<tr><td>3. 摘要：刪除／畫關鍵詞／歸納／主題句／上位概念
摘段落大意、以結構摘全文大意</td><td rowspan="2">3. 計畫
目標／審題立意：確立中心意旨、擬大綱
構思／取材：記事、狀物、寫人、繪景
組織／布局：結構完整、段落分明</td></tr>
<tr><td>4. 結構：說明文
以結構歸併意義段</td></tr>
<tr><td>5. 推論：連結線索、由文本找支持理由、上下文推詞意</td><td>4. 修改：閱讀評估、監控修改（診斷病句）</td></tr>
<tr><td colspan="2">6. 提問：有層次的提問（事實、推論、評論、創造）</td></tr>
</table>

中年級讀寫整合範例（一）：遊記

敘事記敘文是中年級讀寫學習的核心，其中的遊記類文本能緊密連結生活經驗，貼近學生的世界知識，適合作為初學正式作文的主題。以「遊記」為單元主題的課文，例如，三上翰林版、康軒版的第三單元及南一版第四單元，若配合記敘文的寫作指導【翰林版統整活動三、康軒版統整活動三或南一版語文天地二】，構築讀寫聯繫的鷹架，由課文閱讀學習記敘文的五要素（人、事、時、地、物）與結構（開始—經過—結尾），轉化活用到寫作中。課文閱讀教學時，除學習文章結構依時間順序布局安排外，還要觀摩作者如何取材的寫作手法，才能寫出生動有趣的遊記。而遊記寫作多透過時間與空間的切換來描寫景物，選擇過程中印象最深刻、最有特色的景物，做詳細描寫，其他以略寫簡單帶過，方不致變成記流水帳。

壹 文本分析

一、解析文本

翰林版三上第三單元的主題是「寫景」，主旨在鼓勵孩子用心欣賞、珍惜大自然奇特的景物。四課各有亮點，第八課新詩「世界上的海洋」，以豐富視覺色彩刻畫不是海洋的海洋；第九課說明文「大自然的雕刻家」，以「總—分—總」結構，客觀解說並比較野柳與秀姑巒溪石頭的特色，這兩課若加上時間、人物與感想，就變成記遊的記敘文。第十課「月世界」運用視覺、聽覺觀察及譬喻來描繪景物，第十一課「看海豚跳舞」以擬人與想像，鮮活描摹海豚跳舞的姿態，這二課記遊類記敘文的共同特色有：依時間先後的順承結構，細膩觀察、豐富想像及生動具體的描寫。因此，結構、取材與寫作手法，成為本單元寫景遊記主題的閱讀教學亮點及讀寫整合教學的聯繫點。

二、形成結構分析表

整理「月世界」與「看海豚跳舞」的結構，凸顯寫景記敘文的特色，持續教學讓學生能明確讀懂遊記特色與寫作手法（參見表 8.2）。

表 8.2　「月世界」與「看海豚跳舞」的課文結構對照表

結構（寫作手法）	段落	月世界	看海豚跳舞
開頭（依時間順序）	1	未拜訪前，對月世界的想像。	初到綠島看見的景象。
經過 （先寫—再寫—後寫）	2-4（月）	拜訪的經過，看到的奇特景觀。	
	2-5（看）		看海豚跳舞的驚喜經驗。
結尾 （首尾呼應）	5（月）	拜訪後心中的感受。	
	6（看）		心中對再遇海豚的期待。

三、確立學習能力及學習目標

（一）學習能力

1. 記敘文結構，2. 觀察與想像，3. 審題立意，4. 取材布局，5. 遣詞造句。

（二）學習目標

1. 認知：發現記敘文順承結構，執行五感觀察，創造譬喻修辭。
2. 技能：
   (1) 閱讀理解教學策略：建立記敘文結構，操作摘要策略（刪除、畫關鍵詞），摘段落大意。
   (2) 寫作教學策略：操作審題立意，取材布局，遣詞造句。

3. 情意：發現欣賞並愛護大自然。

四、設計教學活動

遊記文本的讀寫教學，要營造雖不能至但心嚮往之的氛圍，讓讀者神遊其間而有身歷其境感。閱讀課文時搭建結構、取材與寫作手法的鷹架，讓學生在老師引導協助下，一起學習如何寫出生動有趣的遊記。

以「月世界」為例，設計以下學習活動以達成學習目標。

（一）記敘文元素與結構

配合課文及統整活動三介紹記敘文元素與結構，由記敘文寫作要素學習審題立意，以及依時間順序重點式介紹景點的寫作手法。

（二）摘要策略

持續學習摘要的刪除、畫關鍵詞與主題句策略，先由教師放聲思考示範，再漸進釋責轉移讓學生討論練習。

（三）讀寫聯繫

整理結構表格搭建鷹架，由閱讀摘段落大意的學習，過渡遷移到寫作的擬大綱構思布局。

（四）體驗與表達

透過旅遊生活經驗的交流，引發學生主動參與五感觀察，引導捕捉景物的特色，激發想像與心中感受，學習寫作取材能力。

（五）精煉語言

課文閱讀時學習並練習運用感官、譬喻及五星級造句，提升描寫景物的能力，並實際應用於寫作中。

教學流程：（預計 6 節課）

閱讀理解 →認識記敘文→拆解標題預測內容→閱讀文章→內容深究→過渡＋詞彙教學 (1)→摘段落大意（刪除／畫關鍵詞／主題句）

＋詞彙教學 (2)→形式深究（分析文章結構）→**以結構摘全文大意** (3)→讀寫整合（**寫景的寫作手法、遣詞造句**）(4)→讀寫精進（遊記）→**審題→取材布局→遣詞造句→擬大綱→歷程性指導→撰寫作文**→修改分享 (5)(6)

貳 閱讀理解教學 (1)(2)(3)

一、認識記敘文 (1)

師：由「統整活動三——認識記敘文」知道，寫景的記敘文會有人、事、時、地、物等元素。

二、拆解標題預測內容——六何法

（一）默讀課文、讀出印象

師：這課課文中，印象最深刻的是什麼？【詮釋整合】

（二）找記敘文元素，由文本找支持理由印證預測

師：由標題「月世界」來看，是一篇以月世界為主題的遊記，就是去月世界遊玩的記錄。所以月世界的內容，會寫哪些重點？請找出來。【詮釋整合】

（三）找出過渡句、段

找自然段是預習功課，請同學在課堂上相互確認是否完成。引導學生標示並檢核全文的 5 個自然段。

師：第 2 段第一句「月世界真的是我想像的樣子嗎？」是連結第 1 段到第 2 段的過渡句。就像在第 1 段與第 2 段間搭一座橋，讓第 1 段的想像疑惑，連結到第 2 段透過戶外教學來解謎。文中還有沒有其他過渡的句子或段落？【推論訊息】

師：第 3 段承接第 2 段戶外教學，接引轉換到第 4 段月世界景物的描寫，讓文章自然銜接、前後連貫。如果沒有第 3 段，直接由戶外教學跳到第 4 段，讀起來會不順、卡卡的，所以過渡是重要的寫作技巧。

三、內容深究——提問討論

師：出發前，作者想像中的「月世界」是什麼樣的地方？【提取訊息】

師：第 1 段寫出發前對月世界的想像，作者為什麼這樣寫？【檢驗評估】

師：有沒有什麼地名引發你的想像，讓你好奇、很想去？【檢驗評估】

師：作者在第 2 段第一句用了疑問句，為什麼？【檢驗評估】

師：作者如何解開心中的謎？為什麼要自問自答？【詮釋整合＋檢驗評估】

師：真實的月世界是什麼樣子？為什麼叫做月世界？【推論訊息】

師：作者在月世界聽到、看到什麼？心中感覺如何？【提取訊息，進行推論】

師：作者差點錯過集合的時間，你有沒有這樣的經驗？【檢驗評估】

師：作者從到月世界前—中—後，遊玩的心情如何轉變？一開始……然後……最後……？（懷疑→見證→入迷）【詮釋整合】

四、摘取段落大意 (2)

（一）默讀第 1 段

（二）示範「刪除、畫關鍵詞」策略

教師示範刪除／畫關鍵詞策略。先解說「刪除」的定義：不重要或重複的細節可以刪除；「畫關鍵詞」是把重要的關鍵詞語用螢光筆畫起來。

摘段落大意的步驟是：刪除→畫關鍵詞→（歸納）→潤飾→主題句，其中歸納策略可視學生情況教導或於三下時再教。

（三）刪除／畫關鍵詞

師：大家認為第1段重要的關鍵詞有哪些？

生：月世界、想像、安靜、神祕、地方、湖水、月亮、群山、懷抱。

師：這一段的主角是誰？

生：作者。

師：「綠色的湖水映著圓圓的月亮，靜靜的躺在群山的懷抱裡。」這兩句是形容誰？

師：和「安靜、神祕」一樣用來形容月世界，都與主題「月世界」有關，但是有沒有重複？可不可以只留一個就好？

師：比較一下，「綠色的湖水映著圓圓的月亮，靜靜的躺在群山的懷抱裡。」是形容主要景物（月世界）的細節，可以刪掉，用「安靜、神祕」比較精簡。

（四）摘段落大意

師：好的摘要的條件：重點、簡短、流暢。應用刪除策略抓到精簡的重點關鍵詞「月世界、想像、安靜、神祕、地方」後，要加上連接詞或重組文句來潤飾，讓摘出段落大意的文句更流暢。

（五）找段落的主題句

師：整理一下，第1段的主題句是「我想像中的月世界是個安靜又神祕的地方」。

（六）練習摘段落大意

師：現在請第一組摘第2段；第二、三組摘第3段；第四、五組摘第4段；第六組摘第5段。討論5分鐘，將段落大意寫在小白板上。完成後，將小白板貼在黑板上，先每組派一人上臺解說，再全班一起討論。

師：將討論修改後的各段段落大意，寫在學習單中。

五、形式深究 (3)

師：這篇記敘文是順承結構：開頭→經過→結果。依照事情發生的先後順序，開頭先寫為什麼想去（起因）；再寫遊玩的時間、地點（背景）；然後寫過程中看到、聽到特別的景物；最後寫玩的結果和感想。現在分組討論，找出課文中「起因、背景、過程（看到、聽到）、結果、感想」，寫在課文的上方。

（一）引導以結構摘要大意

師：現在試著整理成全文大意，依據結構，將各段的段落大意串起來，寫在學習單中。要有主詞，增加連接詞或重組來潤飾文句。

師：先找兩位同學上臺發表，同時檢討需要注意的地方。

（二）教師放聲思考示範

師：老師跟大家一起依據結構摘取全文大意，寫在黑板上。大家比較一下，你寫的和老師的，有什麼差異。

我想像中的月世界是個安靜又神祕的地方，但是戶外教學拜訪時，卻發現跟想像完全不同。月世界和泥火山的奇特景色，令人難忘。

（三）引導思考文本主旨

師：這課最主要的重點是什麼地方的什麼事物，讓作者產生怎樣的感受。練習用自己的話，將主旨寫在學習單上（參見表 8.3）。

【詮釋整合】

參 讀寫整合 (4)

本課可以由文本閱讀學到的寫作技巧有二：一為寫景的手法，二為遣詞造句，都可以在閱讀教學時加以練習。

表 8.3　學習單：「月世界」結構與大意

<table>
<tr><th colspan="4">月世界</th></tr>
<tr><td>主旨</td><td colspan="3">＿＿＿＿＿奇特的＿＿＿＿＿，讓作者＿＿＿＿＿。</td></tr>
<tr><th>結構（寫作手法）</th><th>段</th><th colspan="2">段落大意</th></tr>
<tr><td>開頭—起因
（為什麼想去）</td><td>1</td><td colspan="2"></td></tr>
<tr><td>背景
（人、時、事）</td><td>2</td><td colspan="2"></td></tr>
<tr><td rowspan="6">經過
（依時間順序）
（先寫—再寫—後寫）</td><td rowspan="3">3</td><td rowspan="3">月世界</td><td>看到</td></tr>
<tr><td>聽到</td></tr>
<tr><td>感覺</td></tr>
<tr><td rowspan="3">4</td><td rowspan="3">泥火山</td><td>聽到</td></tr>
<tr><td>看到</td></tr>
<tr><td>感覺</td></tr>
<tr><td>結尾—感想
（首尾呼應）</td><td>5</td><td colspan="2"></td></tr>
<tr><th colspan="4">全文大意</th></tr>
<tr><td colspan="4"></td></tr>
</table>

一、寫景手法練習

配合統整活動三的寫作指導，寫景的文章敘寫順序為「開頭—經過—結果」。

師：文章的中間部分（經過）可以依空間變化來寫，例如第九課寫兩個景點的特色，一個是野柳，另一個是秀姑巒溪。也可以依時間先後順序介紹景物的特色，像月世界，先寫沿月球路看到高高低低的山丘，再寫聽到泥火山發出像打嗝的聲音，後寫看到泥漿噴發像活蹦亂跳的魚。

微寫作練習

師：現在每組討論 3 分鐘，以「先……再……後……」的順序，介紹校園會看到或聽到的景物，寫在小白板上。完成後每組派一位同學，上臺分享觀摩。

二、遣詞造句練習

譬喻

師：月世界有什麼特別的地方？作者看到什麼？像什麼？【提取訊息】

生：兩旁的山丘，像並排的大象。

師：用大象來形容山丘，是什麼修辭方法？【檢驗評估】

感官觀察與想像

師：作者在泥火山有很細緻的觀察，她看到、聽到什麼？如何形容？【推論訊息】

生：聽到像人一樣打嗝。

生：泥漿像活蹦亂跳的魚。

師：寫作時要善用五感（看、聽、感、嗅、觸）來觀察和想像，包括視覺的眼睛看見、聽覺的耳朵聽到，還有嗅覺的鼻子聞到，觸覺的摸到，以及心裡感覺到。

五星級造句

師：要把事物描述得生動有趣，就要運用五感觀察加上想像力，升級為譬喻 2.0 版的「五星級造句」。五星級造句是「事實」＋「想像」＋「感受」。例如，泥漿從地面噴發（事實），好像一條活蹦亂跳的魚（想像），讓我們看得入迷（感受）。

微寫作練習

師：現在每組討論 3 分鐘，練習五星級造句，寫在小白板上。完成後每組派一位同學，上臺分享。

肆 讀寫精進 (5)(6)

以文章結構整合讀寫，仿寫一篇「〇〇遊記」三段式作文。【創造】

一、學審題

遊記的重點包括：人、時、地、看了哪些景物、做了哪些事。

二、學取材

選擇景物或事件中最具特色或印象最深刻的 1～2 個詳細描寫。

三、學布局

開頭先寫起因（為什麼想去），再寫背景（跟誰、去哪裡）。中間段寫看到的景點、玩了什麼，看到、聽到或吃了什麼，過程要依照時間順序（先寫一再寫一後寫）。最後結尾寫出自己心中對這次出遊的感受、心得或評論。

四、學遣詞造句

運用事實＋想像＋感受的五星級造句，提升描述的精彩度。

五、擬大綱

先在寫作計畫表（參見表 8.4）擬出每段重點的構想。

六、歷程性指導

寫作計畫表完成後，交給老師。老師提供修改意見，沒問題或修改完成得到「通過」章後，再於稿紙中寫下完整的作文。

表 8.4　「○○遊記」寫作計畫表

結構（寫作手法）	「○○遊記」寫作計畫表
開頭：回想 （起因：為什麼想去） （背景：人、時、地、事）	
經過：想像→真實 （依時間順序：先寫—再寫—後寫） （運用感官＋想像的五星級造句）	
結尾：感受	

七、修改分享

（一）同儕互相診斷病句

二人一組，將影印的「語病診斷單」（請參見第六章表 6.8）剪貼在文章的每一段上方，同學間互相幫忙診斷病句。

（二）修改

同儕討論病句如何修改。若仍有問題，則提出來討論。其次，蒐集學生的共同問題，指出修改方向。

（三）分享觀摩

選擇優秀作品投稿報刊並分享於課室公佈欄，供學生觀摩學習。

中年級讀寫整合範例（二）：人物

記人文章內容在記錄人物的生平事蹟及影響，多以記敘文形式表述。如何確立文旨並定調主題，如何選取主角最值得描寫的特色、最能展現生命力的部分作為書寫素材，如何描述才能讓人物栩栩如生、躍然紙上，是閱讀時要學習的能力。一般而言，描述人物可以從生理、心理、社會及影響四方面著手。首先從思考人物的影響定調主題，可能是「守護」、「堅持」或「美德」，主題下轄的內容包括：作者對主角的想法、感情、感受或評價，主角對他人、社會、世界的貢獻與影響。其次，生理的描述包括外貌、神情、特徵、穿著，但除非有特別用意，如以衣著或神情隱喻個性，否則略加描述即可，不宜過多。心理指的是個性或人品，抽象心理狀態要透過具體言行舉止或興趣嗜好的描摹呈現，讓讀者由字裡行間推論人格特質。社會層面的態度、想法或價值觀，則多由人際互動的描述中反映出來。

壹 文本分析

一、解析文本

以人物為主題的課文頗多，例如，翰林版三下第一單元、南一版三下第二單元、康軒版四上第二單元，可分別與翰林版四下統整活動三、南一版三下語文天地二或康軒版三上統整活動四，配合進行教學。

南一版三下第二單元「傑出的表現」的四篇課文都是記人的文章，持續設計記人記敘文的讀寫課程，能讓學生學習到：1.「記人」類型記敘文的特色與結構。2. 由拆解標題預測內容學習審題立意，例如，第四課標題拆解為「黑猩猩」（對象）、「守護」（方法）和「者」（人物）；第五課標題拆解為「捕捉」（方法）、「光」（對象）和「畫家」（人物），據以定調主題為「守護」或「捕捉」，取材內容緊扣主題，書寫主角如何守護黑猩猩或捕捉光的過程。3. 因果推論能力，以提問討論「○○是個什麼樣的人？」學習由文本中找支持證據，由行為推論主角的人格特質。搜尋具體行為、態度（第四課～第七課）、言語（第五課、第七課）等線索，推論出堅持努力、樂觀助人的人格特質。思考「什麼樣的人才能有傑出表現？」從文本對主角傑出表現的描寫中，統整出隱藏的人物特質、態度或精神。4. 寫作手法，四課記人文本皆採第三人稱客觀敘寫，先寫「人物」，再寫出傑出表現的「事蹟」，最後寫人物造成的「影響」。

以南一版三下第四課「黑猩猩的守護者」結合語文天地二的寫作指導「描寫人物」為例，進行「記人」類記敘文的讀寫整合教學。「黑猩猩的守護者」採故事手法，以「守護」為主題，體現珍．古德「愛心、堅持與努力」的人格特質。閱讀教學重點在以「守護」為主軸，深入分析理解故事的深層意涵，除串連事件與主角行為，以理解主角的人格特質、信念與價值觀外，另一個值得詮釋的關鍵因素，是珍．古德與黑猩猩間如何因互動而產生真摯情感。基於課本並未多著墨二者的互動，正好當作擴充延伸讀寫整合教學的聯繫點。

二、形成結構分析表

「黑猩猩的守護者」有 4 段自然段，合併第 2、3 段後，形成三段意義段。經分析故事體文章結構為「背景、起因、問題、解決、結果與迴響」（參見表 8.5）。其次，運用行為一人格特質地圖，由外在事件的行為表現推論主角的人格特質與內心世界，凸顯主角對黑猩猩無私的愛與無盡的付出，是成就一生深情守護的關鍵。

表 8.5　「黑猩猩的守護者」課文結構分析表

<table>
<tr><th colspan="6">黑猩猩的守護者</th></tr>
<tr><td colspan="2">主旨</td><td colspan="4">珍·古德對黑猩猩的守護與保育，得到世人的尊敬。</td></tr>
<tr><th colspan="2">結構</th><th colspan="2">段落</th><th>重點</th><th>行為—人格特質地圖</th></tr>
<tr><td>開頭</td><td>背景
起因</td><td>一</td><td>1</td><td>珍·古德到非洲研究黑猩猩的背景與原因。</td><td rowspan="4">行為（一）
行為（二）
人格特質</td></tr>
<tr><td rowspan="2">經過</td><td>問題（一）—解決—結果</td><td rowspan="2">二</td><td>2</td><td>珍·古德獲得黑猩猩的信任。</td></tr>
<tr><td>問題（二）—解決—結果</td><td>3</td><td>珍·古德保護、協助黑猩猩。</td></tr>
<tr><td colspan="2">迴響</td><td>三</td><td>4</td><td>世人對珍·古德的敬重與評價。</td></tr>
<tr><th colspan="6">全文大意</th></tr>
<tr><td colspan="6">珍·古德從小就喜歡動物，長大後到非洲研究黑猩猩。她獲得黑猩猩的信任，還幫忙解決被人類捕捉的危機。珍·古德對黑猩猩的守護與對保育工作的貢獻，得到世人的敬重。</td></tr>
</table>

註：以國字代表意義段、阿拉伯數字代表自然段。

三、確立學習能力及學習目標

（一）學習能力

1. 由文本中找支持線索並推論主題與文意，2. 以結構摘大意，3. 審題立意，4. 選材，5. 組織布局。

（二）學習目標

1. 認知：操作摘要策略（刪除／關鍵詞／歸納／主題句／潤飾），運用結構整理段落大意，推論主題。
2. 技能：
   (1) 閱讀理解教學策略：操作由文本找支持線索並推論主題，操作以結構摘大意。

(2) 寫作教學策略：操作審題立意，選材與剪裁，組織布局。

3. 情意：展現堅持努力、樂觀助人的精神。

四、設計教學活動

學生經過三年級上學期的學習，已熟悉「刪除」、「畫關鍵詞」與「主題句」策略，有摘段落大意的經驗，畫關鍵詞也已納入回家預習功課。下學期的摘要學習重點是「歸納」、「潤飾」、「以結構摘取大意」及「推論主題」。寫作方面已學習取材布局及遣詞造句，需加強學習的是審題立意，持續進行歷程性寫作指導與作品分享觀摩。為達本課的教學目標，首先補充相關資料及影片，學習如何由資料中選取寫作重點。其次，由審題分析確立寫作主題，改變寫作人稱，以黑猩猩為第一人稱的視野描寫牠眼中的珍．古德，真情回應珍．古德的愛與守護。這樣的教學設計，既能檢視學生對課文的閱讀理解情形，也能培養審題立意，以及篩選、剪裁寫作素材與組織的能力。設計的教學活動有：

（一）記人手法及順承結構

配合課文及語文天地二學習如何描寫人物，依時間順序的寫作手法與內容安排。

（二）推論主題

連結整合文本的線索，推論文本主題。

（三）人稱轉換寫作活動

由課文深究及相關資料、影片的提供，布置具體寫作目標及讀者的情境，引導觀察並想像珍．古德和黑猩猩之間的互動情形與情感，轉換寫作的敘述身分，化身黑猩猩現身說法，練習寫一篇不同視角的作文。

（四）診斷病句

以「語病診斷單」搭建修改作文的鷹架，引導如何診斷及修改作文。

>>> 教學流程：（預計 6 節課）

閱讀理解 →補充背景知識→拆解標題預測內容→內容深究→推論主題＋詞彙教學 (1) →摘段落大意（刪除／畫關鍵詞／歸納／主題句／潤飾）＋詞彙教學 (2) →形式深究（分析文章結構）→以結構摘全文大意 (3) → 讀寫整合 →由行為推論人格特質→記筆記＋習作 (4) → 讀寫精進（四段式作文）→審題立意→取材布局→擬大綱→歷程性指導→撰寫作文→診斷病句→修改分享 (5)(6)

貳 閱讀理解教學 (1)(2)(3)

一、連結生活經驗及補充背景知識 (1)

師：在家預習時，標好自然段了嗎？相互檢查一下。共有 4 段自然段，第 1 段是……，第 2 段是……。

師：有看過電影《金剛》或《猩球崛起》嗎？覺得黑猩猩是怎樣的動物？聰明、兇猛……【詮釋整合】

閱讀補充資料

師：看完老師摘錄自《大自然的守護者：珍古德》（小天下出版，2012）這本書的補充資料後，對黑猩猩的印象有沒有改變？比較一下，書中內容跟你的生活經驗或原先想像的一不一樣？哪裡不一樣？【詮釋整合】

二、拆解標題預測內容——六何法

師：標題「黑猩猩的守護者」如何拆解找出重點？為什麼會這樣認為？理由是？【詮釋整合】

教師示範

師：「守護」是守衛保護的意思，「者」是人的意思。標題可以拆解成「黑猩猩」（對象）／「守護」（方法）／「者」（人物）。是某個人守護黑猩猩的故事，重點應該是「**守護**」吧。內容重點是寫某個人用什麼方法去守護黑猩猩的故事。

三、內容深究

（一）默讀全文

師：守護黑猩猩的故事是記敘文，有哪些重點（人、事、時、地、物），請找出來。【提取訊息】

師：主角、時間、地點是故事的……

師：背景。請在第 1 段上方，寫上：**背景**。

師：珍．古德為什麼千里迢迢跑到非洲去研究黑猩猩呢？請從課本中找線索。【提取訊息，進行推論】

生：她從小就對動物特別感興趣。

師：因為喜歡動物，所以到非洲研究動物，是故事的……

生：起因。

師：好，背景和起因都在第 1 段。在第 1 段上方寫上：**起因**。

（二）連結線索——指示詞

師：起先其他研究者並不看好她，認為她可能無法適應當地辛苦的生活。這句話中的「她」是指誰？【提取訊息，進行推論】

師：非洲當地的生活非常辛苦，在叢林中沒水又沒電，甚至珍．古德和媽媽都得了瘧疾，那是很嚴重的疾病，結果珍．古德有沒有放棄？【推論訊息】

（三）由行為推論人格特質

師：沒有放棄，不容易啊！老師可能做不到。從這件事，大家可以推論珍．古德是個什麼樣的人？很能吃苦，……，從課文找證據來

證明。【詮釋整合】

師：黑猩猩發生危機時，珍．古德做了什麼事？她為什麼要守護黑猩猩？【詮釋整合】

師：從珍．古德做的事情（研究、收留、保護、訓練黑猩猩），可以知道她具有怎樣的人格特質？【詮釋整合】

（四）連結線索推論主題

師：連結標題重點和整課的主題是「守護」，請從課文找出支持的證據。【詮釋整合】

師：作者認為珍．古德做的守護與保育工作，對世人有什麼影響？【詮釋整合】

師：作者對珍．古德有什麼看法，給她什麼評語和評價？【檢驗評估】

四、摘段落大意 (2)

（一）運用刪除／關鍵詞／主題句／潤飾策略整理段落大意

師：這學期從第一課開始學習摘要段落大意中的「刪除」和「關鍵詞」策略。複習一下，「刪除」策略是刪掉文章中不重要或重複的地方，把重要的字詞保留下來，畫成「關鍵詞」。不重要是指內容與主題無關。

師：主角是誰？她想要做什麼事？結果如何？回想之前學過的找段落重點和抓主題句，跟主題有關的是重點。

教師示範

師：主角是珍．古德，事件的結果是去非洲研究猩猩，與主題「守護」有關，所以是重點。幾歲、無法適應、成功居住……都是描述事件過程的細節，與主題無關，不是重點，可以刪除。所以抓出第 1 段重點的關鍵詞有：珍．古德、從小、興趣、動物、非洲、研究、黑猩猩。用黃色螢光筆畫第 1 段的關鍵詞。

潤飾

師：現在加上連接詞潤飾，變成通順的完整句子。摘出第 1 段的段落大意：「珍．古德從小對動物特別感興趣，所以長大後到非洲研究黑猩猩。」

（二）分組練習第 2、3、4 段

師：第一、四組練習摘第 2 段；第二、五組練習摘第 3 段；第三、六組練習第 4 段，先討論出關鍵詞，再加上連接詞，將段落大意寫在小白板上。討論 5 分鐘，每組派代表將小白板貼在黑板上。

師：摘第 2 段的一、四組代表，先來臺前唸出摘要。

（三）歸納整理自然段的重點

師：先檢討第 2 段，兩組都寫得很好，第一組寫得較精簡，可以在第二句前增加連接詞「卻」或「但是」，讓句子更通順；第四組的連接詞用得很精確，但是「靜靜跟隨、保持距離」是描述得到信任的細節，可以刪除。

師：所以整理一下，第 2 段的關鍵詞是：「黑猩猩、信賴、發現、人類、捕捉、危機」，加上連接詞，重組文句後，串聯起來的段落大意是：「珍．古德得到黑猩猩的信賴，卻發現黑猩猩面臨人類捕捉的危機。」

依序進行第 3 段及第 4 段的討論與檢討。

第 3 段：珍．古德成立保護區收留小黑猩猩，並訓練牠們在野外生活的能力。

第 4 段：世人敬重珍．古德在黑猩猩保育的努力，也因此學會更愛護大自然。

五、形式深究 (3)

師：第 3 段中，主角珍．古德遇到了什麼問題？【提取訊息】

生：黑猩猩躲避她。

師：還有什麼危機？【提取訊息，進行推論】

師：共有兩個問題，第一個是黑猩猩怕人類，所以躲避她，這樣就無法進行研究。所以珍．古德怎麼解決？用什麼方法？【推論訊息】

師：第二個問題是有人要捕捉黑猩猩，為什麼要捉黑猩猩？找一找，課本有說原因嗎？珍．古德怎麼解決？有兩個步驟，1. 成立保護區，收留小猩猩；2. 訓練黑猩猩在野外生活的能力。【推論訊息】

師：所以在第 2 段上方寫：**問題（一）→解決**。在第 2 段到第 3 段上方寫：**問題（二）→解決**。

師：問題解決的結果是什麼？【詮釋整合】

師：最後一段，第 4 段寫對珍．古德的敬重和作者的感想。對故事主角的影響、感想或評語，就是故事結構中的迴響。請在第 4 段上方寫：**迴響**。

師：故事體的結構：背景、起因、問題、解決、結果、迴響，像魚骨頭一樣，是文章的骨幹，可以幫助我們閱讀時抓重點，也可以幫助我們寫作時擬定大綱。這次的作文，就用故事體的結構做練習。

六、以結構摘全文大意

師：我們用刪除、關鍵詞策略找出段落的重點，請在學習單上寫下討論後的段落大意（參見表 8.6）。

師：再依據故事結構，背景、起因、問題、解決、結果、迴響，將段落大意整理成全文大意，記得加上連接詞並重組文句。

微寫作練習

表 8.6 學習單：「黑猩猩的守護者」結構與大意

<table>
<tr><th colspan="6">黑猩猩的守護者</th></tr>
<tr><td colspan="2">主旨</td><td colspan="4">＿＿＿＿對黑猩猩的＿＿＿＿，得到＿＿＿＿。</td></tr>
<tr><th colspan="2">結構</th><th colspan="2">段落</th><th>段落大意</th><th>行為—人格特質地圖</th></tr>
<tr><td>開頭</td><td>背景
起因</td><td>一</td><td>1</td><td></td><td></td></tr>
<tr><td rowspan="2">經過</td><td>問題（一）
—解決—結果</td><td rowspan="2">二</td><td>2</td><td></td><td></td></tr>
<tr><td>問題（二）
—解決—結果</td><td>3</td><td></td><td></td></tr>
<tr><td colspan="2">迴響</td><td>三</td><td>4</td><td></td><td></td></tr>
<tr><th colspan="6">以結構摘全文大意</th></tr>
<tr><td colspan="6"></td></tr>
</table>

註：以國字表意義段；阿拉伯數字表自然段。

七、引導思考文本主旨

師：這課作者最主要想表達什麼？練習用自己的話，將作者主要的意思，就是全文主旨寫在學習單上。【詮釋整合】

參 讀寫整合 (4)

一、由行為推論人格特質

師：由標題預測內容重點是「守護」，請找出珍．古德守護的原因，為什麼要守護黑猩猩？她如何守護黑猩猩，為黑猩猩做了什麼事？【詮釋整合】

師：我們現在要練習從文本內容的敘述推論出自己的看法，跟之前學的「預測」策略一樣，「推論」出來的看法不是亂猜或自己想出來的，而是作者的觀點，可以從文本中找到支持的理由。什麼是「推論」呢？

師：看到小華常幫忙照顧生病的同學，你會覺得他是個什麼樣的人？對，有愛心的人。怎麼推論出這樣的看法？就是從一個人的外在行為、說的話、態度、表情來推測和判斷，推論出他的個性和人格特質。比如說，一個人總是走路很快，我們推論他的個性是……

師：現在請大家化身小偵探柯南，從珍．古德的行為表現推論出她的個性，還要找出課文當作支持你看法的證據。例如，我認為珍．古德是個能吃苦、有毅力的人，支持的證據是課本第一段第四行：「其他的研究者……認為她可能無法適應當地辛苦的生活，但珍．古德沒有放棄，在非洲森林成功的居住下來。」

二、記筆記

觀賞珍．古德與黑猩猩互動的影片

微寫作練習

師：注意看影片時，觀賞重點在珍．古德與黑猩猩之間的互動情形與情感，一邊看影片，一邊在在學習單的背面記下重點，練習記筆記。

> 參考書籍：
> 周姚萍（2012）。**大自然的守護者：珍古德**。臺北：小天下。

肆 讀寫精進 (5)(6)

改變寫作對象能引發讀者意識，回歸與讀者溝通的寫作本質，並刺激學生的寫作動機。基於課文並未描述黑猩猩與珍．古德的之間的情感與相處互動情形，而這正是讓珍．古德能不屈不撓、堅持守護的關鍵。課文是第三人稱敘述，我們以讀者身分能從閱讀中感受珍・古德的真心守護。然而，黑猩猩是否感受到珍・古德的守護呢？如果轉換成作者，以黑猩猩擬人的方式，表達對珍・古德的衷心感謝，將學習到轉換身分的後設能力。由課本、相關資料中選材，寫出黑猩猩眼中的珍・古德，如何和珍・古德相遇、互動的故事。【創造】

一、學審題

黑猩猩眼中看到怎麼樣的珍・古德？守護、關心、真情。

二、學立意

黑猩猩如何回應珍・古德的守護、關心、真情？寫作主題是感謝、……

三、學取材

選擇黑猩猩與珍・古德相處的代表性事件，透過對話、動作呈現。

四、學布局

開頭一段先寫背景（人、時、地），再寫起因（如何認識）。中間段寫發生什麼事，珍・古德為黑猩猩解決什麼問題，結果如何。最後結尾的迴響寫出黑猩猩對珍・古德的感謝。

五、學擬大綱

先在寫作計畫表擬出每段重點的構想。

各位小朋友，讀完「黑猩猩的守護者」課文及老師補充的資料、影片，你應該更了解珍．古德對黑猩猩守護與保育的努力，對他們之間的互動和感情，是不是很感動。現在請你想像自己是住在非洲岡貝的黑猩猩，以「黑猩猩眼中的珍．古德」為題，先在寫作計畫表中寫下每段預擬的重點，再詳細寫出你和珍．古德的故事。

1. 自我介紹（個性、長相），何時、何地、如何相遇？
2. 如何互動：對話、動作、表情、心裡的想法。
3. 發生什麼事？會遇到什麼危險或問題？如何解決？結果呢？
4. 對珍．古德的感謝。

「黑猩猩眼中的珍．古德」寫作計畫表				
段落	結構		黑猩猩 行為→人格特質	珍．古德 行為→人格特質
1	開頭	背景（時間、地點） 起因（如何相遇）		
2	經過	問題（一） —解決—結果		
3		問題（二） —解決—結果		
4	迴響			

六、歷程性指導

寫作計畫表完成後，交給老師。老師提供修改意見，沒問題或修改完成得到「通過」章後，再於稿紙中寫下完整的作文。

七、修改分享

（一）同儕互相診斷病句

將影印的「語病診斷單」（參見表 6.8）剪貼在文章的每一段上方。學生二人一組，互相幫忙診斷病句。

（二）修改

同儕討論病句如何修改。若仍有問題，則提出來討論。其次，蒐集學生的共同問題，指出修改方向。

（三）分享觀摩

選擇優秀作品投稿報刊並分享於課室公佈欄，供學生觀摩學習。

中年級讀寫整合範例（三）：說明文

說明文是學生獲取新知的重要來源，也是讀書報告、計畫、活動方案的寫作形式。因此學習如何閱讀及寫作說明文，是中年級的重要讀寫任務。然而相較於學生熟稔的敘事記敘文或故事，說明文有更複雜的結構與更多的專業知識內容，需要背景知識及教師策略性引導，才能有效學習。元素及策略是說明文讀寫教學的重點，包括主題、概念、證據、圖表及專門術語字彙等五大元素；以及在整個讀寫教學活動中穿梭進行的策略：引發先備知識、預測提問、分析文章結構、摘要及寫作。說明文讀寫整合教學不但能培養國語文讀寫能力，更能跨領域遷移應用到社會領域與自然領域的學習中。說明文教學目標在掌握標題、次標題、圖文間的對照、各段重點及主題的關係。初學說明文時先了解「總—分—總」結構，延伸到寫作及社會、自然領域時，再進一步配合主題，強化描述、列舉、序列、比較／對照、因果及問題解決等不同結構類型，學習相對應的線索詞與結構圖。

壹 文本分析

一、解析文本

初學說明文，宜選定具備完整元素及結構的典型說明文為範本。最好是連續閱讀多篇相同類型、不同主題的文本，讓學生熟悉該類型說明文。課本從三年級開始介紹說明文，例如，翰林版三上第九課「大自然的雕刻家」；南一版三上第九課「鬣的願望」、第十課「昆蟲的保命妙招」；或康軒版三上第七課「馬太鞍的巴拉告」、三下第十課「臺灣的山椒魚」等。

以下以「臺灣的山椒魚」為例。

（一）形式深究

本課是以保育為主題的「總—分—總」結構典型說明文，保育與文章結構是閱讀亮點。可配合統整活動三的說明文結構介紹及課文為鷹架，協助學生辨識並讀懂說明文。

（二）比較表述方式

比較說明文與記敘文寫作手法，練習說明文表述方式。

（三）內容深究

本課文旨為「山椒魚是珍貴的保育類生物，我們要一起保育牠」。以六何法分析，文本介紹了山椒魚的重要及特性，也說明山椒魚為什麼有生存危機的問題。但是沒有提出「如何做」才能解決問題的方法，可在內容深究時深入提問討論，構築延伸寫作的鷹架，以問題解決思考為讀寫聯繫點。

（四）延伸活動

作文、製作臉書（如圖 8.1）、編輯小書、雜誌，皆可練習說明文讀寫。

（五）主題知識

要由閱讀連結說明文寫作，需再補充相關的主題知識，提供學生山椒魚生態、習性、保育的相關資料或影片欣賞，以充實寫作素材。

二、形成結構分析表

依文本分析重整圖文、次標，以釐清與主題的關係，再依結構將自然段歸併成意義段，精煉出段落主題句、全文大意及主旨，完成課文結構分析如表 8.7。

三、確立學習能力及學習目標

（一）學習能力

1. 辨識說明文結構，2. 有目的的閱讀，3. 合作構思，4. 說明文寫作。

臺灣的山椒魚　首頁

□暱稱______
□目名／科名______
□食性______
□棲地______
□保育等級______

動態時報	關於	朋友 2018427	相片	更多▼

生活要事

年份	記事

朋友

讀・留言・分享

讀・留言・分享

讀・留言・分享

圖 8.1　臺灣山椒魚的臉書

（二）學習目標

1. 認知：辨識說明文結構及表述方式，說明山椒魚知識，說明保育概念。
2. 技能：
   (1) 閱讀理解教學策略：操作說明文結構與寫作手法以結構歸併意義段。

表 8.7　「臺灣山椒魚」課文結構分析表

臺灣山椒魚				
主旨	臺灣山椒魚是珍貴的保育類動物，我們要以行動保護牠。			
結構	段落		上位概念	段落大意
總說	是什麼 what（命名及特徵）			
	一	1	歷史	冰河時期的保育動物
		2	命名	有山椒味而得名但不是魚
		3	特徵	先用鰓後用肺呼吸，黏液有毒可自保
分說	在哪裡 where（棲息地及生育）			
	二	4	棲地	躲在高山溪流邊的石縫中
		5	生育	冬天產卵，父母一起照顧寶寶
總結	為什麼 why（珍貴但有危機）			
	三	6	珍貴	證明臺灣經歷冰河期的活化石
		7	危機	居住被破壞，有生存危機
全文大意				

註：阿拉伯數字表自然段；國字表意義段。

(2) 寫作教學策略：合作構思，創作說明文的審題立意與取材布局。

3. 情意：愛護並保育生物。

四、設計教學活動

本課要學習的能力是讀懂並嘗試寫說明文，為達成目標而設計三項教學活動。

（一）辨識說明文結構

配合統整活動三「說明文結構」介紹，比較記敘文與說明文，辨識說明文結構及寫作手法。

（二）連結讀寫

繪製表格或心智圖，以結構為軸，比較對照閱讀文本與寫作的大綱，同時完成以結構摘大意及寫作擬大綱的工作，強化閱讀理解的結構分析與寫作的組織布局能力。

（三）取材布局

影片欣賞結合相關資料，學習將素材整理轉譯為文字的能力。因是第一次正式練習寫說明文，希望學生能在有限時間，專心致志學習如何選取剪裁及整理成適當的寫作素材，應用說明文寫作手法進行練習。因此由教師直接提供相關資料，而非設計活動讓學生上網或到圖書館查詢蒐集山椒魚相關資料。

>>> 教學流程：（預計 6 節課）

閱讀理解 →拆解標題預測內容→形式深究→**說明文特色**→**有目的閱讀**→內容深究→**比較記敘及說明的表述及寫作手法**＋詞彙教學 (1)→摘段落大意→**以結構歸併意義段**→刪除／畫關鍵詞／歸納／**主題句**／**上位概念**／潤飾＋詞彙教學 (2)→形式深究（**分析說明文結構**）→以結構摘全文大意 (3)→ 讀寫整合 →**補充主題知識**→**合作構思取材**＋習作 (4)→ 讀寫精進（說明文）→**審題立意**→**組織布局**→擬大綱→歷程性指導→撰寫作文→修改分享 (5)(6)

貳 閱讀理解教學 (1)(2)(3)

一、拆解標題圖表預測內容 (1)

三年級下學期已熟悉六何法，可自行由標題預測課文內容。

師：這課除了拆解標題，還要看圖表來預測內容。從標題、圖表，要問什麼問題？

二、說明文的特色

師：跟之前讀過的記敘文相比，本課在形式或外觀上，有什麼特別的地方？

生：多了圖、表格和漫畫。

師：對，還有小標題。次標題、圖、表格是典型說明文的寫作形式。

（一）辨識說明文

配合統整活動三學習如何辨識及閱讀說明文，了解說明文的定義及功能。說明文會有明顯的標題及多功能的圖表，讀主標題能掌握文章主題，讀次標題能掌握文章的層次和各段重點。而圖、照片或漫畫等圖像能輔助文字把事情說得更清楚，表格的分類歸納讓讀者快速讀懂大筆資料的意義。因此，閱讀說明文的重點是：從標題抓重點，對照圖表看懂內容。

（二）有目的閱讀

（教師提醒：1. 圈出不懂的字詞，2. 找出標題、次標題、圖和表，對照著讀。）

師：這課是說明文嗎？如何證明？【檢驗評估】

師：說明文跟記敘文相比，差別在哪裡？【檢驗評估】

師：超級比一比。說明文和記敘文除了形式與結構的差異外，寫作手法也不一樣。說明文是客觀說明事實，重在說明；記敘文則強調主角的想法及喜怒哀樂的情緒反應，重在描述。

（三）歸納整理，比較記敘文與說明文

記敘文和說明文的比較表如表 8.8。

表 8.8　記敘文與說明文比較表

超級比一比		
	記敘文	說明文
形式特色	無	有次標題、圖、表
結構	開始—經過—結果	總—分—總
寫作手法	主觀描寫—「人物」＋「感情」 以人、事、景、物為對象	客觀敘述—「~~人物~~」＋「~~感情~~」 通過對事物的功能、現象、原理、特徵、成因的說明，讓人明白事理。

三、比較說明文與記敘文

（一）比較記敘文與說明文的寫作手法

引導發現，刪掉記敘文中的人物想法、情緒及文學想像，只保留客觀事實，就變成說明文。練習將記敘文改成說明文，鞏固學生對說明文寫作手法的學習。

比較記敘文與說明文的寫作手法

記敘文：

因為我們山椒魚的存在，讓大家知道氣候溫和的臺灣，居然經歷過冰河時期，實在令人難以想像！數十萬年前，當臺灣還跟亞洲大陸相連時，一些喜歡探險的山椒魚祖先們想去自助旅行，於是背起小包袱，開開心心的一路游呀游、爬呀爬，沿途還一邊欣賞著美景。因為很喜歡臺灣高山寒冷的氣候和潮濕的溪流，我們決定住下來，沒想到，一住就是千萬年。如果你到高山來，可別忘了到石縫下，和我們打聲招呼喔！

改成說明文：

因為~~我們~~山椒魚的存在，讓大家知道氣候溫和的臺灣，居然經歷過冰河時期，真是令人難以想像！數十萬年前，當臺灣還跟亞洲大陸相連時，~~一些喜歡探險的~~山椒魚~~祖先們想去自助旅行，於是背起小包袱，開開心心的一路游呀游、爬呀爬，沿途還一邊欣賞著美景。因為很喜~~歡臺灣高山寒冷的氣候和潮濕的溪流，~~我們決定~~住下來~~，沒想到，一住就是千萬年~~。如果你到高山來，~~可別忘了到~~石縫下~~，和我們打聲招呼喔~~！

說明文：

因為山椒魚的存在，讓大家知道氣候溫和的臺灣，居然經歷過冰河時期，真是令人難以想像！數十萬年前，當臺灣還跟亞洲大陸相連時，**山椒魚就到臺灣的高山定居，因為**高山寒冷的氣候和潮濕的溪流**適合山椒魚**。如果你到高山來，**可以在**石縫下**找到牠**。

（二）練習將記敘文改成說明文

微寫作練習

練習將記敘文改成說明文

記敘文：

阿椒：「我來自北方，遠從冰河期走來。你們叫我山椒魚，不過，我不是魚，我是有尾巴的兩生類，蛙類才是我的近親。我是臺灣的特有種，但是數量稀少，已經是名列瀕臨絕種的一級保育類動物了。如果全球持續暖化，人們繼續破壞我的家，我們就會愈來愈歹命，搞不好會死光光絕跡喔！」

改成說明文：

____

____

____

參考答案

說明文：

山椒魚不是魚，牠們是經歷過冰河時期的兩生類。近來因棲息地被破壞，加上全球暖化，居住地愈來愈少，已是名列瀕臨絕種的一級保育類動物，面臨稀少、消失的生存危機。

四、摘段落大意 (2)

教師引導由標題「臺灣山椒魚」配合「臺灣山椒魚資料表」及「山椒魚到臺灣漫畫」，了解臺灣有五種山椒魚，是在冰河時期從亞洲大陸到臺灣高山的保育類動物。接著由次標題區分出意義段及各段重點。

（一）以結構歸併意義段（以阿拉伯數字為自然段序號；國字為意義段序號）

標示自然段共 7 段，由次標題歸併成三個意義段。

師：黑板上寫的是從次標題整理的三個意義段：一、山椒魚有什麼（what）特性（歸併自然段 1、2、3 段）；二、山椒魚住在哪裡（where）（歸併自然段 4、5 段）；三、為什麼（why）山椒魚會有危機（歸併自然段6、7段）。這樣的分法，大家同不同意？

（二）闡釋概念及專業詞彙

師：什麼是冰河時期？

（地球持續數千萬年甚至數億年，氣候寒冷、覆蓋冰河的時代。）

師：臺灣氣候這麼溫暖，也有冰河期的動物嗎？【詮釋整合】

生：有，山椒魚就是。

師：如何證明呢？【推論訊息】

（參照漫畫及圖片，證明山椒魚來自冰河時期相連的亞洲大陸，不怕冷且喜歡高山、森林、溪流，所以留在臺灣寒冷的高山上。）

依序提問，請學生由課本中找答案，引導學生參照圖文，提出理由或支持證據。

師：山椒魚是魚嗎？請從課本找出證據。【提取訊息，進行推論】

師：為什麼叫山椒魚？請從課本找出證據。【提取訊息，進行推論】

師：山椒魚有什麼特徵？如何行動？如何保護自己？【提取訊息，進行推論】

（三）運用刪除／歸納／主題句／潤飾策略整理段落大意

第一段由教師提問，示範如何畫出關鍵詞，運用刪除／歸納／主題句策略整理出第一段的段落大意。

師：第一段的關鍵詞要畫……

山椒魚、冰河時期、不是魚、兩生類、鰓、肺、黏液、保護、抬起尾巴

師：黏液和尾巴都是保護功能，可歸納在一起。再用連接詞將關鍵詞串起來。

山椒魚是冰河時期的動物，但他不是魚而是兩生類。山椒魚小時

候用鰓，長大後用肺呼吸。**牠會用黏液及尾巴保護自己。**

精煉主題句／上位概念

師：所以第一段的主題句（上位概念）是……【詮釋整合】

山椒魚的命名及特徵

（四）歸納整理意義段的段落大意

接著，將二、三段分給各小組，3 分鐘整理出段落大意，寫在小白板。各組上臺報告，師生共同討論是否增刪或修改。再將段落大意討論結果，記錄在學習單中的課文部分。

（五）繪製心智圖

師生一起繪製「臺灣山椒魚」課文重點整理的心智圖（如圖 8.2）。

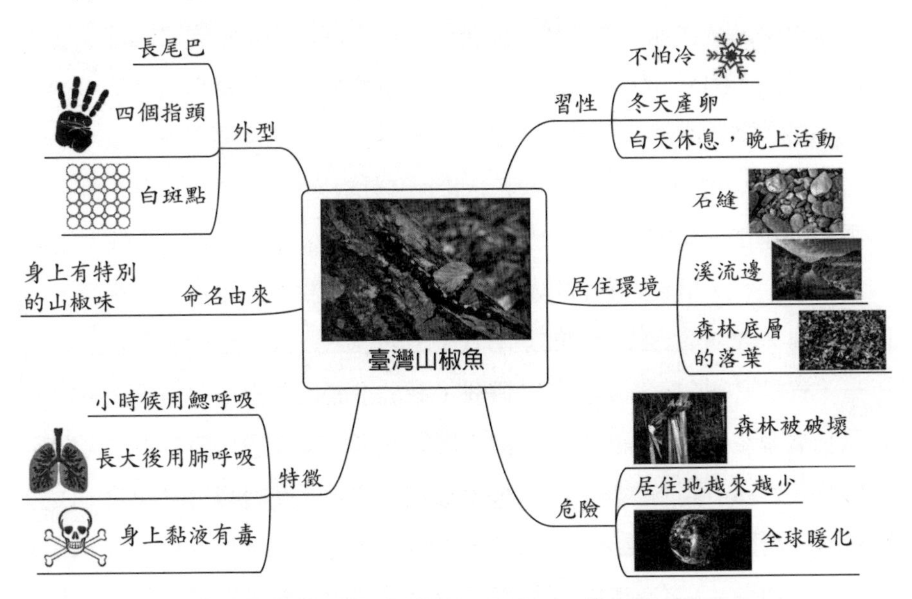

圖 8.2　「臺灣山椒魚」心智圖

五、以結構摘全文大意 (3)

師：這篇文章的結構是「總—分—總」，先總說山椒魚的命名及特性，接著分別說明棲息地及生育寶寶的時間和照顧方式，最後總結提醒大家山椒魚遇到消失危機的原因，期許大家要採取行動，保護牠們。

六、找主旨

師：所以這課的主旨（用一句話說出作者最主要的意思）是什麼？

【詮釋整合】

師：將各意義段大意歸納、重組並加上連接詞，整理成全文大意，寫在學習單中（如表 8.9）。

表 8.9　「臺灣山椒魚」結構與大意學習單

臺灣山椒魚				
主旨	山椒魚是（　　　　　　　　），我們要（　　　　　　）。			
結構	段落		上位概念	段落大意
總說（是什麼）	一	1	由來	
		2	命名	
		3	特徵	
分說（在哪裡）	二	4	棲息地	
		5	生育	
總結（為什麼）	三	6	珍貴	
		7	危機	
全文大意				

註：阿拉伯數字表自然段；國字表意義段。

參 讀寫整合 (4)

本課讀寫聯繫點是「結構」與「解決保育的問題」，要強化的閱讀基本功是以結構摘取全文大意；要練習的寫作基本功是以結構來布局取材。

課文結構為「總—分—總」說明文，分別說明原因、問題，但未說明解決與結果，是延伸寫作可增加的部分。透過提問，引發學生注意文章只提到山椒魚發生危機的問題，呼應第一段「你知道嗎？」的你及最後一段的大家，指出期待正在閱讀的讀者，要幫忙想一想，激發讀者思考如何做才能保護山椒魚，解決生存危機的問題。

一、補充主題知識

看影片補充相關資訊

先請學生在小白板上繪製好表格：山椒魚的來源、食、住、育、危機與解決。一邊看影片，一邊在表格中記下重點，練習記筆記。

參考影片：

- 高山孑遺生物——臺灣的山椒魚
  https://www.youtube.com/watch?v=I1ZFLbZ1-ig
- 全球暖化衝擊——從山椒魚看臺灣
  https://www.youtube.com/watch?v=hPjzld_SA-U
- 臺灣國寶魚——山椒魚（三立）
  https://www.youtube.com/watch?v=u61YosTkHwk
- 我們的島　第 601 集　冰河退去我留下山椒魚記事
  https://youtu.be/wiBsCQd8UX0

二、思考如何解決問題

師生一起討論如何解決山椒魚的危機，為讀寫聯繫預作準備。閱讀教師提供的書面資料，整理影片心得及討論結果，作為文章取材的參考。

師：山椒魚為什麼會遇到危機？【詮釋整合】

（住在高山森林，因地球暖化及人類破壞，棲息地逐漸減少，甚至消失。）

分組討論、合作構思

師：分組討論 3 分鐘，想一想要如何做，才能幫助山椒魚，解決危機呢？【詮釋整合＋創造】

（保護棲息地、不抓山椒魚、不濫砍森林、不汙染水源、減緩全球暖化、降低二氧化碳排放量……）

肆 讀寫精進 (5)(6)

以「如何保育臺灣山椒魚」為題，學寫一篇說明文。【創造】

一、學審題立意

「如何保育臺灣山椒魚」的題眼是「如何」及「保育」，文中須提出具體可行的保育方法。舉出積極作法如不亂捉、不破壞棲息地等，是良善立意；若提出將山椒魚帶回家好好照顧的作法，則立意失之偏頗。

二、學取材

寫作素材有課本、影片及教師提供的相關資料。其次，上課分組討論時，學生已就資料思考構思，山椒魚為何有生存危機、如何解決的方法，皆可成為寫作的素材。教師要指導的是如何剪裁與取捨，針對寫作主軸選取適當素材入文。

三、學布局

仿照課文結構，擬定寫作大綱，寫在寫作計畫表中。第一段總說要強化的是資料選擇與整理的能力，避免直接抄寫課文或資料。第二段分說的為什麼及第三段如何做，是學生很容易混淆的地方，教師要提點「為何」與「如何」的區別，並舉例說明。「為什麼」是遭遇問題與危機的原因及理由；「如何做」是保護山椒魚的方法，要具體條列出解決問題的可行作法。最後要總結，呼應首段，因為山椒魚很珍貴，所以要積極保育。

開　頭：說明山椒魚的珍貴性，由來、外型等特徵及棲息地分布。

第二段：為什麼要保護山椒魚？人類行為間接造成全球暖化，直接破壞山椒魚棲息地，讓山椒魚面臨生存危機。例如：汙染、地球暖化、棲息地被破壞或侵占……等。

第三段：如何做才能保護山椒魚？提出數項具體可行的方法，分點敘述，由個人擴大到政府應執行的策略。

結　尾：首尾呼應，強調保育山椒魚的重要性。

四、學擬大綱

先在寫作計畫表擬出每段重點的構想。

各位小朋友，讀完「臺灣的山椒魚」課文及老師補充的資料、影片，你應該更了解山椒魚的珍貴、由來、習性及危機。請以「如何保育臺灣山椒魚」為題，寫一篇作文。寫作之前，請先思考以下問題，並將每段預擬的重點寫在寫作計畫表中。

1. 介紹山椒魚：珍貴性、由來及外型。
2. 生活的食、住、行、生育、生活習性等。
3. 遇到什麼危機？
4. 如何解決？
5. 總結：愛護地球就是保育山椒魚。

「如何保育臺灣山椒魚」寫作計畫表		
結構	段落重點	
總說	是什麼	
分說	為什麼	
分說	如何做 方法一 方法二 方法三	
總結		

五、歷程性指導

寫作計畫表完成後，交給老師。老師會提供修改意見，沒問題或修改完成得到「通過」章後，再於稿紙中寫下完整的作文。

六、修改分享

（一）同儕互相診斷病句

將影印的「語病診斷單」（參見表 6.8）剪貼在文章的每一段上方，請學生二人一組，互相幫忙診斷病句。

（二）修改

同儕討論病句該如何修改。若仍有問題，則提出來討論。其次，教師蒐集學生的共同問題，指出修改方向。

（三）分享觀摩

選擇優秀作品投稿報刊並分享於課室公佈欄，供學生觀摩學習。

中年級讀寫整合範例（四）：改編故事

「孫悟空三借芭蕉扇」節錄自中國四大名著《西遊記》，各版本的教科書都有收錄。其中四上南一版及四下翰林版皆改寫成劇本；而六上康軒版則為故事體記敘文。文本內容描述唐僧師徒去西天取經過程中，所必經九九八十一難中的一道難關。雖然孫悟空和牛魔王是結拜兄弟，但是鐵扇公主認為孫悟空害紅孩兒被觀世音菩薩收服，讓他們母子不能相見，這是重要的問題衝突點，但是南一版並未敘明孫悟空與鐵扇公主的舊仇；而翰林版只寫到三借，孫悟空化身牛魔王騙走真扇，沒有寫出最後搧熄火焰山部分；至於康軒版則只寫了一借芭蕉扇，將二借的情節簡化放在習作的練習中。三個版本在教學時皆須加以補充，故事才會完整。

壹 文本分析

一、解析文本

以四上南一版本第十二課「孫悟空三借芭蕉扇」為例，課文的主旨是「智取力敵，克服難關」，凸顯「隨機應變、堅持努力」的主題。閱讀亮點是劇本形式及「三借」精彩過程中的人物刻畫與情節轉折，以寫作手法及人物分析聯繫寫作，可將劇本擴寫延伸並改寫為故事。

（一）形式深究

比較記敘文與劇本的寫作形式，劇本以「幕」為單位，區隔不同地點的情節段落，呈現的格式與一般文章段落不同，循此脈絡可掌握故事的經過與結果。劇本中角色的想法、心理狀態、表情、動作以括弧置於文中，讓人物形象鮮活的躍然紙上。

（二）內容深究

《西遊記》的內容充滿想像力與天馬行空的奇幻色彩，對人物與情節

有許多誇張的描述，深具吸引力與趣味性。孫悟空為什麼要借芭蕉扇？而鐵扇公主為什麼不借？其中原因值得深入探討。其次，三借到底是哪「三」「借」？首先，是「三」嗎？三借芭蕉扇的過程高潮迭起、驚險萬分，層次一次比一次高，一次比一次更複雜、更困難。然而，細究劇本內容的一借是「禮不肯借」，孫悟空被一扇搧到五萬里外；二借是「逼借假扇」，孫悟空變成小蟲威逼卻借到假扇；三借是「智取真扇」，孫悟空變成牛魔王智取真扇，但旋即被牛魔王變成的豬八戒又騙了回去；所以衍生出四借，孫悟空師兄弟合力打怪，終於「奪得真扇」，所以實際上應該是「四」借。「三」有時是實數，如，三隻小豬、白雪公主被皇后三次構陷、《西遊記》中三打白骨精、《三國演義》的三顧茅廬、三氣周瑜；「三」有時則表虛數，泛指多的意思，不一定剛好就是三次。如，一波三折、三五成群、接二連三。「三」在敘事中常用以代表一而再、再而三，讓故事曲折起伏，主角多災多難且倍受考驗。因此，閱讀「孫悟空三借芭蕉扇」時，宜先釐清「三借」的整個過程。

其次，是「借」嗎？實際上孫悟空只有第一次禮尊嫂嫂想借扇，後面的三次根本就是「逼」、「騙」、「奪」，並非「借」。再說，有還才算是借，文中並未交代孫悟空扇子到底還給鐵扇公主了沒。難道打著正義的名號，就可以威逼巧取力奪嗎？上述疑惑，可由不同觀點提出反證並詰問作者，引導批判思考。

（三）寫作手法

劇本以人物對話展開故事情節，以報幕過渡銜接時地的更移。開頭以問句製造懸疑性，引發讀者想繼續閱讀的好奇心。主角遇到問題，想達成目標而引發內心衝突，在想辦法解決的過程中又一波三折，是故事引人入勝的祕訣。因此孫悟空註定要多災多難，他與鐵扇公主鬥智鬥力，在三借芭蕉扇一來一往、有輸有贏的過程中，比的不只是法力戰、智力戰，更是精彩絕倫的心理戰。

（四）角色分析

主要角色孫悟空與鐵扇公主各具特色，找文本角色的行為、反應等證據推論個性（如表 8.10），進而分析角色在故事中的功能。

表 8.10　「孫悟空三借芭蕉扇」課文的角色個性分析

主角	個性	證據	法寶	功能	課本位置
孫悟空	正義助人 足智多謀 不怕困難	解救眾生 變身小蟲威逼借芭蕉扇 變身牛魔王智取芭蕉扇 三次借扇失敗卻愈挫愈勇	金箍棒 觔斗雲 七十二變	解決問題	第二幕 4～5 行 第二幕 19～24 行 第三幕 3～11 行 第二幕、第三幕
鐵扇公主	記仇 狡猾 自私	孫悟空害她母子無法相見 以假換真 無視人民無法耕種的痛苦	芭蕉扇	增加問題難度	無，需補充說明 第三幕 5～6 行 第三幕 23～24 行
牛魔王	愛妻 模仿力強	為妻子討公道 變身豬八戒騙回芭蕉扇	變身	增加問題難度	第三幕 12～13 行 第三幕 15～16 行

二、形成結構分析表

雖課文的寫作形式是劇本，但內容分析時還須還原為故事結構來分析。以「背景、起因、問題、解決、結果、迴響」分析課文，複雜的問題解決過程可再細分為四次的次問題解決（參見表 8.11）。

表 8.11　「孫悟空三借芭蕉扇」課文結構分析表

孫悟空三借芭蕉扇					
主旨	智取力敵，克服難關				
背景	地點：火焰山；人物：唐三藏、孫悟空、豬八戒、沙悟淨				
起因	火焰山炎熱阻礙西行。				
問題	想跟鐵扇公主借芭蕉扇。				
解決	結構	問題	解決	結果	課本位置
	一借	強風	定風珠	禮 不肯借	第二幕 4～9 行
	二借	避不見面	變成小蟲	逼 借假扇	第二幕 17～24 行
	三借	假扇	變成牛魔王	騙 得真扇	第三幕 3～11 行
	四借	真扇被騙走	合力打鬥	搶 到真扇	第三幕 15～22 行
結果	借到真扇，搧熄火焰山的火。				
迴響	唐僧四人順利西行，人民感激。				
全文大意					
炎熱的火焰山，阻斷唐僧的西行。因此孫悟空想借鐵扇公主的芭蕉扇，來搧熄烈火。他用了禮借、威逼、智取三種方法，還是無法借到扇子。最後師兄弟合力，才搶到真扇，搧熄大火。最後唐僧等人繼續西行取經，而人民也得以安生耕種。					
有層次的提問					
事實： 推論： 評論：					
讀寫整合：改寫故事					
創造性提問：					

三、確立學習能力及學習目標

（一）學習能力

1. 認識劇本，2. 分析故事結構，3. 分析人物個性，4. 找主旨，5. 改寫與擴寫。

（二）學習目標

1. 認知：辨別記敘文與劇本結構，分析情節與人物個性，主旨，順序敘述法。
2. 技能：
   (1) 閱讀理解教學策略：解釋劇本結構，從文本找證據，找反證，詰問作者。
   (2) 寫作教學策略：將短句擴寫成長句，將劇本改寫成故事。
3. 情意：欣賞中國古典文學，展現批判思考的態度。

四、設計教學活動

（一）上課的前一個月，全班先共讀《西遊記》，以充實背景知識。

（二）配合語文天地四介紹劇本，比較劇本與故事記敘文，作為讀寫聯繫的橋梁。

（三）觀賞西遊記卡通，營造語境。

（四）內容深究，分析三借過程及人物個性，整理成表格。

（五）形式深究，分析內容結構，以結構摘取大意。

（六）練習擴寫及不同表述方式，為改寫劇本為故事暖身。

（七）延伸寫作，學習敘述句及連接詞的運用，發揮想像力及創意，改編故事。

教學流程：（預計 6 節課）

閱讀理解 →**共讀強化背景知識**→拆解標題預測內容→形式深究→**介紹劇本** (1) →內容深究→**有層次的提問**→觀賞西遊記卡通→**分析三借及推論人物個性**＋詞彙教學 (2) →摘段落大意（刪除／畫關鍵詞／歸納／主題句／潤飾）＋詞彙教學→形式深究→分析文章結構→以結構摘全文大意→內容深究→**找主旨** (3) → 讀寫整合 →**認識敘述與描寫**

表述方式→短句擴寫→改寫練習＋習作 (4) → 讀寫精進（改編故事）→擬大綱→歷程性指導→撰寫作文→修改分享 (5)(6)

貳 閱讀理解教學 (1)(2)(3)

一、共讀強化背景知識 (1)

師：大家都看完共讀的《西遊記》了，最喜歡書中哪個角色？為什麼？

師：孫悟空除了能七十二變，還有哪些法寶？

二、拆解標題預測內容

先請學生在劇本每行上方標示序號，方便討論時的溝通。學生已熟悉以六何法預測標題及內容，可以自行提問。

師：看到標題「孫悟空三借芭蕉扇」，你會問什麼問題？

三、形式深究

配合語文天地四介紹劇本，了解劇本的寫作特色。

四、內容深究 (2)

（一）有層次的提問

師：有層次的提問有：事實、推論、評論及創造。事實問題是文本中直接找得到的；推論問題是……（參見第四章的陸、閱讀理解策略教學之「二、提問與推論」）。

師：請小組討論並練習有層次的提問。各組對每層次至少提出一個問題，標明問題層次並寫在學習單上。

小組相互問答活動

接著進行各組相互問答活動。例如，教師抽出第三組，第三組提問後，擇定回答組別回答問題。接著由回答的組別提問，依序進行。可設定提問組呼增加趣味性：「考考第二組」；答問組呼：「儘管考！」

教師以反問引導監控：「第一組的提問『孫悟空的個性如何？請由課文中舉出支持理由』，這是推論的問題嗎？提問組的答案周延嗎？」

（二）觀賞西遊記卡通

師：孫悟空為什麼要跟鐵扇公主借芭蕉扇？【推論／提取訊息，進行推論】

師：鐵扇公主為什麼堅持不肯借？請舉出兩個理由支持你的看法。【評論／詮釋整合】

（三）推論人物個性

師：你覺得孫悟空是怎樣的個性？鐵扇公主呢？由角色做的事或說的話推論個性、在故事中扮演的功能，並從課文中找出支持的證據。【推論／詮釋整合】

（四）澄清三借 vs. 四借

師：「三借」是指哪三借？請小組合作討論，從課文中找出來，以「問題—解決—結果」整理成表格。【推論／詮釋整合】

師：到底是三借還是四借？你認為呢？為什麼？【評論／檢驗評估】

師：故事中孫悟空由禮借、威逼、智取到力奪，為了正義就可以強取豪奪別人的東西嗎？你贊不贊成孫悟空的作法？為什麼？【評論／檢驗評估】

師：借了有還嗎？同不同意作者用「借」字？為什麼？【評論／檢驗評估】

師：如果你是孫悟空，你會怎麼做？【創造／檢驗評估】

五、形式深究 (3)

分析文章結構

師：課文是以劇本呈現的故事，請小組討論，找出故事結構元素。

六、以結構摘全文大意（刪除／畫關鍵詞／歸納／主題句／潤飾）

依據故事結構（背景、起因、問題、解決、結果、迴響）提問，歸納出段落大意，寫在學習單中（如表 8.12）。

師：主角是誰？火焰山是個怎麼樣的地方？對唐僧及居民有什麼影響？【背景、起因】

師：孫悟空遇到什麼問題？他想做什麼，讓火焰山的火熄滅？【問題】

師：孫悟空第一次跟鐵扇公主借扇子，結果如何？【解決一方法一】

師：孫悟空第二次跟鐵扇公主借扇子，結果如何？【解決一方法二】

師：孫悟空第三次跟鐵扇公主借扇子，結果如何？【解決一方法三】

師：最後問題是怎麼解決的？【解決一方法四】

師：最後的結果是什麼？【結果】

師：故事主角孫悟空對結果的反應是什麼？【迴響】

師：現在依據故事的結構，把剛才整理的段落大意，增加連接詞或重組文句，串成通順的全文大意，寫在學習單中。

七、找主旨

師：本課的主旨（作者想告訴我們的主要意思）是什麼？【評論／詮釋整合】

微寫作練習

表 8.12　「孫悟空三借芭蕉扇」結構與大意學習單

<table>
<tr><th colspan="3">「孫悟空三借芭蕉扇」</th></tr>
<tr><td colspan="2">主旨</td><td>（　　　　　　　），克服（　　　　　　　）</td></tr>
<tr><th>段落</th><th>結構</th><th>段落大意</th></tr>
<tr><td>第一幕</td><td>背景
起因</td><td></td></tr>
<tr><td>第二幕</td><td rowspan="2">問題
解決
方法一
方法二
方法三
方法四</td><td rowspan="2"></td></tr>
<tr><td rowspan="2">第三幕</td></tr>
<tr><td>結果
迴響</td><td></td></tr>
<tr><th colspan="3">全文大意</th></tr>
<tr><td colspan="3"></td></tr>
<tr><th colspan="3">有層次的提問</th></tr>
<tr><td colspan="3">事實：
推論：
評論：</td></tr>
<tr><th colspan="3">讀寫整合：改寫故事</th></tr>
<tr><td colspan="3">創造性提問：</td></tr>
</table>

參　讀寫整合 (4)

將閱讀的劇本改寫成故事，形式方面要依故事結構將劇本內容分成文章段落。內容方面須經擴寫及改寫兩個步驟練習，為改寫作文暖身。而要擴寫文句，宜先認識寫作的不同表述方式：敘述與描寫。敘述句就像精簡的段落大意，擴寫時要添加細節或運用修辭加以描寫。

一、認識敘述與描寫的表述方式並練習擴寫【康軒版五下統整活動一】

文章的表述方式分為敘述與描寫，二者密不可分，如果文章是大樹，敘述就是樹的主要枝幹，而描寫則是枝幹延伸出來的細枝；如果文章像條魚，敘述就是魚的骨架，描寫則是魚的血肉。敘述建構出文章的主軸，描寫則是讓文章生色多姿的細節。敘述是客觀的說明，明確的寫出人、事、物及事實、原理。而描寫則帶著個人感情、想法，具體詳細的寫出人、事、景、物的特色或狀態，讓人有感同身受、身歷其境的感覺。

練習將簡潔的敘述句，運用想像力，加上形容詞與細節的描寫，擴寫成長句。例如，將「唐三藏（汗流個不停）：已經是秋天了，這裡怎麼還這麼熱？」擴寫成「汗如雨下的唐三藏一邊擦汗，一邊說：『奇怪，現在明明已經是秋天，應該是秋高氣爽、涼爽舒適才對，這裡怎麼像有熊熊烈火燃燒一般，熱得我口乾舌燥、眼冒金星！』」。

二、練習將劇本改寫成故事

比較劇本與故事，引導學生發現二者在寫作手法上的差異，先練習將報幕、對話及括弧中角色的動作、心理狀態與表情，加上連接詞，改寫成敘述句（如表 8.13 及表 8.14）。

微寫作練習

表 8.13　劇本改寫故事學習單（一）

練習一

劇本：

第一幕

地點：火焰山

角色：唐三藏、孫悟空、豬八戒、沙悟淨

△布幕升起時，唐三藏、孫悟空、豬八戒、沙悟淨，一行人往西天取經。

唐三藏（汗流個不停）：已經是秋天了，這裡怎麼還這麼熱？

改寫成**記敘文**：

唐三藏和孫悟空、豬八戒、沙悟淨等師徒四人，要前往西天取經。當他們來到火焰山，汗如雨下的唐三藏一邊擦汗，一邊說：「奇怪，現在明明已經是秋天了，這裡怎麼還這麼熱？」

表 8.14　劇本改寫故事學習單（二）

練習二

劇本：

第一幕

孫悟空：（右手放在眉毛上，往遠方一看）師父，原來前方有座「火焰山」。

豬八戒：難怪那麼熱，別說是人了，連整個地表都快融化了呢！

改寫成**記敘文**：

練習三

劇本：

第二幕

孫悟空：（抓抓頭）好吧，我就變成小蟲，飛到鐵扇公主正要喝的茶水中捉弄她。

鐵扇公主：（喝了一口茶）天哪！肚子好痛，是什麼東西在我的肚子裡？（抱著肚子東跑西跑。）

改寫成**記敘文**：

肆 讀寫精進 (5)(6)

一、學改編故事

學習開頭、經過與結尾的布局與寫法，練習敘述及描寫的寫作手法，奠定改編故事的基礎。孩子有打電動或看卡通、漫畫、故事書的經驗，腦中不乏魔法、變身、打鬥等情節。改編「孫悟空三借芭蕉扇」故事對他們而言，想必是躍躍欲試的新奇有趣挑戰。因此只需從旁提點孩子思考情節的合理性，針對原先改寫時被省略的部分，例如，火焰山對唐僧師徒西行及當地百姓的影響、孫悟空與牛魔王的結拜關係、因紅孩兒而與鐵扇公主的前怨、打鬥事件的細節等，加以補強，讓敘事更完整合理。重要的是，鼓勵孩子隨心所欲去自由創作，發揮想像力創造誇張奇幻的情節，注入魔幻色彩，增添打鬥時施展法力、運用各式法寶、裝備的細節描寫，不但能讓內容更精彩多姿，人物形象更飽滿厚實，更能讓孩子信心滿滿，創作自己專屬的「孫悟空三借芭蕉扇」故事。

二、學擬大綱

先在寫作計畫表（如表 8.15）擬出每段重點的構想。

表 8.15　改編「孫悟空三借芭蕉扇」寫作計畫表

改編「孫悟空三借芭蕉扇」寫作計畫表		
段落	結構	段落重點
1	背景起因	
2	問題	
3	解決	
4	結果	
5	迴響	

三、歷程性指導

寫作計畫表完成後，交給老師。老師提供修改意見，沒問題或修改完成得到「通過」章後，再於稿紙中寫下完整的作文。

四、修改分享

（一）小組討論、診斷病句

將影印的「語病診斷單」（參見表 6.8）剪貼在文章的每一段上方，學生二人一組，互相幫忙診斷病句。

（二）修改

分組討論病句該如何修改。若仍有問題，則提出來全班一起討論。其次，教師蒐集學生的共同問題，指出修改方向。

（三）分享觀摩

選擇優秀作品投稿報刊並分享於課室公佈欄，供學生觀摩學習。

中年級讀寫整合範例（五）：傳記人物

康軒版四下第三單元「探索與發現」，介紹兩位探索發明、勇於追夢並積極實現夢想的典範人物：照亮地球的發明家——愛迪生及臺灣昆蟲知己——李淳陽，目的不是要歌頌典範人物如何偉大成功，而是要讓學生藉由閱讀人物傳記，了解在人生路上需立下探索目標，追夢的過程一定會遇到困境與挫折，從而學習如何靠鍥而不捨的精神，努力克服困難，學習楷模的人生態度進而內化為自己的性格特質。讀寫聯繫延伸為傳記人物寫作，可清楚看見訊息輸入到內化及輸出的內在歷程，呈現學生的思考深度與成長蛻變。

壹 文本分析

一、解析文本

以「臺灣昆蟲知己——李淳陽」為例，進行文本分析。

（一）內容深究

「臺灣昆蟲知己——李淳陽」的主旨是「認真堅持去追求夢想，才能實現目標」。由李淳陽憑藉苦功、巧思與毅力，自費長期投入拍攝昆蟲影片，因一個人的執著，讓世人得以一窺昆蟲世界的奧祕，呼應「開創新視野」的主題。

（二）寫作手法

開頭的第 1 段以疑問句「李淳陽是誰？」，引發讀者好奇，並點出這位人物具有「現代法布爾」的崇高地位與昆蟲知己的特質。中間兩段以倒敘法描述主角為何及如何成為拍攝昆蟲的專家。結尾以啟示法作結，主角獲得的榮耀讓我們引以為榮，引用主角的話更啟發讀者學習他的人生態度與精神。

（三）分析人格特質

由主角的想法、行為、事件，推論分析其個性及人格特質，並從文本中找出支持的證據。

（四）讀寫聯繫

由閱讀找主旨聯繫寫作的審題立意，進而分析並學習如何根據立意來取材，安排文章結構與詳略，以及文章開頭、中間段及結尾的寫作手法。

二、形成結構分析表

「臺灣昆蟲知己——李淳陽」的結構分析如表 8.16。

表 8.16「臺灣昆蟲知己——李淳陽」結構分析表

<table>
<tr><th colspan="4">臺灣昆蟲知己——李淳陽</th></tr>
<tr><td>主旨</td><td colspan="3">勇於探索並積極克服困境與挫折，才能實現夢想。</td></tr>
<tr><th>結構
（寫作手法）</th><th colspan="2">段落</th><th>段落大意</th></tr>
<tr><td>背景</td><td>一</td><td>1</td><td>英國廣播公司來臺灣訪問「現代法布爾」李淳陽，卻找不到人。</td></tr>
<tr><td>起因
問題
解決
方法一
方法二
方法三</td><td>二</td><td>2
3</td><td>問題：李淳陽想拍攝昆蟲。
解決：憑仗苦功、巧思及意志，解決昆蟲拍攝的艱辛挑戰。
1. 苦功：找書、實地觀察、文字手繪列出拍攝計畫。
2. 巧思：改造攝影鏡頭、想出妙計逗弄昆蟲。
3. 意志：長時間等待來捕捉最精彩鏡頭。</td></tr>
<tr><td>結果、迴響
（首尾呼應）</td><td>三</td><td>4</td><td>李淳陽不但榮耀獲獎，更開啟人類看見昆蟲奧祕的新視野。</td></tr>
<tr><th colspan="4">全文大意</th></tr>
<tr><td colspan="4">李淳陽因對昆蟲的熱情與喜愛，而長期自費拍攝昆蟲影片，憑仗苦功、巧思及意志，克服無數艱辛與考驗，終能榮耀獲獎，並開啟人類看見昆蟲奧祕的新視野。</td></tr>
</table>

表 8.16「臺灣昆蟲知己——李淳陽」結構分析表（續）

有層次的提問
事實： 推論： 評論：
讀寫整合：「○○○○的○○○」
創造性提問：

註：阿拉伯數字表自然段；國字表意義段。

三、確立學習能力及學習目標

（一）學習能力

1. 分析人物傳記的結構，2. 找主旨，3. 有層次的提問，4. 寫作的審題立意與取材能力，5. 倒敘法，6. 詳寫與略寫，7. 排比與轉折修辭。

（二）學習目標

1. 認知：記敘文結構，主旨，有層次的提問，倒敘法，排比與轉折修辭。
2. 技能：
   (1) 閱讀理解教學策略：說明記敘文結構，主旨，有層次的提問。
   (2) 寫作教學策略：操作審題立意與取材，倒敘法，安排詳略，遣詞造句。
3. 情意：覺察典範人物的心路歷程，並表現探索奮鬥、勇於追夢的熱情。

四、設計教學活動

預習課文及畫出各段的關鍵詞已納入回家預習作業。

（一）當下學期的課程有人物傳記單元時，可提前於寒假作業安排學生先閱讀傳記並書寫閱讀心得，例如：愛迪生、李淳陽、法布爾等，以強化背景知識。閱讀心得的要點有：分析成長背景（為何及如何立下人生目標）、性格（以事件證明支持的理由）、奮鬥的心路歷程（如何克服困難、結果及影響評價）。在該單元教學時，分享討論傳記閱讀心得，以營造語境並深化課文學習。

（二）由審題立意及文本內容分析推論文章主旨。

（三）自評理解監控情形。

（四）內容深究，練習有層次的提問，分析人物個性與文本內容，進行小組問答活動。

（五）形式深究，分析文章結構，整理成表格，以結構摘取大意。

（六）配合課文及統整活動三介紹寫作的詳寫與略寫，學習寫作布局，作為讀寫聯繫的橋梁。

（七）練習詳寫／略寫及倒敘法，為傳記閱讀心得寫作暖身。

（八）延伸寫作，學習依據立意取材與安排詳略，運用排比句，練習撰寫人物傳記。

教學流程：（預計 6 節課）

閱讀理解 →**閱讀人物傳記強化背景知識**→拆解標題預測內容→閱讀文章→**運用理解監控閱讀文章**→**監控反思及檢核**＋詞彙教學＋習作 (1) →形式及內容深究→分析文章結構歸併意義段→摘意義段段落大意（刪除／畫關鍵詞／歸納／主題句／潤飾）＋詞彙教學 (2) →以結構摘全文大意→找主旨→內容深究→有層次的提問→討論分析人物個性 (3) → 讀寫整合 →**詳寫／略寫**→**學文章開頭——開門見山法**→**啟示法作結**→**遣詞造句**＋習作 (4) → 讀寫精進（**人物傳記**）→**學自訂題目**→審題立意→取材布局→擬大綱→歷程性指導→撰寫作文→修改分享 (5)(6)

貳 閱讀理解教學 (1)(2)(3)

一、閱讀人物傳記以強化背景知識 (1)

師：大家在寒假時都看完李淳陽或法布爾的傳記。說說看他們為什麼喜歡觀察、研究或拍攝昆蟲？

師：舉幾個描述昆蟲行為的例子，例如，課本圖片的捲葉象鼻蟲、黃面狩獵蜂、虎斑蜂或糞金龜等，說明李淳陽對昆蟲的細緻觀察與科學發現。

二、拆解標題預測內容

第一次默讀全文。因學生已熟悉六何法預測，可自行拆解標題以六何法預測內容的提問。

師：拆解標題「臺灣昆蟲知己——李淳陽」，是指李淳陽／是臺灣的／昆蟲知己。知己是什麼意思？【事實／提取訊息】

師：現在運用六何法預測標題進行小組討論，將標題預測內容的提問寫在小白板上，等一下各組派代表到臺前分享。

學生可能的提問有：「李淳陽如何成為昆蟲知己？」「為什麼稱李淳陽是昆蟲知己？」、「李淳陽為什麼想成為昆蟲知己？」、「昆蟲知己是什麼意思？」等。因學生已在家預習過課文，所以教師可引導學生根據題目思考文章主要立意。文本主角無庸置疑是李淳陽，文本主要在說明什麼是昆蟲知己？主角為什麼想成為昆蟲知己？還是主角如何成為昆蟲知己的心路歷程？師生一起討論，若要確立文本立意主軸是「李淳陽如何成為昆蟲知己」，則要舉出兩個課文中的證據，說明支持看法的理由。同時反證「李淳陽為何想成為昆蟲知己、昆蟲知己是什麼」為何是次要概念。

三、內容深究

（一）觀賞昆蟲生態影片（教師提醒學生注意李淳陽對昆蟲界的貢獻）

例如，「臺灣人物誌李淳陽」影片（網址：https://www.youtube.com/watch?v=mY2bzdkgIbk&index=5&list=PL0MnqWDAKp3ZR57_GUcymUxFL8Bi9d0aa）請學生發表觀賞心得，教師歸納李淳陽拍攝昆蟲的艱辛歷程、意義與貢獻。

（二）閱讀理解監控與自評

第二次默讀全文。因學生已熟悉閱讀理解監控的步驟與調整策略，可獨立練習評估自己閱讀的理解監控調整情形。

1. 理解監控與調整

教師先複習閱讀理解監控的步驟及策略（參見第四章圖 4.4），提醒學生一邊讀，一邊試著運用理解監控發現不懂之處並做記號。接著進行小組討論，練習運用理解監控策略協助理解。小組練習後將無法解決的問題，提交全班一起討論。

2. 監控自評

學生以「閱讀理解監控自評表」（如表 8.17）進行自評。

表 8.17 閱讀理解監控自評表

閱讀理解監控自評表		
語詞理解策略	我有使用（請打✓）	對理解有幫助（請打✓）
重讀一次		
分析字詞解釋意義		
從上下文推測詞義		
從字的部首推測		
查字典或搜尋網路		
問別人		

3. 監控反思

請學生發表對理解監控的反思，運用理解監控有何優缺點？使用時是否有困難？該如何解決？

4. 監控檢核

接著由教師提出幾個問題進行檢核，測試學生理解與調整的情形。例如，「簡陋」是什麼意思？能不能舉出其他相似或相反的詞語？請用「簡陋」造句。

四、形式及內容深究 (2)

（一）以結構歸併自然段為意義段

依據結構（背景、起因、問題、解決、結果、迴響）提問，將自然段歸納為意義段。自然段有 4 段，經合併 2、3 段後，有三段意義段（第一段為背景；第二段為起因、問題及解決；第三段為結果與迴響）。接著運用刪除／畫關鍵詞／歸納／主題句／潤飾策略，摘取意義段的段落大意，寫在學習單中（如表 8.18）。

師：主角是誰？他為什麼想拍昆蟲影片？【背景、起因】

師：李淳陽想做什麼，他遇到什麼困難？【問題】

師：李淳陽如何解決無數的艱辛考驗？【解決—方法一、方法二、方法三】

師：問題解決的結果是什麼？【結果】

師：李淳陽對世界產生什麼影響？【迴響】

（二）以結構摘意義段段落大意（刪除／畫關鍵詞／歸納／主題句／潤飾）

畫關鍵詞已納入回家預習作業。上課時教師先示範第一段的刪除與畫關鍵詞，請學生自行核對，接著是找出或自行撰寫主題句，增加連接詞或重組以潤飾文句，摘出意義段的段落大意。關鍵詞或段落大意並無標準答案，可以換句話說或用自己的話說，只要符合重點、精簡與流暢原則即可。因此有必要針對師生不一致處進行細緻的討論，讓學生了解刪或不刪的理由，進而能掌握依文章主軸抓重點的技巧。

（三）以結構摘全文大意 (3)

師：意義段的段落大意都摘出來了，現在依據文章結構，把剛才整理的段落大意，增加連接詞或重組文句，串成通順的全文大意，寫在學習單中。

表 8.18　「臺灣昆蟲知己——李淳陽」結構與大意學習單

<table>
<tr><th colspan="4">臺灣昆蟲知己——李淳陽</th></tr>
<tr><td>主旨</td><td colspan="3"></td></tr>
<tr><th>結構
（寫作手法）</th><th colspan="2">段落</th><th>段落大意</th></tr>
<tr><td>背景</td><td>一</td><td>1</td><td></td></tr>
<tr><td>起因
問題
解決
　方法一
　方法二
　方法三</td><td>二</td><td>2
3</td><td></td></tr>
<tr><td>結果、迴響
（首尾呼應）</td><td>三</td><td>4</td><td></td></tr>
<tr><th colspan="4">全文大意</th></tr>
<tr><td colspan="4"></td></tr>
<tr><th colspan="4">有層次的提問</th></tr>
<tr><td colspan="4">事實：
推論：
評論：</td></tr>
<tr><th colspan="4">讀寫整合：「○○○○的○○○」</th></tr>
<tr><td colspan="4">創造性提問：</td></tr>
</table>

註：阿拉伯數字表自然段；國字表意義段。

（四）找主旨

師：從題目及文本立意「李淳陽如何成為昆蟲知己」，找出本課的主旨（作者想告訴我們的主要意思）是什麼？【評論／檢驗評估】

五、內容深究

因學生已熟悉有層次的提問，可以自行針對內容提問。

（一）深化思考以推論人物性格

教師於討論時，請學生找出事實來推論人物性格，印證「性格決定命運」。找出困難解決、成功因素與影響，讓孩子體會追夢過程難免遇到挫折、失敗與困難，對照自己的生活經驗並反思自己的不足，學習傳記人物如何堅定心智、突破逆境，由深化學習進而內化形塑孩子的人格，並為延伸寫作暖身。

（二）有層次的提問

小組相互問答活動

師：請小組討論並練習有層次的提問。先複習有層次的提問包括：事實、推論、評論。各組對每層次至少提出一個問題，標明問題層次並寫在學習單上。

接著進行各組相互問答活動。例如，教師抽出第三組，第三組提問後，擇定回答組別回答問題。接著由回答的組別提問，依序進行。可設定提問組呼增加趣味性：「考考第二組」；答問組呼：「儘管考！」

教師以反問引導監控：「第一組的提問『李淳陽的個性如何？請由課文中舉出支持理由』，這是推論的問題嗎？提問組的答案周延嗎？」

學生可能提出的問題：

「李淳陽自費拍攝昆蟲影片過程中遇到什麼艱辛的考驗？」【事實＋推論／提取訊息，進行推論】

「李淳陽拍攝的昆蟲影片得到什麼獎？」【事實／提取訊息】

「李淳陽為什麼想自費長期拍攝昆蟲影片？你對什麼事情也有這種熱

情？」【事實／提取訊息，評論／檢驗評估】

「英國廣播公司想採訪李淳陽，為什麼會遇到困難？」【推論／推論訊息】

「英國廣播公司為什麼要採訪李淳陽？採訪時有什麼發現？」【推論／詮釋整合】

「李淳陽拍攝昆蟲影片的過程遇到哪些困難？他如何解決？」【推論／詮釋整合】

「李淳陽這位昆蟲知己的評價與影響為何？」【評論／檢驗評估】

「你從李淳陽與昆蟲的故事中，學習到什麼？得到什麼啟發？」【創造／檢驗評估】

「你有什麼人生夢想？你要如何追夢圓夢？」【創造／檢驗評估】

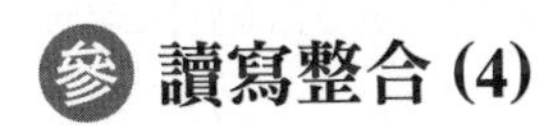

參 讀寫整合 (4)

一、文章的詳寫與略寫

以人物傳記為寫作主題時，可取材的生平事蹟一定多不勝數，若依流年敘述就變成記流水帳了，所以要濃縮精簡，縮寫出核心意念。先立意以擇定文章的主題，運用詳寫／略寫的寫作技巧，將人物性格特點之成功原因與結果作為寫作重點而詳細描寫，其他部分則略寫即可。課文閱讀教學時配合統整活動三的寫作指導，學習文章取材及詳寫／略寫的寫作技巧。

寫作時根據審題及文旨立意來取材，書寫時對文章主軸密切相關的部分進行詳細敘述與描寫，其他部分則簡單敘述帶過即可。文章區分詳略，能清晰表達主題脈絡，讓讀者迅速掌握重點，不致拉雜拖沓。例如，康軒版四下第八課「照亮地球的發明家」，由審題立意可知照亮地球的電燈發明是文章主軸，所以在第 5 段詳細描寫愛迪生發明電燈過程中遭遇的困難、失敗與努力不懈，而第 3 與第 4 段對愛迪生研究精神與發明物則以略寫簡單敘述，目的在呼應發明家鍥而不捨的研究精神。而本課的重點在說明李淳陽為何被喻為昆蟲知己，因此第 1、3 段對英國廣播公司的採訪以略寫作為過渡。而第 2 段則詳細描述李淳陽如何拍攝昆蟲的過程與遇到的艱辛，以凸顯文章主題。包括下苦功找書、實地觀察、文字手繪列出拍攝計畫；運用巧思改造攝影鏡頭、想出妙計逗弄昆蟲；以意志長時間等待來捕捉最精彩的鏡頭等。

二、文章的布局及寫法手法——開門見山開頭，啟示法結尾

學習課本「開門見山」的開頭，呼應題旨為傳記人物做歷史定位。例如，第八課「照亮地球的發明家」第 1、2 段，點出發明大王愛迪生突破黑夜、為世界點亮第一盞電燈。第九課「臺灣昆蟲知己——李淳陽」第 1 段指明李淳陽是「現代法布爾」。其次，學習課文以倒敘寫作手法書寫人物奮鬥的經過，以啟示法作結的寫法手法。再者，引用主角的言語作為個性、行為或人生理想的佐證，例如，第八課引用愛迪生的話：「有許多失敗的人，並不知道他們放棄的時候，離成功有多近。」為他不怕失敗而屢挫屢戰的註腳。第九課引用李淳陽的話：「我不在乎要花多少經費、要下多少工夫，只想讓全世界的人都看見昆蟲世界的奇觀，為人類開啟新的視野！」體現他不求名利、熱情奮鬥的人格特質與人生理想。

三、遣詞造句

（一）排比複句

第九課的排比句是：「為了拍出大而清楚的昆蟲，他動手改造攝影鏡頭；為了得到生動有趣的畫面，他想出各種妙計逗弄昆蟲；為了捕捉最精采的鏡頭，他可以等待好幾個小時、好幾天，甚至好幾年！」請學生分組討論，照樣造句練習排比句「為了……，他……；為了……，他……；為了……，他……。」小組發表後，師生一起評估。

（二）轉折複句

第九課的轉折複句是：「在這條探索的道路上，沒有掌聲，沒有鼓勵，只有無數的艱辛考驗。」請學生分組討論，照樣造句練習轉折複句「沒有……，沒有……，只有……。」小組發表後，師生一起評估。

肆 讀寫精進 (5)(6)

一、學自訂題目以立意取材

因寒假已閱讀過名人傳記並做分析，於單元課程時深入閱讀討論與思考，可順利延伸到名人傳記的寫作，例如，愛迪生、海倫凱勒、居里夫人等。寫作時首先要思考抓出人物的特點以確立主題，自行訂出題目「○○○○的○○○」，力求立意不俗。確定文章主軸後再據以取材，並安排詳略及布局，在寫作計畫表（如表 8.19）中擬出每段預計寫作重點的構想。

表 8.19　「○○○○的○○○」寫作計畫表

<table>
<tr><th colspan="3">○○○○的○○○</th></tr>
<tr><td>主旨</td><td colspan="2"></td></tr>
<tr><th>結構（寫作手法）</th><th>段落</th><th>重點</th></tr>
<tr><td>背景</td><td>1</td><td></td></tr>
<tr><td>起因</td><td>2</td><td></td></tr>
<tr><td>問題、解決
方法一
方法二
方法三</td><td>3</td><td></td></tr>
<tr><td>結果、迴響
（首尾呼應）</td><td>4</td><td></td></tr>
</table>

二、學布局與寫作技巧

學習「開門見山」的開頭，以倒敘法描寫人物奮鬥經過與心路歷程，最後以啟示法結尾寫出人物的影響及評價。其次，從閱讀資料中挑選出人物話語來佐證文章的內容。

三、歷程性指導

寫作計畫表完成後，交給老師。老師會提供修改意見，沒問題或修改完成得到「通過」章後，再於稿紙中寫下完整的作文。

四、修改分享

（一）同儕互相診斷病句

將影印的「語病診斷單」（參見表 6.8）剪貼在文章的每一段上方，二人一組，同學間互相幫忙診斷病句。

（二）修改

同儕討論病句該如何修改。若仍有問題，則提出來討論。其次，教師蒐集學生的共同問題，指出修改方向。

（三）分享觀摩

選擇優秀作品投稿報刊並分享於課室公佈欄，供學生觀摩學習。

CHAPTER 9

高年級讀寫整合教學及範例

閱讀與寫作對學生的要求不只是純粹把所學的資訊、資料拷貝出來，而是能夠發展更高層次的思考能力，如分析、綜合、評估、詮釋及創造。讀寫的困難正是它可貴之處（周蕙菁，2007）。高年級在具備基本讀寫能力並熟悉讀寫方法步驟的基礎下，以精進高層次讀寫能力為教學重點。如果在中年級還沒有學會讀寫策略，此時教導仍有很大的幫助。因為雖然早期識字量會形成閱讀能力「貧者愈貧、富者愈富」的馬太效應，但早期的弱寫並不會預測後來的寫作技巧（Juel, 1988）。所以只要開始教，就永遠不嫌晚。因為孩子就像海綿，有強烈的學習吸收潛能，如果能從頭開始，有系統、有步驟地進行教學，學習成效終會慢慢展現。

但是研究顯示，只教技巧無法提升學生的閱讀與寫作能力（周蕙菁，2007）。更重要的是致力強化詮釋、批判、溝通與表達的讀寫素養。高年級的認知由具體運思期發展到形式運思期，初具假設驗證及邏輯推理思考能力，此時提供好作文的標準：立意正確良善、結構嚴謹、層次井然符合邏輯，以課文具體示範、引導、比對、判斷、搭建鷹架，持續漸進釋責引導獨立練習，讓學生逐步由同儕討論學習到獨立自審作文並修改。其次，引導主動學習掌握重點並自問自答，評估摘要與自我提問的品質，逐漸鞏固自行批判與反思的能力。而高年級的讀寫整合重點是學習深度閱讀，以精進審題立意、取材布局到遣詞造句的寫作能力，深化讀寫學習來提升以事抒情說理及議論文讀寫能力，強化文章結構邏輯與段間銜接的能力，從「會讀」到「樂讀」，從「會寫」到「樂寫」（參見表 9.1）。

表 9.1 高年級的閱讀理解及寫作教學項目表

高年級的閱讀理解及寫作教學項目	
1. **詞彙**：主動搜尋詞義、由上下文推測詞義	1. **詞彙**：修辭、句型
2. **摘要**：以文章結構摘寫大意、主旨	2. **轉譯**：四段以上作文、議論文
3. **推論**：由文本找支持理由、找不同觀點、找反證	3. **計畫** 目標／審題立意：緊扣題旨、立意不俗 構思／取材：豐富生動、合邏輯、有條理 組織／布局：結構嚴謹、段間連貫且銜接順暢
4. **結構**：議論文	
5. **理解監控**	4. **修改**：閱讀評估、監控修改（自我診斷修改）
6. **自我提問**：有層次的提問（事實、推論、評論、創造）、詰問作者	

高年級讀寫整合範例（一）：議論文

議論文是高年級文章形式的學習重點，而將記敘文改寫成議論文則是頗具挑戰的嘗試，需要教師以有趣練習搭建讀寫聯繫的鷹架。例如，將五上康軒版第一單元「機智的故事」改寫成「論機智」；五上翰林版第三單元「開拓視野的觀察」改寫成「觀察的重要」；五上南一版第二單元「品格天地」延伸出與謙虛、服務、合作主題相關的議論文寫作。

壹 文本分析

一、解析文本

以五上康軒版第一單元「機智的故事」為例。

（一）內容深究——比較分析並歸納統整單元主題

比較五上康軒版第一單元「機智的故事」中，三課機智故事的異同，梳理出不同機智的層次感，引導思考機智的定義、不同面向與所需條件。第一課「名人記趣」以三則機智小故事，記敘三位名人如何適時化解尷尬氣氛，展現個人風度，體現的是冷靜卓絕的應變與機鋒；第二課「秋江獨釣」凸顯語言文字醞釀出的藝術與智慧，顯示紀曉嵐不但聰穎過人，平日更是刻苦讀書且博文強記，才能在極短時間內展現過人文采與機智；第三課「智救養馬人」中晏子的慈悲胸懷，以層次分明的反語婉轉勸戒，運用心理戰術及機智言行化解危機，不但成功解救養馬人，更輔佐國君造福百姓（溫美玉，2014）。三課中的機智表現不但層層推進，影響範圍更由個人逐步提升至家國社稷，所需的機智條件與膽識反應自有不同境界，值得深入思考與探究，進而歸納出「機智」的定義。

（二）形式深究——以結構為讀寫聯繫點

結合統整活動二閱讀指導「讀懂議論類的文章」，以文章結構為讀寫整合的聯繫點，將故事轉化為議論文的論據。以深入思考討論建構抽象概念為具體定義，轉化為論點。再加上總結式結論，即成一篇完整的議論文。「機智的故事」中邱吉爾、馬克吐溫、紀曉嵐及晏嬰的故事，為機智主題提供許多事例的論據，若教學時深入探究機智定義形成論點，再將課文的迴響稍加改寫作為結論，以搭建的議論文讀寫鷹架輔助，讓學生能順利愉快的寫出符合議論文特點：論點明確、論據充分、邏輯清晰且結論有力的議論文。

二、形成結構分析表

以下以五上康軒版第三課「智救養馬人」為例，分析故事體文章結構（參見表 9.2）。

三、確立學習能力及學習目標

（一）學習能力

1. 認識議論文結構，2. 議論文寫作的立意、取材與布局，3. 縮寫。

（二）學習目標

1. 認知：概述議論文結構，執行議論文寫作。
2. 技能：
   (1) 閱讀理解教學策略：操作議論文結構，以結構摘取全文大意，找主旨，自詢。
   (2) 寫作教學策略：操作議論文的論點、論據與結論的寫作方法，將課文縮寫成論據的能力。
3. 情意：展現遇事冷靜機智處理的態度。

四、設計教學活動

本單元主題「機智」是很抽象的概念，需統整具體的名人故事並深入討論，才能充分理解機智的意涵，分析出機智需具備的條件。再以深入閱

表 9.2　「智救養馬人」課文結構分析表

<table>
<tr><th colspan="5">智救養馬人</th></tr>
<tr><td>主旨</td><td colspan="4">面對困難時，能冷靜機智解決問題。</td></tr>
<tr><th>結構</th><th colspan="2">段落</th><th colspan="2">段落大意</th></tr>
<tr><td>背景</td><td>一</td><td>1</td><td colspan="2">齊景公很愛馬。</td></tr>
<tr><td>起因</td><td>二</td><td>2</td><td colspan="2">齊景公因愛馬病死，要殺養馬人。</td></tr>
<tr><td>問題</td><td>三</td><td>3</td><td colspan="2">晏子想要救養馬人。</td></tr>
<tr><td rowspan="2">解決</td><td rowspan="2">四</td><td>4</td><td>步驟一</td><td>晏子一一敘說養馬人的三大罪狀。</td></tr>
<tr><td>5</td><td>步驟二</td><td>晏子作勢要處死養馬人。</td></tr>
<tr><td>結果</td><td>五</td><td>6</td><td colspan="2">景公恍然大悟，放了養馬人。</td></tr>
<tr><td>迴響</td><td>六</td><td>7、8</td><td colspan="2">晏子臨機應變救了養馬人，齊景公雅納諫言終成明君。
晏子的機智與勇敢，千古流傳。</td></tr>
<tr><th colspan="5">全文大意</th></tr>
<tr><td colspan="5">齊景公因愛馬病死，要殺養馬人。晏子想要救養馬人，他先敘說養馬人的三大罪狀，接著作勢要處死養馬人。最後齊景公終於恍然大悟，放了養馬人。晏子的機智與勇敢，千古流芳。</td></tr>
<tr><th colspan="5">有層次的提問</th></tr>
<tr><td colspan="5">事實：
推論：
評論：</td></tr>
<tr><th colspan="5">讀寫整合：「談機智」</th></tr>
<tr><td colspan="5">創造性提問：</td></tr>
</table>

註：阿拉伯數字表自然段；國字表意義段。

讀輔以議論文寫作教學，鋪墊議論文的寫作能力。其次，學習將段落大意摘要轉化為問題，練習自詢。再者，舉行記者會活動，練習提問與發表看法的能力。

（一）依結構排段落序。

（二）自詢：將段落大意摘要轉化為問題。

（三）記者會：每組輪流扮演故事人物（晏子、齊景公、養馬人及眾大

臣）或記者。先分組討論訪問題綱，再分組依序上臺召開記者會，回答臺下各組的提問。

（四）機智的條件與定義

1. 機智的條件：從第一課到第三課，每課結尾時都提問：「故事中的人物這麼機智，需要什麼條件？」統整時問：「這三種機智表現，哪一種機智最為考驗人性？最難做到？」由成長歷程及生平事蹟可推論名人擁有的才華與人格特質。例如，紀曉嵐必是飽讀詩書而滿腹經綸，才可能信手拈來出口成章。晏子不但擁有悲天憫人的個性及過人智慧，更具備仗義勇為、不畏強權的出眾德行（溫美玉，2014）。

2. 比較分析、歸納統整：比較三課機智故事的異同，梳理出不同機智的層次感，再以表格（如表 9.3）整理出課文中人物的機

表 9.3　「機智」單元課文統整表

機智	遇到突發事件能隨機應變，冷靜運用智慧解決問題			
課名	主角	機智表現	機智條件	課文證據
名人記趣	邱吉爾	冷靜應變反將一軍	從容幽默、展現機鋒	這位聽眾真糊塗，只在紙上簽下大名，卻忘了寫內容。
名人記趣	蓋達爾	運用幽默化解尷尬	謙虛自信、機智幽默	如果我的皮箱非常好，而我的作品卻很差，那就糟了！
名人記趣	艾森豪	將心比心化解僵局	圓融同理、隨機應變	我是最後一個演講人，……為今天晚上的活動，畫上一個圓滿的句號。
秋江獨釣	紀曉嵐	博學機變盡現文采	博學強記、機智聰穎	一篙一櫓一漁舟，一丈長竿一寸鉤。一拍一呼復一笑，一人獨占一江秋。
智救養馬人	晏嬰	以退為進委婉勸戒	慈悲勇敢、機智善辯	課文第四、五段
楚莊王葬馬	優孟	以退為進委婉勸戒	機智勇敢、能言善辯	國習第二、四段

智表現與證據。

3. 釐清機智的定義。

（五）配合課文及統整活動二介紹議論文的寫作手法。

（六）議論文寫作。

教學流程：（預計 7 節課）

閱讀理解→拆解標題預測內容→理解監控（運用理解監控閱讀文章）＋詞彙教學 (1)→形式深究（分析文章結構並歸併意義段）→摘意義段段落大意（刪除／歸納／主題句／潤飾）＋詞彙教學→以結構摘全文大意→**依結構排段落序** (2)→**跨文本比較結構**＋國語習作→**段間邏輯層次概念**→內容深究→找主旨→**自詢：轉化段落大意為問句**→提問討論分析人物個性 (3)→**記者會** (4)→讀寫整合（**議論文結構**、統整釐清機智的定義與事例）(5)→讀寫精進→**好文章的標準→學寫論點／論據／結論**→擬大綱→歷程性指導→撰寫作文→**文章診斷與修改**→分享 (6)(7)

貳 閱讀理解教學 (1)(2)(3)

一、拆解標題預測內容 (1)

先第一次默讀全文。因學生已熟悉六何法預測，能自行拆解標題預測內容。

師：標題「智救養馬人」，如何拆解以預測內容？「誰／以機智／拯救了／養馬人？」、「是智慧還是機智，有沒有差別？」。

師：現在運用六何法預測標題進行小組討論，將標題預測內容的提問寫在小白板上，等一下各組派代表到臺前分享。

因學生已在家預習過課文，所以教師可引導學生根據題目思考文章主要立意。文本主角是誰，為什麼要救養馬人？能否證明？文中的不同人物各自遇到什麼問題？如何解決？結果如何？作者對主角的評價又如何？都是閱讀時要深入思考的。學生可能的提問有：「誰救了養馬人？」、「為什麼要救養馬人？」、「如何救養馬人？」等。如果主角是晏子，他為什麼要救養馬人？如何救？哪一個才是文本的主軸？讓學生嘗試分別以「如何救」或「為何救」為敘事主軸，同時舉出課文的證據佐證，作為判斷文本主、次敘事觀點及立意主軸的證據。

二、理解監控

運用理解監控閱讀，提醒於第二次課堂默讀時，利用理解監控發現文句不懂處，畫記後，思考運用閱讀策略加以解決。教師先複習「理解監控」的步驟（參見第四章圖 4.4），提醒閱讀時運用以上下文推詞義策略來幫助理解，例如，「靈機一動」、「恍然大悟」。接著請學生發表運用理解監控的心得，是否有困難？如何解決？最後由教師總結理解監控策略的功能，一邊閱讀一邊思考，在不懂處做記號，先以上下文推詞義，再查字典或於小組討論時請教他人，都能促進自己的閱讀理解。

三、形式深究 (2)

（一）依結構歸併自然段為意義段

五年級學生已有豐富的故事文本閱讀經驗，可自行判斷本文為故事體。如果是新接班級且缺乏先備知識，教師則需先補充相關知識後，再分析文章結構。

請學生依據結構（背景、起因、問題、解決、結果、迴響）進行小組討論，練習梳理文章結構，依結構將自然段歸併為意義段。等學生發表後，教師再行歸納核證：自然段有 8 段，經合併第 4、5 段的解決與第 7、8 段的迴響後，共有六段意義段（第一段為背景，第二段為起因，第三段為問題，第四段為解決，第五段為結果，第六段為迴響）。

（二）以結構摘意義段段落大意（刪除／畫關鍵詞／歸納／主題句／潤飾）

運用刪除／畫關鍵詞／歸納／主題句／潤飾策略，摘取意義段的段落大意，寫在學習單中（參見表 9.4）。

師：時間、地點為何？發生什麼事？為什麼會發生？【背景、起因】

師：主角是誰？他想做什麼？他為什麼想救養馬人？【問題】

師：晏子想救養馬人，他遇到什麼問題？【問題】

表 9.4　「智救養馬人」課文結構與大意學習單

<table>
<tr><th colspan="5">智救養馬人</th></tr>
<tr><td>主旨</td><td colspan="4"></td></tr>
<tr><th>結構</th><th colspan="2">段落</th><th colspan="2">段落大意</th></tr>
<tr><td>背景</td><td>一</td><td>1</td><td colspan="2"></td></tr>
<tr><td>起因</td><td>二</td><td>2</td><td colspan="2"></td></tr>
<tr><td>問題</td><td>三</td><td>3</td><td colspan="2"></td></tr>
<tr><td rowspan="2">解決</td><td rowspan="2">四</td><td>4</td><td>步驟一</td><td></td></tr>
<tr><td>5</td><td>步驟二</td><td></td></tr>
<tr><td>結果</td><td>五</td><td>6</td><td colspan="2"></td></tr>
<tr><td>迴響</td><td>六</td><td>7、8</td><td colspan="2"></td></tr>
<tr><th colspan="5">全文大意</th></tr>
<tr><td colspan="5"></td></tr>
<tr><th colspan="5">有層次的提問</th></tr>
<tr><td colspan="5">事實：
推論：
評論：</td></tr>
<tr><th colspan="5">讀寫整合：「談機智」</th></tr>
<tr><td colspan="5">創造性提問：</td></tr>
</table>

師：晏子如何解決？【解決：步驟一、步驟二】

師：問題解決的結果是什麼？【結果】

師：作者對晏子的評價為何？【迴響】

畫關鍵詞已納入回家預習作業。上課時教師先示範第一段的刪除與畫關鍵詞，請學生自行核對，接著是找出或自行撰寫主題句，增加連接詞或重組以潤飾文句，摘出意義段的段落大意。關鍵詞或段落大意可以換句話說或用自己的話說，只要符合重點、精簡與流暢原則即可，並無標準答案。因此有必要針對師生不一致處進行細緻的討論，讓學生了解刪或不刪的理由，進而能掌握依文章主軸抓重點的技巧。

（三）以結構摘全文大意

師：意義段的段落大意都摘出來了，現在依據文章結構，把剛才整理的段落大意，增加連接詞或重組文句，串成通順的全文大意，寫在學習單中。

（四）依結構排段落序

教師將各組寫段落大意小白板的次序打亂，抽一組請派同學上臺排出正確的段落順序。排段落序的活動可以培養學生結構的概念，強化文章布局邏輯的能力。

（五）跨文本連結線索，比較分析多文本的結構 **(3)**

比較分析國語習作「楚莊王葬馬」跟本課「智救養馬人」第四段的結構，有何相似或相異之處？

（六）強化段間邏輯層次概念

師：寫文章敘說理由或罪狀時，以由輕而重、由小而大、由近到遠、由卑而尊的順序書寫，有何優點？如果倒過來寫或未依此邏輯順序書寫，會有什麼效果上的差異？

四、內容深究

（一）找主旨

師：從題目及文本可以發現，文章的主軸立意是什麼？【評論／檢驗評估】

師：文章的主軸立意是「晏子如何運用機智拯救養馬人」，所以本課的主旨（作者想告訴我們的主要意思）是什麼？

（二）自詢：轉化段落大意的陳述句為問句

教師保留上堂課書寫段落大意的小白板，作為轉化成問句的材料。引導學生將意義段段落大意轉為提問句，培養自問自答能力。教師先示範，再分組練習與發表。

師：第一段大意「齊景公很愛馬。」轉變成問句「齊景公跟馬的關係如何？」第二段大意「齊景公因愛馬病死，要殺養馬人。」轉變成問句「齊景公為什麼要殺養馬人？」

師：大家覺得將陳述句轉化成問句，困難嗎？這樣做有什麼好處？可以培養什麼能力？（抓重點與自問自答的能力）【評論／檢驗評估】

（三）深化思考以推論人物性格

教師於討論時，引導學生分別找出事實來推論主要人物：晏子、齊景公、養馬人的性格，舉出文章證據支持自己的觀點。分析不同性格人物間的互動，看晏子如何在掌握齊景公易怒衝動但能察納雅言的個性與操生殺大權心理的基礎上，先以同理取得話語權，再發揮機智，以委婉的反語，由小而大、由輕而重、由近而遠、由卑而尊，分析處死養馬人對個人→國內人民→他國國君的可能後果與影響，明為數落養馬人三大罪狀，實則層層拉高推衍直指核心，殺養馬人會失民心、失仁義。最後還因勢利導拿刀架住養馬人的脖子，為景公鋪設及時醒悟避免大錯的下臺階，終於點醒景公，成功營救養馬人。最後再提問：「故事中的晏子這麼機智，需要什麼條件？」

（四）有層次的提問 (4)

若學生已熟悉有層次的提問，可以自行針對內容提問。請小組討論並練習事實、推論及評論的有層次提問，各組每個層次至少提出一個問題，先記錄在學習單上並標明問題層次。教師以反問引導監控：「第一組的提問『晏子的個性如何？請由課文中舉出支持理由』，這是推論的問題嗎？提問組的答案周延嗎？」

學生可能提出的問題：

「齊景公為什麼要殺養馬人？」【事實／提取訊息】

「從晏子的角度，他遇到的問題為何？如何解決？結果如何？」【推論／推論訊息】

「從齊景公的角度，他遇到的問題為何？如何解決？結果如何？」【推論／推論訊息】

「大臣們為什麼覺得殺養馬人不妥，卻不敢進諫言？」【推論／推論訊息】

「齊景公最後為什麼放了養馬人？」【推論／詮釋整合】

「晏子如何安排三大罪狀的順序？前後順序可以更動嗎？為什麼？」【評論／檢驗評估】

「晏子為何要委婉進諫？如果直接指出齊景公的錯誤，結果會如何？」【評論／檢驗評估】

「晏子的心路歷程為何？齊景公的心路歷程為何？」【推論／詮釋整合】

「分析晏子能成功拯救養馬人的原因為何？」【推論／詮釋整合】

「晏子是怎樣的人？齊景公又是怎樣的人？以文章證據支持觀點」【推論／詮釋整合】

「如果是你，你會怎麼做？是否有更好的作法？」【創造／檢驗評估】

「生活中是否曾發生類似的事件？你當時如何解決？現在是否有不同想法？」【創造／檢驗評估】

（五）記者會

教師可先以回收寶特瓶包裹書面紙製作麥克風。再請學生提名票選出電視臺的名稱，如「花視」、「遠視」、「亂視」等，製成標籤黏在麥克風上，成為記者會最炫的道具，平時小組發表時也可使用，作為建立發言規矩的重要輔助。

師：現在是養馬人事件記者會時間，每組成員輪流上臺扮演文章中的角色：晏子、齊景公、養馬人及大臣們，其他臺下同學扮演電視臺記者進行訪問。記者會進行程序如下：例如，教師抽出第四組，則第四組先上臺開記者會，回答臺下同學的提問。接著換下一組上臺，依序進行。提問的語句要完整：「亂視記者王小猜提問。請問養馬人，馬為什麼會死掉？景公要處死你時，你心情如何？」、「近視記者李大槌提問。請問晏子，為什麼要救養馬人？你不怕景公一氣之下連你一塊兒殺掉嗎？」

師：記者的提問要與事件主題密切相關，能問出事件中大家好奇的深層祕辛，才是好問題。這次主題是「智救養馬人事件」，好問題的例子如：「請問景公，您為什麼非處死養馬人不可？」但與主題無關的就不適合提問，例如：「請問景公，您平常最愛吃什麼？您有幾個小老婆？」

參 讀寫整合 (5)

一、分析比較機智的表現與條件

閱讀討論並整理三課課文與習作（參見表 9.5），比較機智故事的異同，梳理出不同機智的層次感，分析批判：「課文主角的不同機智表現，哪一種機智最為考驗人性？最難做到？」

表 9.5　「機智」的表現與條件比較表

機智				
課名	主角	機智表現	機智條件	課文證據
名人記趣	邱吉爾			
名人記趣	蓋達爾			
名人記趣	艾森豪			
秋江獨釣	紀曉嵐			
智救養馬人	晏嬰			
楚莊王葬馬	優孟			

二、釐清機智的定義

經三課課文閱讀討論與整理比較，引導思考釐清機智的定義，建構自己的觀點，以鋪墊議論文的論點寫作。機智不同於智慧或聰明，機智是在遇到危機、困境或難題時，在短時間急中生智，運用智慧快速反應並得宜處理，巧妙讓難題迎刃而解。關鍵在緊急與速變，事情具緊急突發性，需快速應變的能力與智慧。

三、議論文結構

結合統整活動二學習議論文結構：論點、論據、論證及結論（參見本書第四章）。五上的學生多無議論文的先備知識，教師除清楚定義論點、論據、論證及結論外，還要多舉實例，最好是以學生生活經驗為例，例如，以談合作、論守時為例進行說明（參見表 9.6），以建構議論文結構的基模。

（一）論點

論點是提出自己對主題的看法與觀點。以開門見山說明機智的定義：「機智是什麼？機智就是……」，以及機智的重要性及優點。

表 9.6 「談合作」與「論機智」學習單

結構	談合作	論機智
1. 論點	什麼是合作。	什麼是機智（機智的定義）。
2. 論據＋論證	正：舉例說明合作的好處，為什麼。	課本的三個事例，機智程度由簡到難： 1. 邱吉爾機智故事＋評論 2. 紀曉嵐機智故事＋評論 3. 晏子機智故事＋評論
3. 論據＋論證	反：舉例說明不合作的壞處，為什麼。	
4. 作法	如何培養合作（方法：第一……，第二……，第三……）。	如何培養機智（方法：第一……，第二……，第三……）。
5. 結論	再次重申合作可以達成……。	再次重申機智可以……。

（二）論據＋論證

論據是提出事實、數據或例子來支持自己的觀點：什麼人→做什麼事→有什麼結果→為什麼有這樣的結果。因思考將三課機智故事的討論轉化為寫作的論據及論證，因此不寫反證，改為引用正面事例舉證，並推論證明論據支撐論點的理由。三則機智故事順序以機智程度由簡到難，循「背景—起因—問題—解決—結果—迴響」結構書寫，其中的迴響即對人物機智事件的評論，詮釋因機智而產生的影響。

（三）作法

提出具體作法，增加說服力。轉化機智條件的討論內容為培養機智的具體作法，條列式說明如何培養機智：第一……，第二……，第三……。

（四）結論

以換句話說的方式重申文旨與文章重點，總結自己對主題的見解，以呼應回扣首段，但文句不與第一段重複。

肆 讀寫精進 (6)(7)

一、學好文章的標準

要寫出好文章，首在清楚了解好文章的標準。一般而言，寫作的標準有四：立意取材、結構組織、遣詞造句及格式標點。寫作前，教師先將「作文評定表」（參見第六章表 6.12）發給學生，說明好文章應具備的條件，舉實例解說何謂好，不好的問題為何，學生才能對優劣有具體清楚的認識。

二、學寫論點

以「論機智」為題，學寫議論文。以開門見山破題法，練習將課堂討論歸納出的機智定義，寫成第一段的論點。

三、學寫論據

大家都愛聽故事，特別是名人曲折有趣的小故事。議論文中的論據或事證，運用故事呈現會更具渲染說服力，也更吸引人。以三課中人物機智故事為取材，從一則則機智事例中篩選出適當的事件，練習依故事結構加以縮寫，成為支持抽象機智概念的具體事例。

四、學寫結論

以首尾呼應總結法，練習將機智的影響與重要性、自己對機智故事的感想、對自己該怎麼做的期望，用簡潔有力能呼應題旨的話語作結。

五、擬大綱

先在寫作計畫表（如表 9.7）擬出每段重點的構想。

表 9.7　「論機智」寫作計畫表

論機智		
結構	段落	段落大意
論點	1	
論據	2	
	3	
結論	4	

六、歷程性指導

寫作計畫表完成後，交給老師。老師會提供修改意見，沒問題或修改完成得到「通過」章後，再於稿紙中寫下完整的作文。

七、修改分享

（一）診斷

高年級寫作修改的目標不再以抓出語病為限，而應將診斷修正重點提升為文章主旨立意與結構的高層次問題。在五上的示範鷹架階段，教師先將「文章診斷修改單」（參見表 9.8）貼在學生作品上方，在「文章診斷修改單」欄位勾選，具體偵測診斷並說明文章的問題。再由教師示範如何診斷文章問題，並舉例說明為何是問題，接著讓學生分組合作練習修改。其後視學生情況慢慢放手撤除鷹架，讓學生自行討論診斷問題並修改，培養自我監控調整的能力。

（二）修改

教師先舉例示範如何修改，再分組相互交換作品，讓同儕討論文章問題該如何修改。若有未能解決的問題，則提出來全班一起討論。其次，教師蒐集學生的共同問題，指出修改方向。

（三）分享觀摩

選擇優秀作品投稿報刊並分享於課室公佈欄，供學生觀摩學習。

表 9.8　文章診斷修改單

文章診斷修改單		
問題	問題診斷	如何修改
1. 文章內容是否切題。		
2. 結構是否嚴謹、段落銜接是否恰當。		
3. 語句是否完整、清楚、合邏輯。		
4. 是否有錯字，標點符號是否正確。		

高年級讀寫整合範例（二）：引導作文

引導寫作是新的寫作命題趨勢，需具備讀寫素養方能順利完成任務。例如，106 年國中會考的引導作文，即是以文化習俗角度出發整合讀寫的最佳範例。不同於命題作文，以引導文字或話題整合讀寫的引導寫作，是一種限制性的命意形式，立意必須緊扣引導題旨就事論事，內容限制聚焦於所提供的素材，方不致偏離主題。106 年國中會考的引導作文需先讀後寫，在讀懂引導圖表及文字所列舉的歲時、祭祀、生育慶典及其他的傳統習俗後，才能扣緊「傳統習俗」的所見所聞據以深層反思，就個人生活的見聞，以「在這樣的傳統習俗裡，我看見……」為題，寫出自己的經驗、感受或想法（參見圖 9.1）。

請閱讀以下圖表及文字，按題意要求完成一篇作文。

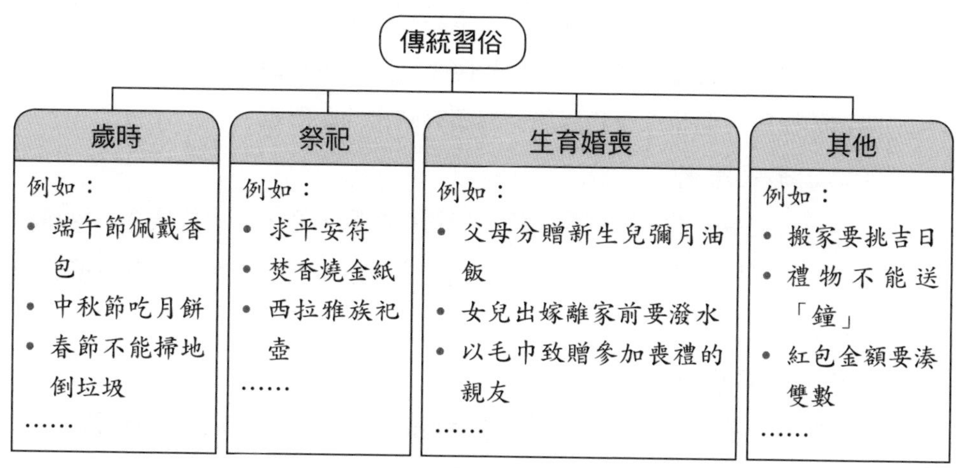

從小到大，許多傳統習俗伴隨我們成長。在這些傳統習俗裡，你也許感受到它所傳遞的情感，也許發現它值得保存的內涵，也許察覺到它不合時宜的地方。

請就個人生活見聞，以「在這樣的傳統習俗裡，我看見……」為題，寫下你的經驗、感受或想法。

圖 9.1　傳統習俗

資料來源：取自國中教育會考網站（http://cap.ntnu.edu.tw/exam_3_1.html）

壹 文本分析

一、解析文本

（一）內容深究

翰林版五下第一單元「放眼天下」的四課，帶領讀者透過旅遊認識世界不同地方的特色，都是「總—分—總」的「描述列舉」結構，這是教學統整可著力的兩個切入點。其次，各課各具延伸重點，第二課可連結攝影為延伸活動，比較對照同為空中拍攝之楊亞祖貝童的「從空中看地球」與齊柏林的「從空中看臺灣」，分享觀察的啟發與感想。第三課則可連結網頁或兒童節為延伸活動。

再者，行萬里路不僅在閱歷風景，更在體悟風俗文化民情。在中年級已有許多遊記類記敘文的閱讀學習經驗，對遊記的元素、基本結構與寫作手法有基本認識。則高年級的學習重點應深化聚焦於旅遊見聞背後傳達出的深層思考及寫作手法，經比較對照不同文化習俗而映射出他山之石可以攻錯的反思，進而以自我反思作為讀寫整合的聯繫點。

（二）形式深究

分析文章結構後歸併意義段，以結構摘取大意，以上位概念為意義段命名，練習找出或寫出意義段的主題句。再以摘要品質評估表評估摘要的品質，強化監控理解。

（三）讀寫整合

閱讀「歡慶節日」並反思慶祝背後的深層涵義，進而連結經驗並抒發感想，延伸到「在傳統習俗裡，我看見……」的文章寫作。

二、形成結構分析表

以第三課「歡慶節日」為例，文章結構是「總—分—總」的「描述列舉」類型（參見表 9.9）。文本平鋪直敘介紹不同國家如何慶祝兒童節，

表 9.9　「歡慶節日」課文結構分析表

<table>
<tr><th colspan="5">歡慶節日</th></tr>
<tr><td>主旨</td><td colspan="4">世界各地都以歡喜祝福的心情慶祝兒童的節日。</td></tr>
<tr><th>結構</th><th colspan="2">段落</th><th>主題句／上位概念</th><th>段落大意</th></tr>
<tr><td>總說</td><td>一</td><td>1</td><td>慶祝兒童的節日</td><td>從網頁中可了解不同國家如何慶祝兒童的節日。</td></tr>
<tr><td>分說</td><td>二</td><td>2
3
4</td><td>不同的慶祝方式</td><td>土耳其、瑞典及西班牙的兒童有不同慶祝兒童節日的方式與意義。</td></tr>
<tr><td>總結</td><td>三</td><td>5</td><td>歡喜快樂的慶祝</td><td>慶祝兒童節日的方式不同，但都以歡喜快樂的心情來慶祝。</td></tr>
<tr><th colspan="5">全文大意</th></tr>
<tr><td colspan="5">從表姊的網頁中可了解不同國家如何慶祝兒童的節日。例如，土耳其、瑞典及西班牙，各有不同慶祝兒童節日的方式與意義。世界各國慶祝兒童節日的方式各有特色，而歡喜快樂慶祝的心情是一樣的。</td></tr>
<tr><th colspan="5">有層次的提問</th></tr>
<tr><td colspan="5">事實：
推論：
評論：</td></tr>
<tr><th colspan="5">讀寫整合：「在傳統習俗裡，我看見……」</th></tr>
<tr><td colspan="5">創造性提問：</td></tr>
</table>

課文本身的閱讀並不困難，因此教師引導重點在請學生思考節日慶祝的背後意涵，挖掘學生比較反思後的內在感想與評論。

三、確立學習能力及學習目標

（一）學習能力

1. 培養解讀與詮釋能力，2. 寫出意義段的上位概念，3. 摘要品質評估，4. 深入思考討論以聯繫讀寫，5. 閱讀引導文字據以撰寫作文。

（二）學習目標

1. 認知：段落上位概念，文體結構辨識，摘要品質，文章的立意、布局與寫法。
2. 技能：
   (1) 閱讀理解教學策略：推論上位概念命名，操作文體結構辨識，評述摘要品質，解讀與詮釋。
   (2) 寫作教學策略：操作立意，布局取材，運用夾敘夾議寫作手法及情境法，運用遣詞造句。
3. 情意：反思節日與習俗的意義。

四、設計教學活動

教師可於上課前兩週，請學生上網查詢臺灣及自選另一個國家具特色的兒童節慶祝方式，等上課時跟同學分享。例如，日本小男孩的鯉魚旗與小女孩的和服玩偶，穿和服到日本神社祈求並感謝神明；哥倫比亞的兒童會戴上各式各樣的假面具，扮成小丑的樣子在街頭玩耍。

（一）文章結構辨識評估。

（二）寫出段落主題句：找出或寫出意義段的主題句，為意義段的上位概念命名。

（三）摘要品質評估：運用摘要品質評量表（參見下文表 9.11）評估摘要的品質。

（四）自詢：將段落大意摘要轉化為提問。

（五）比較對照：分析不同文化慶祝兒童節的異同，歸納整理成表格。

（六）反思：由不同社會文化的慶祝活動及習俗中，覺察到、感受到、學到什麼。

（七）讀寫整合：由深化閱讀學習夾敘夾議文章的寫作手法。

教學流程：（預計 6 節課）

閱讀理解 →拆解標題預測內容→理解監控（運用理解監控閱讀文章）＋詞彙教學→形式深究（分析文章結構並歸併意義段）→**文章結構辨識評估** (1) →摘意義段段落大意（刪除／畫關鍵詞／歸納／主題句／潤飾）→寫出段落主題句→**上位概念命名**→以結構摘全文大意 (2) →**摘要品質評估**→內容深究→找主旨→轉化段落大意為問句 (3) → 讀寫整合 →提問討論**比較分析慶祝兒童節的異同→表格整理→探究反思→視覺摹寫** (4) → 讀寫精進 →**讀懂引導作文**學審題立意→擬大綱→**情境法開頭→夾敘夾議寫作手法→感想法結尾→學遣詞造句**→歷程性指導→撰寫作文→**小組合作診斷修改文章**→教師批閱並分享佳作 (5)(6)

貳 閱讀理解教學 (1)(2)(3)

一、以標題預測內容 (1)

第一次默讀全文。學生已熟悉六何法預測，能自行拆解標題預測內容。

師：看到標題「歡慶節日」，如何拆解標題來預測內容？

生：歡喜的／慶祝節日。

師：小組討論時間，請以六何法預測標題，將標題預測內容的提問寫在小白板上，完成後請各組代表到臺前分享。

學生可能的提問有：「是誰歡喜慶祝什麼節日？」、「為什麼要歡喜慶祝兒童的節日？」、「如何做才能歡喜慶祝兒童節？」等。

二、理解監控

（一）欣賞各國慶祝兒童節的影片

欣賞各國慶祝兒童節的影片（https://www.youtube.com/watch?v=4BwSX92Z1qc），營造語境氛圍及動機。看影片前，教師引導學生一邊看，一邊思考為什麼世界各國都有兒童的節日，會舉行不同的慶祝儀式或活動。

（二）閱讀理解監控

第二次課文默讀。默讀前教師先複習「理解監控」的步驟（參見第四章圖 4.4），提醒默讀時，利用理解監控發現文句不懂處並畫記，運用重讀一次、以上下文推詞義或因果推論等策略，幫助理解。再由教師提問檢核學生的理解情形。

三、形式深究

（一）分析文章結構以歸併意義段

「歡慶節日」的自然段有 5 段，分析結構為「總—分—總」。第 1 段為總說，合併同為分說的第 2、3、4 段自然段為一段意義段，最後的第 5 段是總結，可歸併為三段意義段。

（二）文章結構辨識檢測

本文以描述列舉寫作手法，列舉土耳其、瑞典及西班牙三個國家，詳細描寫不同文化對兒童節的慶祝情形。

師：這課是什麼樣的文章結構？請在辨識表（參見表 9.10）中勾選。

表 9.10 文章結構辨識檢測學習單

文章結構類型	主題描述／列舉	因果	比較／對照	序列	問題解決
					問題 解決
我認為這課是					

（三）以結構摘意義段段落大意（刪除／畫關鍵詞／歸納／主題句／潤飾）(2)

運用刪除／畫關鍵詞／歸納／主題句／潤飾策略，摘取意義段的段落大意，寫在學習單中。

師：本課有幾個自然段？可以歸併成幾個意義段？為什麼這樣歸併？

師：課文是「總—分—總」的結構，第 1 段是總說。【總說】

師：將分說的第 2、3、4 段合併成一個意義段。【分說】

師：最後一段是總結。【總結】

師：第 1 段和最後一段在寫作手法與意義上，有什麼關聯？【首尾呼應】

畫關鍵詞已納入回家預習作業。上課時教師先示範第一段的刪除與畫關鍵詞，請學生自行核對，接著增加連接詞或重組以潤飾文句，摘出第一段意義段的段落大意。二、三段則分派給小組，共同討論出關鍵詞與段落大意，寫在小白板上。接著寫同一段大意的小組依序上臺分享，師生一起討論檢核。

（四）寫段落主題句及命名上位概念

完成各段段落大意後，接著找出能代表段落意思的主題句，若無法從文中直接找到適合的主題句，就自行撰寫主題句，最後要為段落的上位概念命名。

（五）以結構摘全文大意

以段落大意為基礎，用自己的話或換句話說摘要全文大意。當學生有疑問時，則師生一起討論，依文章主軸推敲出重要的詞語，再連綴潤飾文句，以符合重點、精簡與流暢的摘要原則。

師：意義段段落大意都摘出來了，現在依據文章結構，把整理好的段落大意，增加連接詞或重組文句，串成通順的全文大意，寫在學習單中。

（六）摘要品質評估 (3)

全文大意的摘要須符合重點、精簡與流暢原則。而學習對摘要品質的自我監控評估，能培養獨立閱讀時掌握重點的摘要能力。

1. 摘要品質自評

在全班討論前，先請學生運用摘要品質評量表（如表 9.11）評估自己全文摘要的品質。

師：接下來的活動目標，是養成有意識的監控檢查自己摘要摘得好不好的習慣，請問我們該如何做，才能達到這個目標？

表 9.11　摘要品質評量表

摘要品質評量表	做到請打✓
摘取文章的重點	☐
沒有不重要的細節	☐
內容精簡	☐
以連接詞讓文句流暢	☐
意義連貫	☐

2. 摘要評估反思

師：進行摘要品質評量有什麼優點？缺點？使用時有沒有困難？如果遇到困難該如何解決？

四、內容深究

（一）找主旨

師：從題目及文本可以發現，文章的主軸立意是什麼？【評論／檢驗評估】

師：文章立意的中心思想是「各國兒童如何歡喜慶祝自己的節日」，所以本課的主旨（作者想告訴我們的主要意思）是什麼？

（二）轉化段落大意的陳述句為問句

引導學生將意義段段落大意轉化為提問句，培養讀書抓重點及考前自問自答的理解監控自詢能力。教師先示範如何將直述句轉換成疑問句，再分組練習與發表。

師：第一段大意「從網頁中可了解不同國家如何慶祝兒童的節日。」轉變成問句「從網頁可了解不同國家在兒童的節日會做些什麼事？」或「如何得知不同國家怎樣慶祝兒童的節日？」

師：現在分組討論，將第二、三段的大意轉變成疑問句。第一、三、五組改第二段；二、四、六組改第三段。討論 3 分鐘，將問句寫在小白板上，標明第幾段及組別，都完成後派代表上臺發表。

參 讀寫整合 (4)

一、比較分析

以有層次的提問進行討論，先找出第 2～4 段的地、時、人、事（慶祝方式及經過）、為什麼，並標註在課本上。比較分析各國慶祝兒童節之原因、意義及方式的異同，整理成表格。再請各組將課前上網查到的臺灣及自選國家，具特色的兒童節慶祝方式，依據地、人、時、事（慶祝方式和經過）、為什麼，整理在學習單上（參見表 9.12）。完成後，徵求自願者上臺分享。

師：「歡慶節日」是慶祝哪一個節日？【事實／提取訊息】

師：作者如何獲得各國兒童慶祝兒童節的訊息？【事實／提取訊息】

師：請找出第 2～4 段的地、時、人、事（慶祝方式和經過）、為什麼，並標註在課本上。【推論／提取訊息，進行推論】

師：上課前請大家上網查詢臺灣及自選國家具特色的兒童節慶祝方式。現在各組整理 3 分鐘，等一下依序上臺跟大家分享。【推論／詮釋整合】

師：這些國家慶祝兒童節的方式有何異同？【推論／詮釋整合】

師：這些國家慶祝兒童節的緣由、意義有何異同？【推論／詮釋整合】

師：文章說慶祝時「快樂的心情卻是相同的」，請找出文章中支持此觀點的描述。【推論／推論訊息】

師：世界各國訂定兒童節的目的是什麼？請舉出兩點支持理由。【推論／詮釋整合】

師：你的經驗中，臺灣兒童節的慶祝方式是什麼？你喜歡嗎？【評論／檢驗評估】

師：你認為應該怎樣慶祝兒童節才更有意義？【創造／檢驗評估】

表格整理

表 9.12　「兒童節慶祝方式」比較表學習單

		土耳其	瑞典	西班牙	臺灣	（　）
相異	地（Where） 時（When） 人（Who） 事（What，慶祝方式及經過） 原因（why，意義、由來）					
相同						
反思	1. 反思臺灣兒童節慶祝方式。 2. 怎樣慶祝兒童節才有意義？					

二、探究反思

連結生活經驗，回想自己的兒童節如何度過？觸動心中真正希望屬於自己節日的慶祝方式及理由？再反思為什麼要慶祝兒童節？背後真正的意義為何？而祝福國家主人翁能健康快樂成長的良善立意是慶祝的初衷，但結果是否如此呢？送禮物、吃大餐、出去玩，是好的慶祝方式嗎？有沒有更具意義的方式？

進一步延伸思考，世界上有許多兒童不知道或無法開心慶祝自己的專屬節日，例如：臺灣生活貧困的兒童、非洲的兒童難民、敘利亞或阿富汗地區飽受戰爭摧殘的兒童……等，反觀在臺灣擁有自由美好生活的自己，是否更應奉獻愛心，盡一己之力？例如，透過國內外慈善機構（例如：世界展望會、世界紅十字會、慈濟……等）捐款、捐物資，或提出兒童真誠的呼籲，讓全世界兒童在專屬節日，都過得更有意義。

再進一步以提問深入思考其他傳統習俗的意義，為讀寫精進預做暖身。例如，婚喪喜慶、祭祀等，是否有值得反思改進之處，像婚禮的鋪張浪費，或出殯的花車豔舞等。教師先列舉傳統習俗背後有著「月圓人團圓」（中秋）、「互助」（天燈）、「驅除瘟疫」（蜂炮）、「慎終追遠，感恩惜福」（豐年祭）、「分享喜悅」（滿月油飯蛋糕）的意義，但現在的實際情形卻演變成烤肉、汙染、浪費……，是否已不合時宜或有值得改進之處？如何在反思之餘，提出實際調整的作法以回歸習俗的初心，是討論省思的重點。

三、視覺摹寫

教師先說明本文運用的視覺摹寫修辭技巧，是把眼睛所看到人、事、物的外形、材質、顏色、動作表情等，一一詳細地描寫出來。再請學生分組討論，找出課文中的視覺摹寫修辭。

微寫作練習

師：請找出課文中視覺摹寫修辭的句子。現在分組討論，每組照樣造出視覺摹寫的句子，等完成後派代表上臺發表。

肆 讀寫精進 (5)(6)

一、學審題立意

以 106 年國中會考的讀寫結合引導作文為題進行寫作。學生要先讀懂圖表及文字，經由「解讀文本」以擷取文章內容，「詮釋文義」以探究字面文義及背後意涵，再就個人生活的所見所聞，根據引導的文字，提出對文本的回應、擴充、感想或評論。「在這樣的傳統習俗裡，我看見……」的題目中，審題時必須先確立所選定習俗的立意主軸，例如：選定「中秋」習俗，緊扣主軸並找出問題，以「月圓人團圓 vs. 烤肉汙染」立意，內容要寫出自己觀察經驗的正反事實、反思、感受與想法。

二、擬大綱

先在寫作計畫表（如表 9.13）擬出每段重點的構想。

表 9.13　「在傳統習俗裡，我看見……」寫作計畫表

「在傳統習俗裡，我看見……」寫作計畫表		
結構	段落	段落大意
總說	1	
分說	2 3 4	
總結	5	

三、學習以情境法開啟文章

文章採情境法開頭，以景物、天氣、事件或人物的細緻描繪，例如，康軒版五年級上學期第二課「秋江獨釣」的開頭「紅紅的落日，灑下金色的光芒。秋風由江面吹來，捲起一道道的波浪；白茫茫的蘆花，像巨龍在秋風中翻滾。……格外沉靜」，及五下第五課「恆久的美」的開頭「前幾天，……，看到一片黃澄澄的稻田，把大地染成金黃色。那一串串飽滿的稻穗，是農民辛勤耕作的成果，即將帶給他們豐收的喜悅」，又如 106 年國中會考六級分試卷的開頭：「黑色的禮車綁著彩帶，在豔陽下，在空曠的街道上，急駛而過，留下喜慶的鞭炮聲，和滿地紅色碎屑，那是我第一次參加傳統婚禮。」都是以情境法開啟文章，藉由景色描寫映照連結出文旨。「在這樣的傳統習俗裡，我看見……」以情境法破題，開頭以景、事、人、物的描寫點出看到的習俗事件。

四、學布局取材與夾敘夾議寫法

布局方面，學習運用「總一分一總」結構的「描述列舉」寫作手法。先總說習俗的意義與來由，繼而分說採夾敘夾議寫法，在理性論述中融入感性情懷，先正面深刻細緻描寫自己看見的正面習俗事件，帶給自己的情感與所體會到的意義。接著筆鋒一轉，由反面思考習俗中值得反思與改進之處，寫出自己的領悟、感受、啟發或想法。也可再進一步延伸寫出條列式具體改進的作法，或在最後歸納有意義的習俗值得傳承保存，不合時宜或變質致意義盡失的則應革新改進，以回應首段的良善立意作結。

五、學習以感想法總結文章

結尾回到對開頭情境的感想作結，可收首尾呼應、一氣呵成、邏輯連貫的效果。五下第五課「恆久的美」的結尾「『拾穗』很美，美在土地的寬闊厚重，美在艱難生活中頑強存活的意志，美在慷慨分享生活物質的高貴情操。這幅畫滋潤人們日漸枯竭的心靈，讓美的感動得以恆久持續。」以連續三個排比句融入感想作結。而106國中會考六級分試卷的結尾：「我曾站在大街上，透過那些婚禮習俗，看見兩個人的愛情；同樣一條大街，霹哩啪啦駛過的迎娶隊伍，留下了長長一條嘲諷：再嚴謹的禮俗，兩個人不懂相處，終究走不到永遠。」都以個人對事件真摯感想的深刻反思作結，在緊扣題旨的發人深省感嘆中留有無窮餘韻。

六、學遣詞造句

（一）視覺摹寫修辭

運用視覺摹寫修辭技巧，結合類疊及譬喻等修辭技巧，把眼睛所看到習俗活動中人、事、物的外形、材質、顏色、動作表情等，一一詳細地描寫出來。再請學生一一找出課文中的視覺摹寫修辭。

（二）五星級造句法

運用「事實＋譬喻＋感想」的五星級造句法，結合排比句，讓句型多元富變化且更見深度。

七、歷程性指導

寫作計畫表完成後，交給老師。老師會提供修改意見，沒問題或修改完成得到「通過」章後，再於稿紙中寫下完整的作文。

八、修改分享

（一）診斷

經過五上一學期的練習後，學生已初步掌握到立意要深刻、條理分明的好文章條件。五下的文章診斷工作，可視情況由小組合作討論來診斷問題並進行修改，培養自我監控診斷調整的能力。

為避免文章修改變成批鬥大會，教師宜先建立「互相漏氣求進步」的安全激勵課室氛圍，其次將「文章診斷修改單」（參見表9.8）貼在學生作品上方，再以分組或配對方式進行文章診斷活動。透過同儕互評，以「作文評定表」（參見第六章表 6.12）為標準，先進行批判性閱讀，再輔以「文章診斷修改單」的提示，相互協助勾選以找出文章的問題。

（二）教師批閱

教師批閱作文時，依據「作文評定表」的寫作標準，針對內容切題、結構嚴謹、段落銜接恰當、語句完整清楚合邏輯，給予整體及分項的意見。

（三）修改

教師先舉例示範如何修改，再請小組針對同儕勾選的文章問題討論該如何修改。若有小組未能解決的問題，則提交全班一起討論。其次，教師蒐集學生的共同問題，指出修改方向。

（四）分享觀摩

選擇優秀作品投稿報刊並分享於課室公佈欄，供學生觀摩學習。

高年級讀寫整合範例（三）：範文仿作

❖ 修改自賴榮興老師的課程設計

要寫好作文，必須累積片段練習，以成就篇章；要學好作文，必須透過課文的養分，茁壯自身的寫作素材。透過課文與範文的閱讀，讀出文章中的結構與修辭，加上自身的觀察、連結與想像，完成一篇新的作品。在讀寫整合過程中，從課文長出作文。

壹 文本分析

一、解析文本

（一）主題分析

以運動為主題的課文，例如六上康軒版第一單元「品德修養」的第三課「跑道」，以及六上南一版第四單元「運動場上」的三課，明為描述不同的運動，實則隱喻「團結合作力量大」、「成功不必在我」的心胸氣度，期能潛移默化培養運動家精神。而以運動為媒材所習得的讀寫能力，更可遷移轉化到品德修養與啟示類別的文章寫作上。

以下以「跑道」為例，以文章結構為讀寫的聯繫點，配合範文搭建鷹架，說明讀寫整合的教學重點與步驟，再由讀到寫延伸進行「運動場上的啟示」為題的寫作練習。

（二）寫作特色

「跑道」中的記敘文四要素分別是：時間（現在：接力賽起跑前→插敘：接力賽的前幾天→現在：賽跑結束時）、地點（跑道—教室—跑道）、人物（政彬、名揚、老師、子強）及事件（背景—起因—問題—解決—結果—迴響）。

文本包含數次的時空場景變化，作者像時間魔法師般運用「插敘」手法，在不同空間任意倒轉、暫停、放慢時間，將時間從「現在正在進行的運動會的跑道起跑點」，停格秒速拉回「前幾天集訓時」所發生的衝突與受傷事件，再拉回現在，放慢速度細細描繪起跑鳴槍前政彬的心境轉折與頓悟。閱讀時要引導學生梳理時間軸，區分出插敘手法所鋪陳的時空變化。提醒在寫作時如果要使用插敘或時空變化的敘述手法，一定要清楚明確區分並順暢銜接事件的時空場景。

（三）推論人物個性與情緒變化

文本以接力賽事件的始末為軸，應用許多對話與內在思考，鋪陳照射出主角政彬的心境轉折與體悟。教師需針對課文內容細步提問，逐步引導學生思考、體會主角的情緒轉折與變化（參見表 9.14），才能理解文章所要表達的主旨與意涵，以及主角面對挫折所產生的「委屈、忌妒、不滿、借題發揮、慚愧、反省→頓悟、重燃鬥志、團結合作→真心讚賞、共贏」的心路歷程，最後深刻體悟到「不以成敗論英雄」及「成功不必在我」的人生真諦。

表 9.14　「跑道」角色分析

角色	個性／人格特質	功能	課本
政彬	得失心重、情緒化、知錯能改	彰顯個人英雄主義	第 3、5、6、7、9 段
名揚	有運動家精神、全力以赴、真誠	彰顯運動家精神	第 5 段
老師	專業、有耐心、善引導	情節引導、啟發	第 6 段
子強	有團隊精神、正向安慰鼓舞同學	彰顯團隊精神	第 5 段

（四）生命經驗的反思

「跑道」本身是名詞，卻隱含競賽、挑戰等動詞的意涵，以靜寫動時則寓意深遠，隱喻人生可能面臨的挑戰與競爭。閱讀時可貼近學生生活經驗進行深度討論，將課文中運動場上競賽的反思與孩子的生命經驗結合，提升到人生層次。而以跑道比喻人生，則要思考如何解釋人生歷程與跑道相似之處。其次，反思人生有大大小小的比試關卡與競爭，借「跑道」寄意，啟發思考人生目標與成敗得失。最後的結果固然重要，但過程中的努力是更彌足珍貴的學習；個人天資努力固然重要，但眾人的團結合作往往更是致勝的關鍵。如何深度學習閱讀文本的對話與內在思考，寫出運動／人生過程中真情流露的心境轉折，從而由生命事件中得到啟發與體悟，是讀寫整合的重點。

二、形成結構分析圖表

「跑道」課文結構分析如表 9.15。

三、確立學習能力及學習目標

（一）學習能力

1. 推論人物的個性與心理，2. 插敘手法，3. 情緒描摹，4. 動態描寫。

（二）學習目標

1. 認知：識別記敘文結構，概述插敘法，操作摹寫修辭。
2. 技能：
   (1) 閱讀理解教學策略：建立記敘文結構，分析人物心理與個性。
   (2) 寫作教學策略：操作插敘，情緒描摹，動態描寫，映襯修辭法。
3. 情意：展現真實的情感與想法。

四、設計教學活動

學生作文最常被詬病的是缺乏真實的情感，因此思考要設計什麼樣的讀寫教學活動，才能讓學生有所思、有所感，有技巧的以文字傳達出真摯的情感與深刻的反思，是教師要和學生一起努力達到的學習目標。

（一）以深度提問連結課文反思與生活經驗。

（二）插敘的寫作手法。

表 9.15　「跑道」課文結構分析表

<table>
<tr><th colspan="5">跑道</th></tr>
<tr><td>主旨</td><td colspan="4">不以成敗論英雄，成功不必在我。</td></tr>
<tr><th rowspan="2">結構</th><th colspan="2">段落</th><th rowspan="2">主題句／
上位概念</th><th rowspan="2">段落大意</th></tr>
<tr><th>意義段</th><th>自然段</th></tr>
<tr><td>背景</td><td>一</td><td>1</td><td>接力賽前的心情</td><td>接力賽前，政彬心情沉重。</td></tr>
<tr><td>起因</td><td>二</td><td>2</td><td>棒次對調</td><td>老師對調政彬與名揚的棒次。</td></tr>
<tr><td>問題</td><td>三</td><td>3</td><td>政彬想證明自己</td><td>政彬因棒次變動而覺得心理不平衡。</td></tr>
<tr><td>解決</td><td>四</td><td>4、5、6</td><td>政彬的反省</td><td>受傷的名揚與隊友、老師激發政彬的反省。</td></tr>
<tr><td>結果</td><td>五</td><td>7、8</td><td>政彬的領悟</td><td>政彬領悟要放下個人得失，爭取團體榮譽，終於贏得比賽。</td></tr>
<tr><td>迴響</td><td>六</td><td>9</td><td>勝利與友誼</td><td>贏得勝利並重拾友誼。</td></tr>
<tr><th colspan="5">全文大意</th></tr>
<tr><td colspan="5">在校慶四百公尺接力賽跑前，由於老師突然宣布政彬和名揚交換棒次，讓政彬感到委屈，而發生無理取鬧事件。後來雖然名揚跳高時受傷，但大家卻更團結一心，反讓政彬感到慚愧。最後，政彬領悟老師的話，在接力賽時全力衝刺，終於贏得比賽的勝利。</td></tr>
<tr><th colspan="5">有層次的提問</th></tr>
<tr><td colspan="5">事實：
推論：
評論：</td></tr>
<tr><th colspan="5">讀寫整合：「運動場上的啟示」</th></tr>
<tr><td colspan="5">創造性提問：</td></tr>
</table>

（三）學習以對話及內心獨白描摹情緒。

（四）學習動態描寫的技巧。

（五）學生上臺報告生字詞。

（六）學生獨立進行文章診斷及修改。

>>> 教學流程：（預計 6 節課）

閱讀理解 →拆解標題預測內容→內容深究（運用理解監控閱讀文章）＋詞彙教學→形式深究（分析文章結構並歸併意義段）(1)→摘意義段段落大意（刪除／畫關鍵詞／歸納／主題句／潤飾）→寫出段落主題句→以結構摘全文大意→**摘要評估反思** (2)→內容深究→有層次的提問→人物心理與個性分析→找主旨→轉化段落大意為問句→**報告生字詞** (3)→ 讀寫整合 →**插敘→對話與內心獨白→動態描寫→情緒描摹** (4)→ 讀寫精進 →**解析範文**→審題立意→**鋪陳衝突與問題解決→以人生哲理開頭→以啟示法作結**→擬大綱→歷程性指導→撰寫作文→**獨立進行文章診斷及修改**→教師批閱並分享佳作 (5)(6)

貳 閱讀理解教學 (1)(2)(3)

一、拆解標題做預測及內容取材 (1)

第一次默讀全文。學生已熟悉六何法預測，能自行拆解標題預測內容。

師：看到標題「跑道」，如何以六何法拆解標題來預測內容，會問什麼問題？【推論／詮釋整合】

學生可能的提問有：「是誰在跑道上，要做什麼？」、「為什麼在跑道上？」、「什麼時候在跑道上？在哪裡的跑道？」。

師：所以由標題預測內容，應是主角在跑道上發生一些事情的原因、經過與結果。

二、內容深究

第二次課文默讀。默讀前教師先複習「理解監控」的步驟（請參見第四章圖 4.4），提醒默讀時，利用理解監控發現文句不懂處並畫記，運用重讀一次、以上下文推詞義或因果推論等策略，幫助理解。再由教師提問檢核學生的理解情形。

三、形式深究

（一）分析文章結構以歸併意義段

「跑道」的自然段有 9 段，經結構分析為故事文法，第 1 段是背景（地點、時間、事件），再找出主角是誰（政彬、名揚、子強或老師？），主角的確定端視誰遇到的問題成為全文敘事的主軸，並在後續內容中看到解決方法的提出及結果的描述，師生可藉由深度思考討論與比較分析來確定，政彬有明顯的衝突事件和情緒轉折，因心理不平衡而產生想以破壞行動來證明自己的想法與目標。但在歷經一些事件後改變想法，積極面對並解決問題，終能贏得美好結局並重拾友誼。相較之下，名揚、子強或老師則並沒有明顯心理衝突的問題，因此主角是政彬。確定主角後，再釐清遇到的問題，為什麼產生這個問題？造成主角心理不平衡的原因是什麼？他想達成什麼目標來解決問題並平復心中的失衡呢？如何解決？結果如何？最後主角有什麼想法。經層層提問梳理脈絡後，可以釐清第 3 段描述政彬因棒次變動而覺得心理不平衡是問題，而起因在第 2 段，第 4、5、6 段描述一步步地解決，第 7、8 段是結果，最後的第 9 段是迴響。因此，經歸併自然段的 4、5、6 段及 7、8 段為意義段後，共有六段意義段。

師：本課第一段寫的是什麼？背景嗎？有人、事、時、地嗎？【背景】

師：主角是誰？是政彬、名揚、子強還是老師呢？為什麼？請說明原因。【主角】

師：主角是政彬，他遇到什麼問題？問題的起因是什麼？【問題；起因】

師：政彬如何解決他的問題？【解決：方法一、方法二】

師：結果呢？【結果】

師：最後的迴響描述主角的什麼想法？【迴響】

（二）以結構摘意義段段落大意（刪除／畫關鍵詞／歸納／主題句／潤飾）**(2)**

運用刪除／畫關鍵詞／歸納／主題句／潤飾策略，摘取意義段的段落大意，寫在學習單中。

畫關鍵詞、提問一句及畫結構圖已納入回家預習作業。上課時教師先示範第一段的刪除與畫關鍵詞，請學生自行核對，接著增加連接詞或重組以潤飾文句，摘出第一段意義段的段落大意。二～六段則分派給小組，共同討論出關鍵詞與段落大意，寫在小白板上。接著寫同一段大意的小組依序上臺分享，師生一起討論檢核。

（三）寫段落主題句／上位概念命名

完成各段段落大意後，接著找出能代表段落意思的主題句，若無法從文中直接找到適合的主題句，就自行撰寫主題句，最後要為段落上位概念命名。

（四）以結構摘全文大意

以段落大意為基礎，用自己的話或換句話說摘要全文大意。當學生有疑問時，則師生一起討論，依文章主軸推敲出重要的詞語，再連綴潤飾文句，以符合重點、精簡與流暢的摘要原則。等意義段段落大意都摘出來後，請學生依據文章結構，把整理好的段落大意，增加連接詞或重組文句，串成通順的全文大意，寫在學習單中（如表 9.16）。

（五）摘要品質評估

全文大意的摘要須符合重點、精簡與流暢原則。而學習對摘要品質的自我監控評估，能培養獨立閱讀時掌握重點的重要能力。

1. 摘要品質自評

在全班討論前，先請學生運用「摘要品質評量表」（參見表 9.11）評

表 9.16　「跑道」結構與大意學習單

跑道				
主旨				
結構	段落		主題句／上位概念	段落大意
	意義段	自然段		
背景	一	1		
起因	二	2		
問題	三	3		
解決	四	4、5、6		
結果	五	7、8		
迴響	六	9		
全文大意				
有層次的提問				
事實： 推論： 評論：				
讀寫整合：「運動場上的啟示」				
創造性提問：				

估自己全文摘要的品質。

2. 摘要評估反思

接下來反思該如何做，才能養成在閱讀時，有意識監控檢查自己摘要品質的習慣，並請學生分享摘要監控的心得。

四、內容深究 (3)

（一）有層次的提問

因學生已熟悉有層次的提問，可以自行針對內容提問。請小組討論並練習事實、推論及評論的有層次提問，並延伸到寫作「運動場上的啟示」進行創造性提問。各組每個層次至少提出一個問題，先記錄在學習單上並標明問題層次。

（二）分析主角的情緒轉折與心路歷程

師：接力賽前，政彬的心情如何？為什麼？【事實／提取訊息，進行推論】

師：接力賽前，發生什麼事影響政彬的心情？【推論／推論訊息】

師：接力賽前，老師為什麼要調換政彬和名揚的棒次？【事實／提取訊息】

師：接力賽前，政彬為什麼對名揚不滿？【事實／提取訊息，進行推論】

師：調換棒次，為什麼引發政彬心理的不平衡？【推論／詮釋整合】

師：在賽前，政彬計畫在接力賽時如何做？【事實／提取訊息】

師：名揚受傷後，自己、政彬、老師和隊友有什麼反應？【事實／提取訊息】

師：政彬解決問題過程中的心路歷程與心情轉折如何？【推論／詮釋整合】

師：政彬問題解決的轉捩點是什麼？他領悟到了什麼？【評論／檢驗評估】

師：你覺得政彬的班級最後贏得接力賽的原因是什麼？【評論／詮釋整合】

師：第 9 段中，「你贏了」與「我們贏了」是否有不同？【評論／檢驗評估】

（三）推論並比較分析角色的性格與功能（如表 9.17）

師：政彬是怎樣的個性？在文章中的功能為何？請從課本中找到證據。【推論＋評論／詮釋整合】

師：名揚是怎樣的個性？在文章中的功能為何？請從課本中找到證

表 9.17　「跑道」的角色分析學習單

角色	個性／人格特質	功能	課本
政彬			
名揚			
老師			
子強			

據。【推論＋評論／詮釋整合】

師：子強是怎樣的個性？在文章中的功能為何？請從課本中找到證據。【推論＋評論／詮釋整合】

師：你最喜歡文章中的哪個人物？為什麼？【評論／檢驗評估】

師：你覺得政彬與名揚之間是什麼關係？【推論／詮釋整合】

師：如果你是政彬，知道棒次更換，你會怎麼做？【評論／檢驗評估】

（四）找主旨

師：從題目及文本可以發現，文章的主軸立意是什麼？作者想告訴我們什麼？【評論／詮釋整合】

師：為什麼以「跑道」而不是「接力比賽」來作為本文的標題呢？這樣的標題命名有什麼好處或隱藏了什麼意涵？【評論／檢驗評估】

師：讀完本課，你覺得政彬班上贏得最後勝利的因素是什麼？是政彬的領悟嗎？【評論／檢驗評估】

師：你認為在運動場上或人生舞臺上，影響贏得最後勝利的因素是什麼？【創造／檢驗評估】

（五）轉化段落大意的陳述句為問句

引導學生將意義段段落大意轉化為提問句，培養讀書抓重點及考前自問自答的理解監控自詢能力。教師先示範如何將直述句轉換成疑問句，再分組練習與發表。

（六）學生上臺報告生字詞

在第一次閱讀時，師生共同圈選出生難字詞，每次指派與生字詞相等人數的學生回家查詢並造詞造句，上課時上臺發表生字詞報告。

參 讀寫整合 (4)

一、插敘

插敘是變換時空敘述的手法，是在敘述主要事件或情節的發展過程中，暫時中斷所敘述的時間軸線與事件線索，插入其他事件或人物情節的敘述，然後再回到原先所敘述的事情上。插敘目的在補充交代事件原因、人物情緒變化或說明相關的內容，讓故事更完整、更有趣，並為文章的開展埋下伏筆以照應前文。

二、對話與內心獨白

在文章中加入對話或內心獨白，能使文章更豐富精彩，所呈現的人物情感、思緒或個性，都會更真實立體，達到如聞其聲、如見其人的身歷其境效果。例如，政彬已經有所領悟：「對！我應該放下個人的得失，為自己也為班級的榮譽努力向前。」政彬再也壓抑不住興奮的情緒，猛然衝向前去抱住名揚，忘形的喊著：「你贏了！你贏了！」

微寫作練習

寫下以下練習中人物的內心獨白（OS）。

練習一：接力賽前，政彬得知老師調換棒次後，內心的獨白。

練習二：名揚在跳高比賽受傷後，內心的獨白。

三、動態描寫與譬喻

靜態描寫是描述人事景物的特色或靜止的狀態，包括生理、心理與物理特性。而動態描寫是敘述動態變化中的人事景物，透過細心的觀察，抓住最能反映人事景物特點的瞬間動作，以放大特寫鏡頭描繪出鮮活靈動的彩色寫真。無論動態或靜態描寫，都可運用譬喻法描寫人物的動作與言行舉止，或用擬人化手法描寫景事物，添加生動有趣的真實感。

- 課文：如脫韁野馬。
- 作文：快如飛毛腿，球速快如閃電。

微寫作練習

練習：選擇一種運動，例如：跑步、打籃球、接力賽等。由局部的頭、眼神、呼吸、手、腳、動作、神情到整體，動態描寫某一位好朋友從事這項運動時的情形。

四、情緒的描摩與誇飾

以誇飾法描摹情緒的變化與轉折。

- 課文：緊張得心臟幾乎要蹦出來。
- 作文：驚訝到下巴快掉下來了。

五、映襯

- 課文：看著五班的選手充滿自信的表情，手中的接力棒頓覺沉重起來……。
- 作文：看著平時活潑的小明，今天卻沉默的躲在角落，我不禁好奇他怎麼了。

肆 讀寫精進 (5)(6)

寫作前，教師發下「作文評定表」（參見第六章表 6.12），提醒寫作的標準：立意取材、結構組織、遣詞造句及格式標點，據以評析課文及範文。讀寫整合就是透過文章結構的對應聯繫，將閱讀能力過渡轉化成寫作能力，課堂閱讀教學時運用標題預測習得作文題目的審題立意分析能力，將形式深究的課文結構分析轉化成作文的結構布局能力，將內容深究時欣賞並演練習得的課文修辭與句型能力，轉化成作文的修辭煉句能力。

一、解析範文

於課文外再提供範文的目的，在強化該次寫作目標的觀摩與學習，因此要聚焦選擇本次寫作教學重點的範文。例如，根據本次讀寫整合的教學重點：結構與修辭，或插敘與動態描摹，選擇適合的範文。而內心獨白的寫作手法，一則可凸顯情緒轉折與心路歷程，讓學生有更多仿作精進的機會；再則當朝向上提升之目標奮戰的過程遇到挫折挑戰時，學習以內在語言與想法自我激勵，淬礪堅毅不放棄的心志力。教師分析範文並提示觀摩仿作重點後，再請學生撰寫自己的寫作計畫表，將更能實質連結閱讀與寫作，達成讀寫整合的目標，培養學生閱讀與寫作的能力。

二、學審題立意

很多條件都能造就好的故事，但真正最核心的要件是「衝突」，特別是人性與情感的衝突。強烈的衝突直指人心，由心理衝突的產生到解決，從而獲得刻骨銘心的啟發與血淚織就的教訓，是為文要旨。據此，作文題目「運動場上的啟示」的關鍵題眼是「啟示」，字面意義是寫出獲得的啟發啟示，但深層目的其實在考察問題解決的能力，以及能否從中獲得感悟與成長。

範文

運動場上的啟示

人生是一條長長的跑道，學習也是一條長長的跑道，運動場的跑道上充滿著汗水與淚水，而人生與學習跑道上的酸甜苦辣，都讓我體悟到哲理與啟示。

記得五年級下學期期末的體育課，班上進行了一次八百公尺跑步考試，女生及格是4分30秒，聽起來應該很容易就可以過關了，可是對體育一向不是強項的我來說，平常一百公尺就跑得上氣不接下氣，何況是又考耐力、又考速度的八百公尺跑步呢？

當站到運動場的跑道上，老師一個一個點名後就依序起跑，看到測試完的一個個同學，有人因為不及格而滿臉沮喪，更是增添了我的緊張。終於輪到我了，我活動了一下四肢，在跑道上擺出了起跑的姿勢，隨著老師一聲令下，跑了出去。一開始我就落後了好多，心像被潑了冷水涼了起來。此時風從身邊呼呼劃過，怒號著，咆哮著，阻礙著我，不讓我前行。口乾舌燥燃燒肺葉與喉嚨，即使張開嘴用力呼吸，仍然無法緩解空氣稀薄的痛楚。即使雙腿努力機械的邁動著，但是不斷傳來的痠麻感卻像魔鬼誘惑著我，魔音穿腦的小小聲音不停的在說：「放棄吧！以你這速度一定及格不了，不如不考了，還省些氣力！」

當我的意志力快要投降時，又有一個微弱卻堅定的聲音說著：「堅持下去，用自己的雙腿，一定可以的！」頓時，魔音退散，聽到的是一旁同學們如雷的加油聲：「加油！只要不停，繼續跑！一定及格！」我頓時信心大增，咬緊牙關繼續加速，跑完了倒數第二圈，跟隨著前面的人繼續跑第四圈。

到了最後一圈，我很想向前衝刺，一舉衝過終點線，可是身體卻好像不是自己的，任憑你怎麼使力氣，還是欲振乏力。我想邁開大步，可是雙腿像千斤重，想放棄的念頭再次浮上心頭。這時，我又再一次聽到了那個小小聲音：「堅持下去！絕不放棄！」讓我又重新有了力量，一個箭步，衝到了終點線。「4分15秒！及格了！」

跑完的我累癱在椅子上，臉上充滿欣慰與汗水，我堅持下來了！我成功了！我也明白了，如果你努力、堅持，什麼樣的困難都可以克服！在運動場上的跑道要堅持努力，終能抵達終點。而人生與學習的道路又何嘗不是如此，只要堅持不放棄，不斷努力到最後一秒，「有志者事竟成」，最後終能克服挫折與挑戰，達成人生與學習的目標。

資料來源：修改自 http://big5.baiyunpiaopiao.com/zuowen/chuzhong/chuyi/314482.shtml

（一）觀察比較課文標題及作文題目

仔細觀察標題，想一想你發現了什麼？

- 課文／範文：「跑道」，地點為田徑場；角色為接力賽隊員／八百公尺跑步考生；事件為不合作到合作／想放棄到達標的過程。心理轉折分別是政彬在四百公尺接力賽上，從原本的心存芥蒂到放下個人得失，全力以赴，最後獲得勝利／作者從畏懼、痛苦、想放棄到自我激勵、堅持、努力，終能成功及格。歸納中心思想：反思出「不以成敗論英雄」、「成功不必在我」／「成功屬於堅持到最後一秒者」的精神。
- 作文：「運動場上的啟示」，地點為運動場，角色為運動員，事件是由運動場上的事件解決引發的省思。歸納中心思想：主角在運動場上發生的事件，如何解決所引發進一步的反省與啟示。

（二）衝突與問題解決

鋪陳出事件衝突點的前因後果。即使自己並沒有親身經驗，但可以發揮想像力，將他人經歷問題解決的故事轉化到自己身上，讓文字更生動有張力。

1. 衝突或挫折發生：
   - 課文：調換棒次、心存芥蒂。
   - 作文：兩好三壞。
2. 問題解決：
   - 課文：不以成敗論英雄，成功不必在我。
   - 作文：調整情緒與壓力，隊友的加油打氣。

三、學布局取材

分析課本及範文的文章結構，學習寫作的布局及取材。先想想看生活中，自己最喜歡什麼運動或經歷過哪些運動場上的活動？從事這些運動時曾發生過哪些印象深刻的事件？這些事件／衝突如何解決的？對自己又有什麼樣的影響與啟示？構思後，完成課本與作文文本結構分析與事件連結比對圖。

- 課本：

  從勝券在握變旗鼓相當←名揚受傷←【四百公尺接力賽】→調換棒次→心存芥蒂

- 範本：

  從毫無信心變充滿鬥志←堅持努力←【八百公尺跑步】→不擅運動→想要放棄

- 作文：

  從三心二意變堅持到底←受傷←【棒球比賽】→兩好三壞→關鍵時刻→緊張謹慎

  ↓

  失誤過多→團隊默契與合作精神

四、學以人生哲理來開頭

範文一開頭以譬喻連結主題，引出深具哲理的、啟人深思的獨特道理，讓題眼「啟示」一開場就如「鳳頭」般華麗亮相。此種「喻題法」又稱作比喻法，有兩種具體操作方式。一為將淺顯易懂的具體化事物透過比喻拉高層次，化為抽象的意涵；二為將抽象難懂的題目透過比喻化作具體化事物，例如範文「人生是一條長長的跑道，學習也是一條長長的跑道，……，都讓我體悟到哲理與啟示」，即以跑道比喻人生，從而彰顯得到的啟示。

五、學啟示法首尾呼應寫結尾

範文的結尾針對題意和全文的中心思想，融入真摯情感與反思，引用名言佳句歸納所得到的啟示、教訓，用鼓勵的語句勉勵自己或激勵別人，首尾呼應以照應標題並點明題旨，如「豹尾」簡潔有力作結。例如範文「跑完的我累癱在椅子上，臉上充滿欣慰與汗水，我堅持下來了！我成功

了！我也明白了，如果你努力、堅持，什麼樣的困難都可以克服！……人生與學習的道路又何嘗不是如此……」，融入真摯情感與反思，進一步深化並強調主題。

六、學修辭句型

（一）學習對話與內心獨白

對話或內心獨白是人物個性與想法最具體而真實的表現，也是人與人間最直接的溝通方式。在栩栩如生的言談互動中推進情節，讓人物立體鮮活。對話或獨白運用時，注意口氣用詞與人物的性格、情境情緒要一致，才能前後連貫，達到身歷其境的效果。以「運動場上的啟示」為例，對體育一向不是強項的作者來說，當八百公尺跑步落後許多，又腳痠力竭時，自然會在心底出現：「放棄吧！以你這速度一定及格不了，不如不考了，還省些氣力！」的聲音，可強化考驗與困難的強度，映襯終以意志克服的力道與啟發。

（二）學動態描寫與譬喻

動態描寫可將運動時的動作變化、英姿、神態和表情，生動傳神的細膩描摹出來。若再加上譬喻，則能讓動作更加具象活潑、生動有趣。以「運動場上的啟示」為例，「口乾舌燥燃燒肺葉與喉嚨，即使張開嘴用力呼吸，仍然無法緩解空氣稀薄的痛楚。即使雙腿努力機械的邁動著，但是不斷傳來的痠麻感卻像魔鬼誘惑著我」的動態結合譬喻描寫，傳神寫實地將作者的痛楚掙扎描繪出來。

（三）情緒的描摹與誇飾

運用描摹手法抒發表達真實的感覺、情緒與情感，運用抒情筆法能增強文章的渲染力，引發共鳴。而以誇飾法描摹運動場上人物的情緒或表現，透過豐富的想像力，語不驚人死不休，超越客觀事實將意象情感刻意的放大或縮小，如「雙腿像千斤重」、「如雷的加油聲」、「緊張得心臟幾乎要蹦出來」等，不但讓運動場上人事物的形象情意更加鮮明突出，宣洩豐沛的情感，讓人感受更加深刻。

（四）學映襯

將不同或相反的觀念或事實並列出來，比較運動場上的人事物或表現，從而強烈凸顯出運動場上天高地遠、高低落差的不同表現、心情、能力或結果。

七、擬大綱

先在寫作計畫表（如表 9.18）擬出每段重點的構想。先寫運動場事件發生的場景（時地人事、資格或限制），接著寫事件之前的準備、心情及隱患，繼而在第三段動態描摹動作、情緒的同時，筆鋒一轉提出問題及遇到問題的心理情緒變化，第四段描寫如何克服困境解決問題的過程與結果，最後以心得啟示作結。

表 9.18　「運動場上的啟示」寫作計畫表

作文	「運動場上的啟示」寫作計畫表	
結構	段落	段落大意
背景／起因	1	
問題	2	
解決	3	
結果	4	
迴響	5	

八、歷程性指導

寫作計畫表完成後，交給老師。老師會提供修改意見，沒問題或修改完成得到「通過」章後，再於稿紙中寫下完整的作文。

九、修改與分享

（一）獨立診斷與修改

六年級學生已進入 Piaget 的形式運思期，具備基本的假設驗證能力，可以在教師及「文章診斷修改單」的鷹架輔助下，學習獨立進行文章診斷工作，培養自我監控診斷調整的能力。教師將「文章診斷修改單」（參見表 9.8）貼在學生作品上方，學生先批判性閱讀，輔以「文章診斷修改單」的提示，自行勾選出文章的問題並嘗試修改，修改完再交給老師批閱。

（二）教師批閱

教師批閱作文時，依據「作文評定表」的寫作標準，針對內容切題、結構嚴謹、段落銜接恰當、語句完整清楚合邏輯，給予整體及分項的意見。

（三）分享觀摩

教師以學生作文的實際問題為例，先示範說明如何診斷及修改。接著進行小組討論，練習診斷及修改。對學生的個別問題，一對一指導是最有效的補救方式。其次，選擇優秀作品投稿報刊並分享於課室公佈欄，供學生觀摩學習。

高年級讀寫整合範例（四）：議論文

理性思考並周密舉證以理服人，有條理說話以清晰表達自己的看法，不但是高年級語文讀寫的學習重點，更是科學論證與民主素養的關鍵能力，而議論文讀寫正是培養此能力的不二法門。但目前國小中高年級課本中，議論文所占比例偏低，需要教師補充文本並設計教學活動，搭建整合議論文讀寫的鷹架，讓學生逐步熟稔議論文的讀寫，從而培養邏輯思考、分析事理、明辨是非的能力。

高年級的議論文讀寫教學，可採口說、書寫、辯論會、記者會等多元方式，大量布題，如「談合作」、「珍惜時間」、「成功與努力」、「影響生活的一項發明」等，讓學生循序學習議論文三元素：論點、論據與論證，以及三者間的邏輯關係。其次，善用課本素材即學即用。表 9.19～表 9.24 的範例，係依據年級及主題，整理自不同版本課本目前或曾經選用過的課文，依不同類別分析議論文的結構，建議高年級議論文讀寫教學宜循序進行：五年級上學期的議論文讀寫教學以「論點—論據（正例／反例）—結論」結構為主；五下及六年級的議論文讀寫教學加入論證，結構為「論點—論據—論證—結論」的形式。

表 9.19　五上「珍惜時光」類議論文結構分析範例

五上：論點—論據（正例＋反例）—結論 主題：珍惜時光（南一版三上「善用時間」；康軒版五下「做時間的主人」）			
善用時間			
論點			時間一去不回頭，所以要善用時間。
論據	正例	正例一	農夫把握時間種出甜美果實。
		正例二	蜜蜂把握時間釀出香甜花蜜。
		正例三	學生把握時間學習知識與能力。

表 9.19　五上「珍惜時光」類議論文結構分析範例（續）

善用時間			
論據	反例	反例一	農夫不把握時間就沒有收穫。
		反例二	蜜蜂不把握時間就無法釀出花蜜。
		反例三	學生浪費時間就學不到知識。
結論			時間就是生命，所以要善用時間。

表 9.20　五下「創意與生活」類議論文結構分析範例

五下：論點—論據—論證—結論 主題：創意與生活（康軒版三上「生活創意家」；翰林版四下「如何安排休閒活動」；翰林版五上「邁向低碳生活」；翰林版六上「用心生活」；南一版六下「活得快樂」）	
生活創意家	
論點	想出好點子可以解決問題並帶來生活驚喜。
論據（正例）	海曼發明橡皮擦鉛筆的事例。
	楊正想出隱藏式吸管鋁箔包的事例。
論證	生活創意家發現問題時，努力思考解決問題。
結論	多動腦就能成為生活創意家。

表 9.21　五下「成功與努力」類議論文結構分析範例

五下：論點—論據—論證—結論 主題：成功與努力（南一版四下「努力與收穫」；南一版六上「成功的背後」）		
成功的背後		
論點		成功背後的嘗試、吃苦與堅持是成功的不二法門。
論據	論據一	紀政的事例。
	論據二	諾貝爾的事例。
論證（推理論據支持論點）		成功者能執著理想，勇於嘗試並接受磨難。
結論		成功背後的努力不懈與奮鬥到底，能創造實現理想的機會。

表 9.22　五下「合作」類議論文結構分析範例

五下：論點—論據—論證—結論 主題：合作（翰林版四下「談合作」；翰林版六上「守望相助」）	
守望相助	
論點（提出問題——要證明什麼）	守望相助可以讓生活更美好。
論證一（證明如何解決問題）	要做到守望相助必須睦鄰與互助。
論據一（以事例證明如何解決問題）	王奶奶因睦鄰得助力的事例。
論據二（以事例證明如何解決問題）	山美村因互助保障生活安寧的事例。
論證二（證明解決問題的重要）	時代變遷下家庭結構改變，讓守望相助更顯重要。
結論	發揮守望相助的精神，能提升生活品質。

表 9.23　六上「抉擇」類議論文結構分析範例

六上：論點—論據—論證—結論 主題：抉擇（南一版五下「審慎的選擇」；南一版六上「語言與智慧」；南一版六上「明智的抉擇」；康軒版六上「談辯論」）	
明智的抉擇	
論點（提出問題）	要達到目標，就必須做出明智的抉擇。
論據（分析問題）	水多柴少會燒不開水的事例。
論證（提出解決方法）	摘除不良花苞可長出較大花朵。
結論	在有限時間依輕重緩急做出明智的抉擇。

表 9.24　六下「夢想與努力」類議論文結構分析範例

六下：論點—論據＋論證—論據＋論證—論據＋論證—結論 主題：夢想與努力（南一版六上「築夢踏實」；翰林版六下「永遠不會太晚」）	
永遠不會太晚	
論點	人生旅途很長，永遠不會有太晚的問題。
論據＋論證一	史懷哲 30 歲立志習醫，熱情加上努力終能做出不凡貢獻。
論據＋論證二	劉其偉 38 歲立志學畫，熱情加上努力終能成知名畫家。

表 9.24　六下「夢想與努力」類議論文結構分析範例（續）

永遠不會太晚	
論據＋論證三	柯勞克 52 歲立志創業，熱情加上努力終能創建跨國大企業。
結論	強烈自我期許加上熱情，按部就班去實現目標，就永遠不會太晚。

壹 文本分析

一、解析文本

（一）讀寫整合學習議論文

議論文三個要素：論點、論據、論證，擔負著不同的任務。論點是「要證明什麼」，論據是「用什麼去證明」，論證則是「如何證明」。論點是「提出問題」來表達個人見解與看法，建立正確論點須符合真理、社會價值與科學，為合理與說服力與否的判斷基礎；論據以事實、數據提供支撐論點的證據來「分析問題」；論證推理證明「如何解決問題」，推理說明論據何以能支撐論點的理由與道理。

（二）內容深究——比較分析與歸納統整

康軒版六上第三課「說話之前最好停看聽」的主題「語言的藝術」，是很抽象的概念，需連結具體生活體驗並深入思考，分析出語言智慧需具備的條件，才能讓處於暴衝叛逆期的六年級學生，充分理解「三思後行」、「衝動釀禍」、「禍從口出」的意涵，再由言語擴及做人做事，延伸寫作與情緒管理，以文字具體宣示，進而能知行合一，由言語到行為再內化為品格修養，在身體力行中學習言語行為的自我監控。

（三）形式深究——以結構為讀寫聯繫點

大量閱讀以比較不同議論文結構，辨析出論點、論據、論證及結論的定義與寫作手法，引導思考議論文的布局與取材，進而實際練習寫作中難度最大的議論文。

二、形成結構分析圖表

六上康軒版第三課「說話之前最好停看聽」為議論文，分析文章結構如表 9.25。

表 9.25　「說話之前最好停看聽」課文結構分析表

說話之前最好停看聽			
主旨	說話時要掌握時機、內容與方式，先停看聽、想清楚再說，才能得體不失言。		
結構	段落		段落大意
論點	一	1	說話時要先停看聽，內容、措詞、姿勢及表情都要符合當時情境。
論據 言例 事例	二	2	注意言談舉止並拿捏分寸，才能得好又說得巧。
		3～10	官員說話不得體[illegible]讓自己出醜的事例。
論證	三	11	承認淺薄且勇[illegible]者，勝過一味爭辯而不閉嘴的人。
結論	四	12	事先想清楚該說什麼、該怎麼說，才能得體又不得罪人。
全文大意			
說話時要掌握時機、內容與方式，先停看聽、想清楚再說。而注意言談舉止並拿捏分寸，才能說得好又說得巧。否則像某官員說話不得體，就會讓自己出醜。因此，事先想清楚該說什麼、該怎麼說，才能得體又不得罪人。			
有層次的提問			
事實： 推論： 評論：			
讀寫整合：「○○前先停看聽」			
創造性提問：			

三、確立學習能力及學習目標

（一）學生能力

1. 認識議論文結構，2. 認識論點與論據、論證的關係，3. 議論文寫作的立意、取材與布局能力。

（二）教學目標

1. 認知：運用議論文結構，運用議論文寫作手法。
2. 技能：
   (1) 閱讀理解教學策略：設計議論文結構，建立論點與論據、論證的關係。
   (2) 寫作教學策略：建構議論文的論點、論據、論證與結論的寫作方法。
3. 情意：展現追求真理、以理服人的態度。

四、設計教學活動

六年級時，畫關鍵詞、提問一句及畫結構圖已納入回家預習作業，教師先收回作業批閱，了解學生學習情形，在課堂上也要提醒學生做好回家功課的監控檢核工作。

為達到議論文讀寫整合的目標，在上第三課的前兩週，教師布下「找出語言藝術的言例與事例」的回家作業，逐日記錄在小日記中，並將佳作貼在教室公佈欄供同學觀摩分享。其次，輔以多文本及習作的閱讀分析，分析議論文結構與寫作手法，鋪墊議論文的寫作能力。此外，舉辦辯論比賽，以多元觀點批判辯證議題，學習蒐集資料，條理清晰理性表達自己的看法，敏銳反詰對方的觀點，踏出尊重別人、理性辯證的民主第一步。

（一）蒐集並記錄說話藝術的言例與事例。

（二）辨識議論文結構：了解論點、論據、論證與結論的關係。

（三）分析習作「說話的藝術」事件中人物的情緒與想法（參見表9.26）。

表 9.26　習作「說話的藝術」人物的語言與情緒分析表

人物	如何說（表情、姿勢）	說什麼（內容、措詞）	代表的情緒、想法
送貨員新手	露出不高興的表情	我已經得到客戶的允許……你分明是在整我，別以為我好欺負。	憤怒、懷疑、挑釁、委屈
鮑勃	以誠懇的口氣解釋	客戶……可以利用這裡卸貨。不過，也可能是我自己搞錯了，……。 請你告訴我，我就照著做就好了。	冷靜、同理、體諒、尊重、解決問題
大樓警衛	怒氣沖沖衝過來大吼	喂！你們不准停在這裡。 辛苦了！如果只是停幾分鐘的話，那就沒關係……。我幫你看著車子……！	生氣、被冒犯、被尊重、釋然、同理

（四）分析比較：以表格分析補充文本「談辯論」中的論點、論據與論證，以及作法，為辯論比賽暖身。比較「談辯論」與課文的結構，說出文本中論點與論據、論證之間的關係（參見表 9.27）。

表 9.27　「談辯論」結構分析表

談辯論		
論點		辯論是尋求公斷的好方法。
論據	正例一	孟子擅長用比喻、問答與邏輯推理說服對方。
	正例二	蘇格拉底擅長以問答及反問幫人發現事情的對錯。
論證一	方法一	辯論前先蒐集事證及數據作為佐證。
論證二	方法二	辯論時推理合邏輯、機敏找出對方的謬誤、態度溫和冷靜。
結論		理性辯論能激發思考、異中求同，成為懂得思考的人。

（五）辯論比賽：學習邏輯思考與理性論辯。

（六）議論文寫作：做事之前先停看聽。

>>> **教學流程**：（預計 7 節課）

[閱讀理解]→拆解標題預測內容→內容深究（運用理解監控閱讀文章）→形式深究（分析文章結構並歸併意義段）＋詞彙教學→**釐清論點、論據與論證的關係** (1)→摘意義段段落大意（刪除／畫關鍵詞／歸納／主題句／潤飾）→以結構摘全文大意→轉化段落大意為問句→報告生字詞 (2)→內容深究→找主旨→有層次的提問→**分析國習「說話的藝術」**(3)→[讀寫整合]→分析「談辯論」文章結構 (4)→**辯論比賽** (5)→[讀寫精進]→審題立意→以心智圖擬大綱→**學寫論點／論據**→撰寫作文→獨立診斷修改→教師批閱並分享佳作 (6)(7)

貳 閱讀理解教學 (1)(2)(3)

一、拆解標題預測內容 (1)

第一次默讀全文。因學生已熟悉六何法預測，能自行拆解標題預測內容。

（一）連結生活經驗、布置語境

師：標題是「說話前先停看聽」，生活中什麼時候、什麼事情要先停看聽？過鐵路平交道前、過馬路前？為什麼？「停／看／聽」什麼？【推論／詮釋整合】

（二）運用六何法以標題預測內容

師：如何運用六何法以標題預測內容？要問哪些問題？【推論／詮釋整合】

學生可能的預測提問有：「誰在說話前先停看聽？」、「為什麼說話前要先停看聽？」、「說話前如何先停看聽？」等。

二、內容深究

第二次默讀全文。教師提醒學生運用監控策略協助閱讀理解，包括分析詞彙解釋意義、閱讀上下文自問自答找出句子間及段落間的關係，發現問題並思考解決。例如，「口無遮攔」、「咀嚼」、「很多人都會爭辯，但不一定很多人都會說話」等。

三、形式深究

（一）依結構歸併自然段為意義段

六年級學生應已具備議論文的先備知識，可自行找出論點、論據及結論，但對於論證或是論點、論據與論證之間的關係，尚需要多舉實例加以釐清，以打好學生議論文寫作的基礎。

請學生依據議論文結構進行小組討論，練習自行找出論點、論據、論證及結論，再依據結構將自然段歸併為意義段。等學生發表後，教師再行歸納核證：自然段有 12 段，第 1 段為論點，第 2 段至第 10 段為論據（可再細分為第 2 段的言例，以及合併 3～10 段的事例），最後一段是結論。加上學生較為陌生的第 11 段論證，歸併後的意義段有四段（第一段為論點；第二段為論據；第三段為論證；第四段為結論）。

（二）找出議論文的結構

學生小組討論，找出議論文的結構，標明在課本上。

師：論點是什麼？【論點】

師：文本的哪幾段是論據？【論據】

師：2 至 10 段都是論據。第 2 段以文字說明支持論點的理由，稱為「言例」。第 3 至 10 段是以故事來支持論點，可合併為「事例」。

師：第 11 段是什麼？

師：「論證」在說明論據為什麼可以支持證明論點的推理過程。【論證】

師：文本的結論是什麼？【結論】

（三）釐清論點、論據與論證之間的關係

師：本課的論點是什麼？【推論／詮釋整合】

師：本課的論據是什麼？【推論／詮釋整合】

師：論點和論據間有什麼的關係？【評論／檢驗評估】

師：什麼論證？有什麼作用？在本課哪一段？【評論／檢驗評估】

師：論證和論據、論點之間有什麼的關係？【評論／檢驗評估】

（四）以結構摘意義段段落大意（刪除／畫關鍵詞／歸納／主題句／潤飾）**(2)**

運用刪除／畫關鍵詞／歸納／主題句／潤飾策略，摘取意義段的段落大意，寫在學習單中。上課時教師先示範第一段的刪除與畫關鍵詞，請學生自行核對，接著是找出或自行撰寫主題句，增加連接詞或重組以潤飾文句，摘出意義段的段落大意。當各組上臺報告時，教師可針對不符合重點、精簡與流暢的部分，進行討論，並適時提供意見，讓學生能習得依文章主軸抓重點的摘要能力。

（五）以結構摘全文大意

師：意義段的段落大意都摘出來了，現在依據文章結構，把剛才整理的段落大意，增加連接詞或重組文句，串成通順的全文大意，寫在學習單中（如表 9.28）。

（六）學生上臺報告生字詞

在第一次閱讀時，師生共同圈選出生難字詞，每次指派與生字詞相等人數的學生回家查詢並造詞造句，上課時上臺發表生字詞報告。

（七）依結構排段落序

教師將各組所寫段落大意小白板的次序打亂，抽一組請派同學上臺排

表 9.28　「說話之前最好停看聽」結構與大意學習單

<table>
<tr><th colspan="4">說話之前最好停看聽</th></tr>
<tr><td>主旨</td><td colspan="3"></td></tr>
<tr><th>結構</th><th colspan="2">段落</th><th>段落大意</th></tr>
<tr><td>論點</td><td>一</td><td>1</td><td></td></tr>
<tr><td rowspan="2">論據
言例
事例</td><td rowspan="2">二</td><td>2</td><td></td></tr>
<tr><td>3～10</td><td></td></tr>
<tr><td>論證</td><td>三</td><td>11</td><td></td></tr>
<tr><td>結論</td><td>四</td><td>12</td><td></td></tr>
<tr><th colspan="4">全文大意</th></tr>
<tr><td colspan="4"></td></tr>
<tr><th colspan="4">有層次的提問</th></tr>
<tr><td colspan="4">事實：
推論：
評論：</td></tr>
<tr><th colspan="4">讀寫整合：「○○前先停看聽」</th></tr>
<tr><td colspan="4">創造性提問：</td></tr>
</table>

出正確的段落順序，以培養學生組織結構的邏輯概念。

（八）轉化段落大意的陳述句為問句

引導學生將意義段段落大意轉化為提問句，培養自詢的能力。教師先示範，再分組練習與發表。

四、內容深究 (3)

（一）找主旨

師：從題目及文本可以發現，文章的主軸立意是什麼？

師：課文的論點是「該說的才說而不該說的不說」，所以作者想告訴

我們的主旨是什麼？【評論／檢驗評估】

（二）有層次的提問

學生已具備自行有層次的提問的能力。請小組討論並練習事實、推論、評論及創造性提問，各組於每個層次至少提出一個問題，先記錄在學習單上並標明問題層次，再分組上臺報告，教師適時以反問引導監控：第一組的提問「第一段中『說得愈多，錯得愈多』，請由課文中找出支持這個觀點的證據」，這是論點嗎？提問組的答案周延嗎？全班一起討論。

學生可能提出的問題：

「為什麼在說話之前最好先停看聽？」【事實／提取訊息】

「說話之前要針對什麼及如何做到停看聽？」【推論／推論訊息】

「說話之前要如何『停』？如何『看』？如何『聽』？」【推論／詮釋整合】

「賓客為什麼笑那位官員？」【推論／提取訊息，進行推論】

「官員為什麼會口無遮攔、一再出醜呢？」【推論／詮釋整合】

「官員是怎樣的人？請舉出文章的兩個言行證據來支持。」【推論／詮釋整合】

「作者舉名言『寧可把嘴巴閉起來，使人懷疑你是淺薄，勝於一開口就使人證實你的淺薄。』是什麼意思？目的在推理驗證什麼事情？」【評論／檢驗評估】

「『話人人會說，但是如果說得不得體，經常會造成誤解』，我們該如何做，才能成為會說話的人？」【創造／檢驗評估】

「第二段引用作家奧爾科特的話，目的為何？這樣寫有什麼好處？」【評論／檢驗評估】

「生活中是否曾發生類似官員的事件？如果是你，你會怎麼做？」【創造／檢驗評估】

五、分析習作「說話的藝術」

以習作「說話的藝術」練習分析說話的「停、看、聽」：說什麼（內容、措詞）、如何說（表情、姿勢），以及人物言行舉止所代表的情緒與想法。小組討論後，寫學習單（見表 9.29），再發表。

表 9.29　「說話的藝術」習作學習單

人物	說什麼 （內容、措詞）	如何說 （表情、姿勢）	代表的情緒、想法
送貨員新手			
鮑勃			
大樓警衛			

（一）停——先同理、確認傾聽意願

說話前，先停下來，深呼吸放下情緒，冷靜思考分析「確認對方的聆聽意願」這個至為關鍵的步驟。因為，對方想聽，你說的話才有意義。例如，「智救養馬人」中的晏子及本課習作中的鮑勃，想從盛怒的對方那裡得到認同，必先同理取得傾聽意願及發語權，向對方確認：「接下來，可以聽我說嗎？」獲得對方的傾聽意願才有說服對方的機會。

（二）看——觀察表情姿勢與情緒

在確認對方的傾聽意願後，馬上以誠懇態度進入談話主題。要注意說什麼（內容明確簡要、用詞淺顯易懂）及如何說的方式（禮貌、神情、音調、姿態、手勢），有邏輯、有條理的說明要表達的意思。

（三）聽——聆聽言外之意

聆聽對方的話語及心聲，尊重對方的職權，考慮對方需求或困境，以退為進先肯定對方的權力或承認自己的疏失，為對方鋪墊下臺階，並把選擇權交到對方手上。例如，「智救養馬人」中的晏子數落養馬人三大罪狀及因勢利導假意要處死養馬人；習作中的鮑勃一方面坦承自己可能搞錯

了，一方面肯定對方的主導權，都讓對方感受到被尊重與擁有選擇權，充分發揮言語智慧的力量，終能創造雙贏。

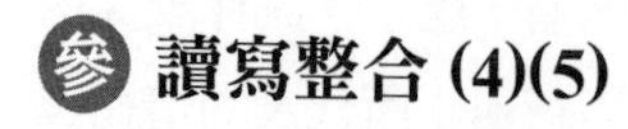

參 讀寫整合 (4)(5)

一、辨識議論文結構 (4)

論點、論據與論證三者環環相扣，論據是「用什麼去證明」，論證則是「如何證明」。論點是「提出問題」來表達個人見解與看法，建立正確論點須符合真理、社會價值與科學，這也是合理與具說服力與否的判斷基礎；論據以事實、數據提供支撐論點的證據來「分析問題」；論證則在推理「如何解決問題」，證明論據之所以能支撐論點的理由與道理。

（一）練習釐清論點、論據與論證的關係

閱讀「談辯論」文本，小組自行討論找出論點、論據、論證及結論，填在學習單中（如表 9.30），並分析之間的關係。

師：作者的看法（論點）是什麼？提出什麼問題？想要證明什麼？【推論／詮釋整合】

師：本課的論據是什麼？作者「用什麼事例」去分析、證明、支持論點？【推論／詮釋整合】

師：孟子和蘇格拉底的故事可分析為「什麼人→做什麼事→有什麼結果→為什麼有這樣的結果」，是否能證明論點「辯論是尋求公斷的好方法」？【推論／詮釋整合】

師：文本以兩個論證「辯論前的準備」及「辯論時的態度與策略」來解決問題，是否能證明論點「辯論能尋求公斷」，能支撐論據呢？【評論／檢驗評估】

微寫作練習

表 9.30　「談辯論」學習單

談辯論		
論點		
論據	正例一	
	正例二	
論證一	方法一	
論證二	方法二	
結論		

（二）跨文本連結線索，比較分析多文本的結構

比較補充文本「論辯論」與本課的結構，二者有何相似或相異之處？【評論／詮釋整合】

二、辯論比賽 (5)

經過一系列議論文的閱讀及討論後，舉辦辯論比賽實作，可進一步訓練學生邏輯思考及有理有禮的說話方式。具體執行步驟如下：

（一）事先蒐集資料：比賽前兩週宣布題目「小學生中午應該睡午覺」（或「小學生應該穿制服」、「小學生應該有手機」），請學生利用課餘時間上網蒐集贊成或反對的論據和事證。正方論點是「**應該**」，則要蒐集支持睡午覺的言例與事例，言例如「休息是為了走更長遠的路」。事例可舉古今中外有午睡的名人為證：法國拿破崙、發明大王愛迪生、英國前首相邱吉爾及科學家愛因斯坦等。推論出為何要睡午覺的理由與好處，並具體建議午睡的方法。反方論點是「**不應該**」，言例如醫學博士莊淑旂說過：「吃完午飯就睡午覺是養生的最大錯誤。」事證如研究所指出，頭枕著手臂趴在桌上午睡，會壓迫神經及眼球，造成手腳麻痺或損及視力的危害，再具體建議中午不午睡也能達到休息目的的方法。

（二）分組討論：上課時，讓各組進行 5 分鐘討論，整理蒐集到的資料，在學習單中寫下正、反的論點與支持想法。

（三）全班討論，將論點與正、反論據整理在黑板上（參見表 9.31）。

（四）組內練習：組內的二人配對，進行正反方辯論練習。

（五）組間對決：每兩組配對，先抽籤決定正反方後，組內討論 5 分鐘以整理論點及論據等資料。兩組各選派一位辯士，上臺進行辯論。

依序進行組間辯論，直到輪完所有組別。辯論過程中，教師要適時提醒注意禮貌，不要人身攻擊。論點要聚焦議題，當離題或論據不適當時給予修正建議。

微寫作練習

表 9.31　「小學生中午應該睡午覺」辯論學習單

小學生中午應該睡午覺		
正方		反方
	論點	
	論據	
	結論	

肆 讀寫精進 (6)(7)

以「○○前先停看聽」為題寫一篇作文，在限制範圍內保有相當程度自由來命題構思，能訓練學生活用所學的審題立意與取材構思能力。

一、以心智圖學審題立意

議論文結構為「是什麼（論點）→為什麼（論據）→如何做（論證）→結論」。以「○○前先停看聽」為題學寫議論文，教師先以心智圖（如圖 9.2）協助釐清文章中心思想。除了說話前要先停看聽外，全班一起構思，做「什麼」之前要先停看聽，例如：過平交道、交友、上網、做事、學習、購物、決定……等，都要先停看聽。接著思考分支「停」、「看」、「聽」的內容。討論完心智圖後，讓學生自己決定要寫什麼題目，再依題目蒐集能支持論點的言例和事例。

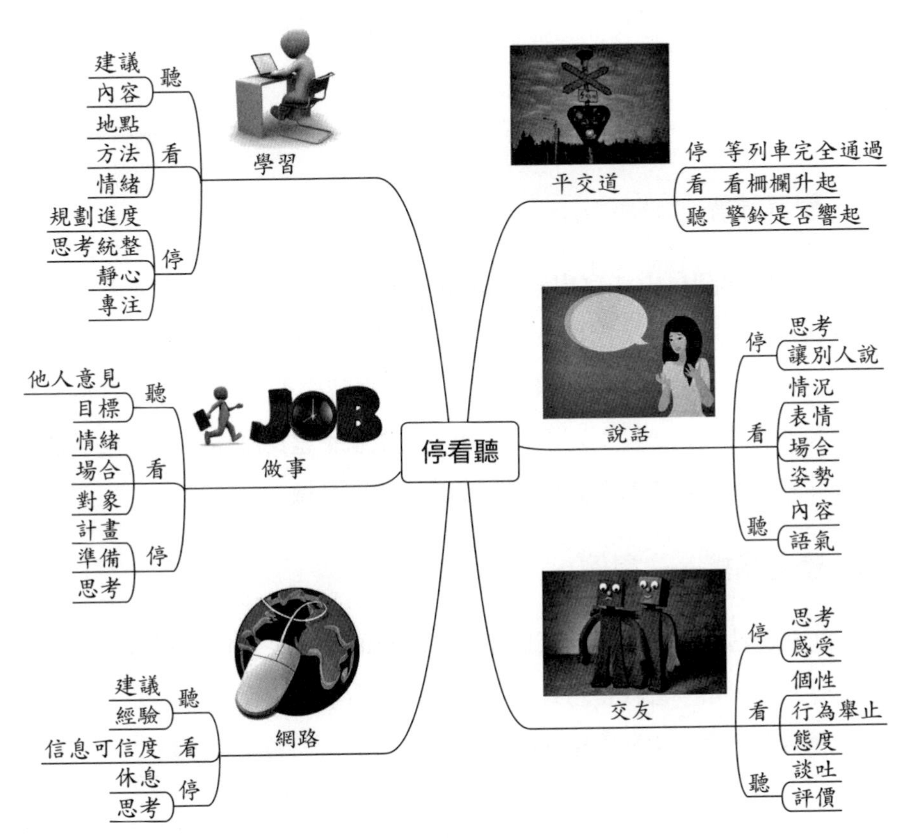

圖 9.2　「○○前先停看聽」心智圖

二、擬大綱

先在寫作計畫表（如表 9.32）擬出每段重點的構想。先寫論點，接著舉證言例及事例說明以支撐論點，繼而解釋論據能證明論點的理由，以及停看聽的方法與步驟，最後以換句話說重申論點作結。

表 9.32　「做事之前最好聽看聽」寫作計畫表

結論	論證（方法及步驟）	論據		論點	做事之前最好停看聽
		事例	言例		

三、學寫論點

開頭以開門見山法寫出論點的定義，課文開頭的複句句型「……不是……，也不是……，而是……。」層次清楚的為說話下定義，點出論點「說話要該說才說，不該說則別說。」作文時學習以並列句型開頭，為「做事／讀書／……」下定義。例如，「做事不是比誰做得快，也不是比誰做得多，而是該做的做對做好，不該做的則別做。」

四、學寫論據——事例

確立論點後，根據立意蒐集能支持論點的論據，包括言例與事例等相關資料。事例如「智救養馬人」中，晏子如何「停」、「看」、「聽」，救了養馬人；孟子和蘇格拉底如何運用「停」、「看」、「聽」，以理服人。

五、學寫名言警句——言例

名言警句是精煉的智慧，不但能使文章內容精彩豐富，文采出色動人，更能淬礪人心，提升說服力。名言警句運用得宜，文章自然言之有物！

「說話前先停看聽」引用作家奧爾科特的話及俗語、名言，目的便是加強說服的力道。因此，在寫「○○前先停看聽」文章前，請學生事先蒐集相關的名言警句，或由教師提供相關資料作為參考。例如，「三思而後行」、「謀定而後動」、英國俗諺「慎重對待問題就是智慧的一半」、蘇東坡曾言「慎重則必成，輕發則多敗」等。

六、學習提出具體作法

提出具體作法，增加說服力。將習作「停看聽」中關於需要做什麼及如何做的步驟討論內容，轉化為具體作法，條列式說明如何停看聽：第一，停……；第二，看……；第三，聽……。

七、歷程性指導

寫作計畫表完成後，交給老師。老師會提供修改意見，沒問題或修改完成得到「通過」章後，再於稿紙中寫下完整的作文。

八、修改與分享

（一）獨立診斷與修改

教師將「文章診斷修改單」貼在學生作品上方，讓學生學習獨立進行批判性閱讀及問題診斷，自行勾選出文章的問題並嘗試修改，修改完再交給老師批閱。

（二）教師批閱

教師批閱作文時，依據「作文評定表」的寫作標準，針對內容切題、結構嚴謹、段落銜接恰當、語句完整清楚合邏輯，給予整體及分項的意見。

（三）分享觀摩

教師以學生作文的實際問題為例，先示範說明如何診斷及修改。接著進行小組討論，練習診斷及修改。對學生的個別問題，一對一指導是最有效的補救教學方式。

高年級讀寫整合範例（五）：自我成長

知識不是智慧，能活用知識來解決問題才是智慧，能學會思維推理和解決問題的方法才能積累智慧。因此思考力比記憶力更為重要有效，而教學生思考方法比教學生記憶知識更具價值。學習思考的第一步是「問問題」，更確切的說是「問好問題」。然而提問能力需要長期持續的練習與有意識的監控培養，因此閱讀寫作時，透過有層次的提問練習，不但有助於深度理解、詮釋文本的意義，具體培養高層次思考和問好問題的能力，更有助於自我學習與成長。六年級下學期多會安排「自我學習成長」主題的課文，藉由對生命事件的思考與自我提問，讓即將邁入國中生涯的小六學生，學習思考自己應具備何種能力才能學習與成長，並反思如何培養這些能力。

壹 文本分析

一、解析文本

（一）主題分析

「成長」與「學習」議題，不但是校園、社會乃至人生的學習核心，也是最常見的升學考試作文主題。因此有必要在課文本位讀寫整合教學時，由深度閱讀引導深刻的生命經驗體悟，再延伸到寫作。而康軒版六下第四課「迷途」正是作者以自身經驗，書寫關於「成長」與「學習」主題的文章。文本結構完整且寓意深刻，能讓學生學習從生命事件中透過抒情來說理，從反思中學習成長。

（二）寫作特色

所有故事的主體都應該是「人」，講故事最重要的技巧是從「人心」出發。「迷途」以第一人稱敘寫旅途中迷路的真實經驗，以對比手法正反虛實呈現：小時候的等待不算迷途 vs. 長大後由迷途中學習自我成長；小時候有驚無險 vs. 長大後學習冷靜解決；與友人同遊的歡樂 vs. 沉默單飛的落寞；突發事故時同機旅客輕鬆處理 vs. 自己驚慌無助；自己驚嚇委屈 vs. 友人輕描淡寫。細膩深刻的描繪出迷途始末，及過程中作者的情感轉折與心理衝突：由與友同行（興奮）→脫隊（期待）→單飛（孤單）→迫降（驚慌）→迷失（緊張）→求助（無助）→放鬆（安心）→冷靜（領悟）。巧妙的由偶發事件中歸納出人生共同經驗，由具體的個人事件提升到抽象的生命哲理，精煉出「迷途其實是一種寶貴的學習」的題旨。由旅行的迷途隱喻人生的迷途，映射對自我的觀照與反思，淬鍊出自我追尋與生命成長的學習。本課真摯情感與理性反思交織出的生命樂章，很值得教師藉由細部提問，去引導即將揚帆航向人生新旅程的小六準畢業生細細品味，深入了解課文的意涵，進而思考當面對人生未知的考驗時，自己應具備的能力及如何培養這些能力，以文字書寫表達出來。

（三）動態描寫情緒變化與心情轉折

文本以旅行中迷途事件的始末為軸，應用逼真寫實的動作摹寫，細膩描繪的情緒變化與心境轉折，以及深刻的體悟感想，鋪陳照射出主角的情緒轉折與省悟。教師需針對課文內容細部提問，連結自己及學生的生活經驗及生命故事，引導學生思考體會主角在事件推演及人事景物對比下的情緒轉折與心境變化，進而理解文章所要表達的主旨與意涵。而對即將升入國中進入另一場華麗冒險的國小畢業生而言，教師感同身受的因勢利導思考未來可能遇到什麼難題？須具備什麼能力？如何培養？進而讀寫整合，以「一次冒險的經驗」延伸思考至生命充斥著大大小小不可知的冒險及不可預期的突發事件，讀寫整合的題旨擺在「個人經驗」，關切核心從校園、社會延展到人生，以第一人稱「個人經歷」敘述生活中經驗的一段事件，闡述從中獲得的感受（抒情）與體悟（說理）、成長與學習。

二、形成結構分析表

「迷途」課文結構分析如表 9.33。

三、確立學習能力及學習目標

（一）學習能力

1. 分析人物的心理與情緒轉折，2. 對比法，3. 情緒描摹，4. 迷途時的應變能力。

（二）學習目標

1. 認知：執行思考與提問，修辭，句型。
2. 技能：
   (1) 閱讀理解教學策略：操作思考與提問，分析人物情緒與心理。
   (2) 寫作教學策略：對比法，情緒描摹，誇飾修辭，選擇與因果複句。
3. 情意：表達真實的情感與理性處事的態度。

四、設計教學活動

缺乏深度是寫作病因之一，如何透過提問連結生活經驗，在閱讀結構完整的文章時深度思考，讓學生去感受與師法，學習言有物與言有序的寫作手法。

（一）以深度提問連結課文與生活經驗。

（二）監控評估自己的提問品質並反思。

（三）分析事件與情緒變化的關係（參見表 9.34）。

（四）對比的寫作手法。

（五）學習以逼真具象的動態描摹情緒與動作。

（六）學生獨立進行文章診斷及修改。

表 9.33　「迷途」課文結構分析表

<table>
<tr><th colspan="8">迷途</th></tr>
<tr><td colspan="3">主旨</td><td colspan="5">迷途是在迷失中找到自己的寶貴學習。</td></tr>
<tr><th>結構</th><th colspan="2">段落</th><th colspan="4">主題句／上位概念</th><th>段落大意</th></tr>
<tr><td>開始</td><td>一</td><td>1</td><td colspan="4">迷途的意義</td><td>旅行的意義是在迷失中找到自己。</td></tr>
<tr><td rowspan="7">經過／結果</td><td rowspan="7">二</td><td>2</td><td rowspan="7">迷途的經驗</td><td colspan="3">孩提時的迷途</td><td>孩提迷途經驗雖然恐慌，但多半有驚無險。</td></tr>
<tr><td rowspan="6">3～8</td><td rowspan="6">舊金山的迷途</td><td>背景</td><td>美國之行</td><td>和朋友一起搭機去美國舊金山旅行。</td></tr>
<tr><td>起因</td><td>單飛去找朋友</td><td>想單飛去華盛頓找朋友。</td></tr>
<tr><td>問題</td><td>想順利到目的地</td><td>因飛機迫降，獨自迷失，不知該怎麼辦。</td></tr>
<tr><td>解決</td><td>求助處理</td><td>透過求助，找航空公司處理。</td></tr>
<tr><td>結果</td><td>順利搭機</td><td>終於拿到登機證，順利飛去目的地。</td></tr>
<tr><td>迴響</td><td>迷途時要冷靜</td><td>迷途時要冷靜面對，想辦法解決。</td></tr>
<tr><td>迴響</td><td>三</td><td>9</td><td colspan="4">因迷途獲得的學習</td><td>透過迷途，學習掌握自己、謹慎不盲從的能力。</td></tr>
<tr><th colspan="8">全文大意</th></tr>
<tr><td colspan="8">旅行中的迷途是在迷失中尋找自己的寶貴學習。在一次單飛中，因飛機迫降，作者獨自迷失在陌生的機場，經歷驚慌才透過求助，順利飛抵目的地。這次迷途讓作者體會到，迷途時要冷靜面對，想辦法解決，也學習到掌握自己的能力。</td></tr>
<tr><th colspan="8">有層次的提問</th></tr>
<tr><td colspan="8">事實：
推論：
評論：</td></tr>
<tr><th colspan="8">讀寫整合：「一次冒險的經驗」</th></tr>
<tr><td colspan="8">創造性提問：</td></tr>
</table>

表 9.34　「迷途」課文主角情緒轉折學習單

時間／事件	情緒表現	課本
決定脫隊單飛	興奮、期待	興致勃勃計畫在行程結束後，自己脫隊從美西的舊金山，飛到美東的華盛頓找朋友。
單飛的清晨	孤單、沉默	難以言喻的孤單突然自四面八方襲來。一個人搭上機場巴士，一路沉默的來到機場。
飛機迫降	迷失、無助	同機的乘客瞬間一哄而散。轉眼間，我淹沒在陌生的機場、陌生的語言，以及來來去去的人群裡。
得到協助	委屈、安心	想起該求助於人。……微笑說：「不要擔心，我們陪你。」……淚水替代所有的武裝決堤而出。
事後的省悟	冷靜、謹慎	旅行的迷失，使我發覺更多掌握自己的能力，在每一次的旅行中，學會自己面對問題。

▶▶▶ 教學流程：（預計 6 節課）

閱讀理解→拆解標題預測內容→內容深究（運用理解監控閱讀文章）＋詞彙教學→形式深究（分析文章結構並歸併意義段）(1)→摘意義段段落大意（刪除／畫關鍵詞／歸納／**主題句**／潤飾）→寫出段落主題句→以結構摘全文大意 (2)→內容深究→有層次的提問→**人物情緒轉折分析**→**提問品質評估**→找主旨→轉化段落大意為問句→報告生字詞 (3)→讀寫整合→**對比法**→**動態描寫** (4)→讀寫精進→**由顯入隱學審題立意**→取材布局→**學省悟法作結**→擬大綱→歷程性指導→撰寫作文→獨立進行文章診斷及修改→教師批閱並分享佳作 (5)(6)

貳 閱讀理解教學 (1)(2)

一、標題預測及內容取材分析 (1)

（一）連結生活經驗、布置語境

第一次默讀全文。教師先連結學生生活經驗營造語境並引起動機，以自己的迷路經驗連結冒險嘗試，引發學生迷路的經驗分享：迷路的原因、情緒反應及事後的感受，是否從經驗中學習或成長。接著讓學生以六何法拆解標題預測內容。

師：有沒有迷路經驗？說說迷路的原因、經過及結果。迷路經驗讓你學到什麼？

（二）應用六何法拆解標題做預測

師：看到標題「迷途」，如何以六何法拆解標題來預測內容，會問什麼問題？

學生可能的提問有：「迷途是什麼意思？」、「是誰迷途，在什麼地方迷途？」、「為什麼會迷途？」、「迷途時怎麼辦？結果如何？」、「經歷迷途事件後，有什麼感覺或想法？」。

師：所以由標題預測內容，應是主角在旅行時發生迷路事件的原因、經過、結果，還有對這件事的想法。

二、內容深究

第二次課文默讀。默讀前教師先複習「理解監控」的步驟（參見第四章圖 4.4），提醒默讀時，利用理解監控發現文句不懂處並畫記，運用重讀一次、以上下文推詞義或因果推論等策略，幫助理解。再由教師提問檢核學生的理解情形。

三、形式深究

（一）分析文章結構以歸併意義段

「迷途」有 9 段自然段，故事文法結構。第 1 段引言寫迷途的意義，第 2 段至第 7 段是迷途的經驗，又細分成兩部分：第 2 段楔子寫小時候的經驗；第 3 段至第 7 段寫長大後在美國的經驗（依背景—起因—問題—解決—結果的結構）。第 8 段至第 9 段是迴響，對比幼時及成人的迷途經驗，從而凸顯自我的成長與學習，共可歸納為三段意義段。

在美國的迷途經驗中，作者有明顯的心理衝擊和情緒轉折，遇到突如其來的變故，在毫無防備下因心中恐慌且不知下一步該怎麼走，幾經波折後終能想出採取求助行動來達成目標。並在事後反思自己缺少的能力，以及在歷練中的自我蛻變與成長。因此提問引導思考的重點在：作者遇到什麼問題，為什麼產生這個問題？造成主角心理恐慌與情緒變化的原因是什麼？他想達成什麼目標來解決問題並平復身心的迷失？如何解決？結果如何？最後主角有什麼想法。

師：本課第 1 段寫的是什麼？背景嗎？還是整個事件的引言？【引言】

師：主角是誰？作者採第一人稱寫作？這樣的寫法有什麼特色與優點？【主角】

師：作者遇到什麼問題？小時候和長大後的迷途有何異同之處？【問題；起因】

師：小時候和長大後的迷途，分別如何解決問題？【解決方法的比較】

師：小時候和長大後的迷途，事件結果為何呢？【結果】

師：最後的迴響中，作者省悟及學習到什麼？【迴響】

（二）以結構摘意義段段落大意（刪除／畫關鍵詞／歸納／主題句／潤飾）**(2)**

畫關鍵詞、提問一句及畫結構圖已納入回家預習作業。上課時師生一起分析文章結構，依結構整併自然段為意義段。教師先示範運用刪除／畫關鍵詞／歸納／主題句／潤飾策略，摘取第一段意義段的段落大意。其餘依第 2 段楔子、第 3 段背景、第 4 段起因、第 5 段問題、第 6 段解決、第 7 段結果、第 8 段至第 9 段迴響，依序分派給各小組，討論出關鍵詞與段落大意，先寫在小白板上。等各組依段落序上臺發表，師生一起討論檢核修正後，再將自然段整合成意義段，整理出各意義段的摘要。

（三）寫段落主題句／上位概念

完成段落大意後，接著要為段落的上位概念命名，找出能代表段落意思的主題句，若無法從文中直接找到適合的主題句，就自行撰寫主題句。

（四）以結構摘全文大意

以段落大意為基礎，用自己的話或換句話說摘要全文大意。當學生有疑問時，則師生一起討論，依文章主軸推敲出重要的詞語，再連綴潤飾文句，以符合重點、精簡與流暢的摘要原則。等意義段段落大意都摘出來後，請學生依據文章結構，把整理好的段落大意，增加連接詞或重組文句，串成通順的全文大意，寫在學習單中（如表 9.35）。

四、內容深究 (3)

（一）有層次的提問

因學生已熟悉有層次的提問，可以自行針對內容提問。請小組討論並針對課文練習事實、推論及評論的有層次提問，並延伸到寫作題目「一次冒險的經驗」進行創造性提問。各組每個層次至少提出一個問題，先記錄在學習單上並標明問題層次。

師：為什麼作者說「旅行對我而言，就是一場在迷失中尋找自己的過程。」【推論／檢驗評估】

表 9.35　「迷途」課文結構與大意學習單

<table>
<tr><th colspan="8">迷途</th></tr>
<tr><td>主旨</td><td colspan="7"></td></tr>
<tr><th>結構</th><th colspan="2">段落</th><th colspan="4">主題句／上位概念</th><th>段落大意</th></tr>
<tr><td>開始</td><td>一</td><td>1</td><td colspan="4"></td><td></td></tr>
<tr><td rowspan="7">經過／結果</td><td rowspan="7">二</td><td>2</td><td rowspan="7"></td><td colspan="3"></td><td></td></tr>
<tr><td rowspan="6">3～8</td><td rowspan="6"></td><td>背景</td><td></td><td></td></tr>
<tr><td>起因</td><td></td><td></td></tr>
<tr><td>問題</td><td></td><td></td></tr>
<tr><td>解決</td><td></td><td></td></tr>
<tr><td>結果</td><td></td><td></td></tr>
<tr><td>迴響</td><td></td><td></td></tr>
<tr><td>迴響</td><td>三</td><td>9</td><td colspan="4"></td><td></td></tr>
<tr><th colspan="8">全文大意</th></tr>
<tr><td colspan="8"></td></tr>
<tr><th colspan="8">有層次的提問</th></tr>
<tr><td colspan="8">事實：
推論：
評論：</td></tr>
<tr><th colspan="8">讀寫整合：「一次冒險的經驗」</th></tr>
<tr><td colspan="8">創造性提問：</td></tr>
</table>

師：為什麼作者說「迷途其實是一種寶貴的學習」？作者學到了什麼？【評論／檢驗評估】

師：聽到婦人說「不要擔心，我們陪你。」作者的淚水為什麼會替代所有的武裝決堤而出？【推論／詮釋整合】

師：為什麼作者覺得驚嚇的遭遇，朋友卻輕描淡寫不以為意呢？【推論／詮釋整合】

師：為什麼作者發現原來自己從來就沒有真正的迷途？孩提時的迷途

不算嗎？為什麼？【評論／檢驗評估】

師：你覺得真實生活中會發生這樣的迷途事件嗎？【評論／檢驗評估】

師：你覺得迷途經驗都能帶來學習及成長嗎？由經驗中成長需要什麼條件？【創造／檢驗評估】

師：換成是你，歷經這樣的迷途或冒險事件後，你會學到什麼？【創造／檢驗評估】

師：想一想，在迷途或冒險事件中解決問題，需要什麼能力？該如何培養這樣的能力？【創造／檢驗評估】

（二）分析主角的情緒轉折與心路歷程

以細部提問引導學生發現主角的情緒轉折與迷途事件前後的心路歷程，從課本文句中找到印證（參見表 9.36），再用心思考並學習作者的用字遣詞及細膩描寫手法。

師：請小組討論，分析作者在迷途前後及過程中的情緒表現，並從課文中找到支持證據。

表 9.36　「迷途」主角在舊金山迷途時的情緒轉折學習單

時間／事件	情緒表現	課本

（三）提問品質評估

將課堂目標明確告知學生，讓學生主動參與思考，該如何做才能和老師一起達到學習目標。

師：這堂課的學習目標是評估自己提問的品質（參見表 9.37），請問

表 9.37 提問品質評量表

問題類型	提問內容	評量（符合請打✓）			
		是否為疑問句	敘述完整，能精確表達題意	有助於理解文本內容	有助於理解本課主題
事實（找一找）					
推論（想一想）					
評論（我覺得）					
創造（我試試）					

我們該如何做，才能達到這個目標？

（四）找主旨

師：從題目及文本可以發現，文章的主軸立意是什麼？作者想告訴我們什麼？【評論／詮釋整合】

師：為什麼以「迷途」作為本文的標題呢？這樣的標題命名有什麼好處或隱藏了什麼意涵？可不可以換成更好的標題？【評論／檢驗評估】

師：讀完本課，你覺得作者最後能自我成長的原因是什麼？換成是你，有沒有這樣的迷途或冒險經驗，你會有所成長嗎？【評論＋創造／詮釋整合＋檢驗評估】

（五）轉化段落大意的陳述句為問句

引導學生將意義段段落大意轉化為提問句，培養讀書抓重點及考前自問自答的理解監控自詢能力。教師先示範如何將直述句轉換成疑問句，再分組練習與發表。

（六）學生上臺報告生字詞

在第一次閱讀時，師生共同圈選出生難字詞，每次指派與生字詞相等人數的學生回家查詢並造詞造句，上課時上臺發表生字詞報告。

參 讀寫整合 (4)

在課堂上練習對比寫作手法及遣詞造句，作為讀寫的聯繫點。

一、對比寫作手法

課文以時間、表現經歷的前後對比寫作手法，凸顯自己的學習與成長。作文「一次冒險的經驗」可運用對比手法仿作（參見表 9.38）。

微寫作練習

表 9.38 「迷途」與「一次冒險的經驗」句型對照表

	課文	作文
對比	童年（ ）vs. 成人（ ）	冒險前（ ）vs. 冒險後（ ）
	嚎啕大哭 vs. 冷靜解決	（ ）vs.（ ）

二、修辭句型

課文中運用轉折、選擇、承接複句，及表現經歷的前後對比寫作手法，凸顯自己的學習與成長。作文「一次冒險的經驗」可運用修辭及對比手法仿作（參見表 9.39）。

微寫作練習

表 9.39　「迷途」與「一次冒險的經驗」句型對照學習單

	課文	作文
選擇複句	也許是忙亂裡牽錯了大人的手，也許是左顧右盼因而跟丟了大人的蹤跡。	也許是（　　　　　　　），也許是（　　　　　　　）。
因果複句	初次出國的自己，因為想著朋友相聚的喜悅，拋卻了膽怯。	（　　　　　）的自己，因為想著（　　　　　），拋卻了膽怯。
譬喻	旅行對我而言，就是一場在迷失中尋找自己的過程。 迷途其實是一種寶貴的學習。	冒險對我而言，就是一場在（　　　　　）中尋找自己的過程。 （　　　　　）／冒險其實是一種寶貴的學習。
設問	誰不曾有過迷途的恐慌呢？	誰不曾有過冒險的（　　　　　）呢？
轉化	整個舊金山尚未甦醒。	整個（　　　　　）尚未（　　　　　）。
誇飾	淚水替代所有的武裝決堤而出。	（　　　　　）替代所有的武裝決堤而出。

肆　讀寫精進 (5)(6)

以「一次冒險的經驗」為題，寫一篇作文。

一、學習由顯入隱來審題立意

用心觀察比較課文標題及作文題目，從課文的題旨立意去審查作文題旨並思考如何立意。由「迷途」對比「冒險」，探討「冒險」的定義，誠如尼采所言：「想要透過生存獲得最豐碩的成果、最滿足的享受，其中的祕密就在於冒險的生活！」冒險是有不確定性風險但值得一試的探索勇氣，而不是飛蛾撲火的莽夫衝動行為。無論是「迷途」或是「冒險」的題目，能寫出「解決問題的能力」是顯，而進一步寫出「如何培養解決問題的能力」則是隱，由顯入隱以提升文章立意深度（簡丞佐，2015），是值得學習的寫作技巧。

- 課文：「迷途」

（一）審題立意

「迷途」一文的場域限制在旅行，中心思想定調為「旅行中的迷途是在迷失中尋找自己的寶貴學習」，「尋找自己的學習」就是立意，此「自我成長」是良善的立意。

（二）由顯入隱

由顯「冷靜面對旅行的突發狀況」（解決問題的能力）入隱「在每一次的旅行中學習謹慎而不盲從，培養自己更多掌握自己的能力」（如何培養解決問題的能力）。

- 作文：「一次冒險的經驗」

（一）學審題立意

「一次冒險的經驗」的題眼是經驗，限制的場域是「一次冒險」，主角自然是自己，中心思想的基調為「自己從這一次的冒險經驗中的學習與成長」，「經驗中的自我成長」就是良善的立意。

（二）學由顯入隱

由顯「**冒險遇到問題需要什麼能力**」（解決問題的能力）入隱「在每一次的冒險中**如何做才能培養**自己這樣的能力」（如何培養解決問題的能力）。

二、學取材布局

立意與取材關係密切，更確切的說，取材必須根據立意且緊扣立意。

- 課文：「迷途」的題旨是在旅行迷途中「尋找自己的學習」，依循題旨的內容以時間為主軸，各段取材以第一人稱敘述自己「為什麼發生迷途的原因、經過、結果與感想」為經，再交織「迷途中問題如何解決？自己學習到什麼？」為緯，都能緊扣到寶貴學習的題旨。

- 作文：「一次冒險的經驗」以從這一次「冒險經驗中的學習與成長」為題旨，以第一人稱敘述自己某一次冒險事件的原因、經過、結果與學習成長，從時間布局各段內容，緊扣題旨「經驗中的自我成長」，依序敘述事件的背景、起因、問題、解決、結果與迴響。

三、學習由虛到實的開頭方式

依題旨設定情境，由虛到實定義題旨。例如本課開頭：「有時候，旅行對我而言，就是一場在迷失中尋找自己的過程。」就是以譬喻修辭建構具體的情境，從想像中的情境「虛」帶入真實的主題「實」，讓單調的文字因「善用修辭建構情境」而豐富多變化（簡丞佐，2015）。

四、學對比法

「經驗」、「學到」、「曾」、「逐漸明白」或「那一次」等題目，例如，基測會考的「我從同學身上學到的事」、「我曾那樣追尋」、「在成長中逐漸明白的一件事」或「那一次，我自己做決定」等，都可以時間、表現經歷的前後對比寫作手法，凸顯自己「不經一事、不長一智」的學習與成長。

- 課文：「迷途」以時間、人物反應的對比寫作手法，描寫：童年 vs. 成人；他人反應 vs. 自己反應；嚎啕大哭 vs. 冷靜解決，凸顯「自己在迷途中的學習與成長」呼應題旨。
- 作文：「一次冒險的經驗」以時間、人物反應的對比寫作手法，描寫這一次冒險經驗中：冒險前 vs. 冒險後；驚慌失措 vs. 冷靜解決，凸顯「自己在冒險經驗中的學習與成長」以呼應題旨。

五、學省悟法以首尾呼應寫結尾

將自己在事件經歷中的省悟體會融入結尾中，簡潔有力的寫出運用什麼方法，學習到自我成長的能力。

- 課文：「迷途」的結尾中，作者省悟到「我發現那個迷途之後會慌張的自己已經消失」，從而學習到「謹慎而不盲從與掌握自己」的能力。
- 作文：以省悟法寫「一次冒險的經驗」的結尾，針對題意和全文的中心思想，融入真摯情感與理性反思，以深刻體悟歸納新的感想，具體說明如何培養自我成長所需的能力。例如，「我發現冒險遇到問題時會……的自己已經消失」，從而學習到「………」的能力。

六、學修辭句型

（一）學習細膩逼真的動作表情與情緒描寫

以「迷途」為例，「我楚楚可憐的尾隨一對中年夫婦」、「拍拍我的肩膀，微笑說」、「我拭乾濡溼的眼角，恢復鎮定」等，生動傳神的動作表情與情緒描摹，能讓人身歷其境，打動人心。

（二）學修辭句型

1. 轉折複句：「迷途其實是一種寶貴的學習」→「冒險其實是一種……的學習」。
2. 選擇複句：「也許是忙亂裡牽錯了大人的手，也許是左顧右盼因而跟丟了大人的蹤跡」→「也許是……，也許是……」。
3. 因果複句：「初次出國的自己，因為想著朋友相聚的喜悅，拋卻了膽怯」→「初次……的自己，因為想著……，拋卻了膽怯」。
4. 誇飾修辭：「淚水替代所有的武裝決堤而出」→「……替代所有的武裝決堤而出」。

七、擬大綱

在寫作計畫表（如表 9.40）擬出每段重點的構想。先寫冒險事件發生的場景（時地人事），接著寫事件發生的原因與當時心情，繼而在第 3 段動態描摹遇到問題時的表情、動作與情緒變化，第 4 段描寫如何克服困境解決問題的過程與結果，最後以反思省悟及學習成長作結。

表 9.40　「一次冒險的經驗」寫作計畫表

「一次冒險的經驗」寫作計畫表　　姓名：＿＿＿＿			
結構		段落	段落大意
定義		1	
背景／起因		2	
經過	問題	3	
	解決 結果	4	
省悟	迴響	5	

八、歷程性指導

寫作計畫表完成後，交給老師。老師會提供修改意見，沒問題或修改完成得到「通過」章後，再於稿紙中寫下完整的作文。

九、修改與分享

（一）獨立診斷與修改

教師將「文章診斷修改單」貼在學生作品上方，讓學生學習獨立進行批判性閱讀及問題診斷，自行勾選出文章的問題並嘗試修改，修改完再交給老師批閱。

（二）教師批閱

教師批閱作文時，依據「作文評定表」的寫作標準，以內容切題、結構嚴謹、段落銜接恰當、語句完整清楚合邏輯為標準，給予整體及分項的意見。

（三）分享觀摩

教師以學生作文的實際問題為例，先示範說明如何診斷及修改。接著進行小組討論，練習診斷及修改。而一對一指導學生的個別問題是最有效的。

教出讀寫素養

參考文獻

丁有寬（1997）。**丁有寬讀寫結合教學教例與經驗**。北京市：人民日報。

方金雅（2012）。**課文本位閱讀理解教學**。2017 年 3 月 14 日，取自國教署課文本位閱讀理解教學策略資料庫 http://pair.nknu.edu.tw/pair_system/UploadFile/Search_Tool/Lecture_1122113224.pdf

方秋雅（譯）（2013）。O. Beverly 著。**嬰幼兒的讀寫發展**。臺北市：華騰文化。

王瓊珠、廖傑隆（譯）（2003）。R. J. Marzano & D. E. Paynter 著。**讀寫新法——幫助學生學習讀寫技巧**。臺北市：高等教育。

王瓊珠（2010）。識字教學。載於王瓊珠、陳淑麗（主編），**突破閱讀困難——理論與實務**（頁 129-150）。臺北市：心理。

王瓊珠、洪儷瑜、張郁雯、陳秀芬（2008）。一到九年級學生國字識字量發展。**教育心理學報，39**（4），555-568。

左榕（2013）。**深入教學現場的語文科教學——左榕教學檔案**。臺東市：左榕。

白玉玲（2014）。低年級識字教學～詞素覺知。**臺北市教育 e 週報，655**。2017 年 3 月 30 日，取自 http://enews.tp.edu.tw/paper_show.aspx?EDM=EPS20140423120458G3Q

岳修平（譯）（1998）。E. D. Gagné, C. W. Yekovich, & F. R. Yekovich 著。**教學心理學——學習的認知基礎**。臺北市：遠流。

何琦瑜（2007）。從「寫作」啟動新一波學習革命。載於何琦瑜、吳毓珍（主編），**教出寫作力**（頁 3-7）。臺北市：親子天下。

何琦瑜、吳毓珍（主編）（2007）。**教出寫作力**。臺北市：親子天下。

何琦瑜、錢欽昭（2009）。世界視野：讀寫能力，決定國家競爭力。**親子天**

下特刊，27，12-17。

杜淑貞（1986）。**國小作文教學探究**。臺北市：學生書局。

李麗霞（1988）。**看圖作文與創造性主動作文教學法對國小兒童早期作文能力之影響**。臺南市：久洋。

李俊仁（2010）。什麼是閱讀力。載於李俊仁、阮啟弘等（合著），**大腦、認知與閱讀**（頁 25-44）。臺北市：信誼。

李俊仁（2016）。**12 年國教國小國語文課綱的內容以及背後的支持理由**。2017 年 3 月 28 日，取自 https://sites.google.com/view/brainlearninglab/ 閱讀研習。

李俊仁（無日期）。**閱讀力與閱讀教學：What, When, & How?** 2017 年 3 月 6 日，取自 http://icn.ncu.edu.tw/BrainWebSite/Upload/ 李俊仁_閱讀發展與閱讀教學.pdf

吳怡靜（2007）。被遺忘的 R：搶救被忽略的寫作力。載於何琦瑜、吳毓珍（主編），**教出寫作力**（頁 14-22）。臺北市：親子天下。

吳英長（1998）。國民小學國語故事體課文摘寫大意的教學過程之分析。**臺東師院學報，9**，149-184。

吳敏而（1993）。摘取文章大意的教材教法。載於臺灣省國民學校教師研習會（主編），**國民小學國語科教材教法研究第三輯**（頁 87-101）。臺北縣：臺灣省國民學校教師研習會。

吳嫻（2010）。破除似是而非的大腦迷思。載於李俊仁、阮啟弘等（合著），**大腦、認知與閱讀**（頁 115-130）。臺北市：信誼。

周蕙菁（2007）。因為寫作真的很重要。載於何琦瑜、吳毓珍（主編），**教出寫作力**（頁 83-99）。臺北市：親子天下。

林玉珮（2007）。體驗國語文教育：時數不足，教法凌亂。載於何琦瑜、吳毓珍（主編），**教出寫作力**（頁 56-67）。臺北市：親子天下。

林明進（無日期）。**我的作文教學策略與實務**。2017 年 5 月 10 日，取自 http://www2.lssh.tp. edu.tw/~lib/service/981105/981105-composition.pdf

林俊賢（2013）。**大意策略教學對國小五年級學生閱讀理解與問題解決能力**

影響之研究（未出版之博士論文）。國立臺東大學教育研究所，臺東市。
林清山（譯）（1991）。R. E. Mayer 著。**教育心理學——認知取向**。臺北市：遠流。
林銀美（2005）。**國小五年級國語科讀寫結合教學之行動研究**（未出版之碩士論文）。國立屏東師範學院教育行政研究所，屏東市。
林國樑（1988）。**語文科教學研究**。臺北市：正中書局。
柯華葳、柯志恩、方金雅、簡馨瑩、張景媛、吳昭容、……劉佩雲（2004）。**我可以學得更好——學習輔導與診斷手冊（低年級版）**。臺北市：心理。
柯華葳（2007）。促進國際閱讀素養研究（PIRLS）最新發現——臺灣需要更多閱讀策略教學。**天下雜誌，2007 親子天下專刊**，152-158。
柯華葳（2010）。閱讀成分與閱讀發展。載於柯華葳（主編），**中文閱讀障礙**（頁 25-42）。臺北市：心理。
柯華葳（2011）。語文課與閱讀能力的培養。**教育研究月刊，210**，5-14。
柯華葳（2016）。讀寫素養。**教育研究月刊，269**，4-14。
柯華葳、方金雅（2010）。閱讀理解評量。載於柯華葳（主編），**中文閱讀障礙**（頁 167-179）。臺北市：心理。
柯華葳、詹益綾、張建妤、游婷雅（2008）。**臺灣四年級學生閱讀素養 PIRLS2006 報告**。行政院國家科學委員會專題研究報告（96-MOE-S-008-002）。桃園縣：國立中央大學學習與教學研究所。
柯華葳、詹益綾、邱嘉慧（2013）。**臺灣四年級學生閱讀素養 PIRLS2009 報告**。行政院國家科學委員會，教育部國民及學前教育署。桃園縣：國立中央大學學習與教學研究所。
施教麟（2016）。**寫出作文滿級分**。臺北市：五南。
洪蘭（2014）。寫字，不能被取代的價值。**遠見**。2017 年 3 月 28 日，取自 https://www.gvm.com.tw/article.html?id=19432
洪儷瑜、王瓊珠、張郁雯、陳秀芬（2006a）。**識字量評估測驗**。臺北市：教

育部。

洪儷瑜、王瓊珠、張郁雯、陳秀芬（2006b）。**常見字流暢性測驗**。臺北市：教育部。

連啟舜（2002）。**國內閱讀理解教學研究成效之統合分析研究**（未出版之碩士論文）。國立臺灣師範大學教育心理與轉導研究所，臺北市。

連啟舜（2016）。閱讀中的減法：摘要能力的發展與其相關因素研究。**人文與社會科學簡訊，17**（2），25-31。

倪曉雯（2013）。**讀寫整合融入話題作文對國小六年級學生寫作表現及寫作動機之行動研究**（未出版之碩士論文）。國立臺南大學教育學系課程與教學碩士班，臺南市。

教育部（2010）。**閱讀理解策略教學手冊**。2017 年 3 月 28 日，取自 http://pair.nknu.edu.tw/Pair_System/fckeditor/ckfinder/userfiles/files/ 教育部（2010）閱讀理解策略教學手冊 (1).pdf

教育部（2011）。**2011 在職教師閱讀教學增能研習手冊**。2017 年 3 月 28 日，取自 http://pair.nknu.edu.tw/Pair_System/fckeditor/ckfinder/userfiles/files/2011 在職教師閱讀教學增能研習手冊.pdf

教育部（2012a）。**97 年國民中小學九年一貫課程綱要國語文學習領域**。教育部國民教育司。2012 年 11 月 30 日，取自 http://www.edu.tw/eje/content.aspx?site_content_sn=15326

教育部（2012b）。**閱讀理解——問思教學手冊**。2017 年 3 月 28 日，取自 http://pair.nknu.edu.tw/Pair_System/fckeditor/ckfinder/userfiles/files/2012 問思教學手冊.pdf

許育健（2015）。**高效閱讀：閱讀理解問思教學**。臺北市：幼獅文化。

曾玉村、連啟舜（2016）。讀懂最重要：提升素養促進學習的教育精髓。**教育研究月刊，269**，32-44。

曾世杰（譯）（2010）。M. Pressley 著。**有效的讀寫教學——平衡取向教學**。臺北市：心理。

張春興（1996）。**教育心理學——三化取向的理論與實踐**。臺北市：東華書局。
張一蕃（1997）。**資訊時代之國民素養與教育**。資訊科技對人文、社會的衝擊與影響期末研究報告。臺北市：中研院資訊科學研究所。
張新仁（1992）。**寫作教學研究——認知心理學取向**。高雄市：復文。
張新仁（2008）。**台灣地區中文寫作研究的回顧與展望**。華人社會的課程與教學改進研討會，澳門：澳門大學。
陳秀芬（2016）。**105 年閱讀師資培訓研習研習手冊**。2017 年 3 月 28 日，取自 https://drive.google.com/file/d/0B0GaWSgkG5rYMlZiZEFnM mNnM0U/view
陳弘昌（2004）。**國小語文科教學研究**。臺北市：五南。
陳明蕾（2010）。閱讀心理學對國小閱讀理解教學的啟示。**教育研究月刊，199**，53-63。
陳宥儒等（譯）（2008）。R. J. Sternberg & W. M. Williams 著。**教育心理學——教與學的理論與實踐**。臺北市：禾楓。
陳奎伯、顏思瑜（譯）（2009）。A. M. O'Donnell, J. Reeve, & J. K. Smith 著。**教育心理學——為行動而反思**。臺北市：雙葉書廊。
陳靖文（2015）。**大學說明文讀寫整合教學方案成效評估**（未出版之博士論文）。國立臺南大學教育學系課程與教學博士班，臺南市。
陳純純、江艾謙、王文秀（2006）。**閱讀寫作 so easy**。臺北市：幼獅文化。
陳鳳如（1999）。**閱讀與寫作整合的寫作歷程模式驗證及其教學效果之研究**（未出版之博士論文）。國立臺灣師範大學教育心理與輔導研究所，臺北市。
溫美玉（2014）。**我們 5 年級，全班寫小說**。臺北市：天衛文化。
溫美玉（2015）。**一年級ㄅㄆㄇ故事寫手我手寫我口**。臺北市：天衛文化。
溫美玉、王智琪（2017）。**溫美玉備課趴 2：閱讀理解與延伸寫作的五卡教學實錄**。臺北市：親子天下。
黃尤君（1996）。**臺灣地區國小作文教學觀念演變之研究**（未出版之碩士論文）。國立臺東師範學院國民教育研究所，臺東市。

黃秀霜（2001）。中文年級認字量表指導手冊。臺北市：心理。

黃沛榮（2001）。漢字教學的理論與實踐。臺北市：樂學書局。

黃政傑（1991）。課程設計。臺北市：東華書局。

葉靖雲（1999）。五種作文能力測驗的效度研究。特殊教育學報，13，331-366。

課文本位閱讀理解教學網站（無日期）。閱讀策略成分表。2017 年 3 月 28 日，取自 http://pair.nknu.edu.tw/pair_system/Search_index.aspx?PN=Reader

臺北市政府教育局（2011）。臺北市國民小學 99 學年度基本學力檢測計畫成果報告書。臺北市：臺北市政府教育局。

國家教育研究院（2018）。十二年國民基本教育課程綱要：語文領域——國語文課程手冊。取自 http://www.naer.edu.tw/ezfiles/0/1000/attach/46/pta_15908_6926716_67382.pdf

謝進昌（2012）。透過多媒介閱讀提升學習成效之研究——閱讀研究議題五：不同策略與媒介於閱讀成效之系統性文獻回顧資料庫建置。國家科學委員會補助專題研究計畫成果報告（NSC 101-2420-H-656-001）。新北市：國家教育研究院。

顏怡欣（2013）。找出重點句，歸納課文大意（一下第三課）。取自 http://superdido.tian.yam.com/posts/59917591

蔡銘津（1995）。文章結構分析策略教學對增進學童閱讀理解與寫作成效之研究（未出版之博士論文）。國立高雄師範大學教育學系，高雄市。

簡丞佐（2015）。國中會考作文／4 大口訣 50 分鐘孵出佳作。2017 年 8 月 15 日，取自 https://udn.com/news/story/6904/897521

簡馨瑩（2008）。讓閱讀策略教學發生在你的教室裡——以預測策略為例。新竹縣教育研究集刊，8，21-36。

羅秋昭（2006）。字族識字活用寶典：念歌謠，學語文。臺北市：小魯文化。

蘇宜芬（2004）。閱讀理解的影響因素及其在教育上的意義。**教師天地，129**，21-28。

龔玉雲（2015）。**國小二年級讀寫整合教學之研究**（未出版之碩士論文）。國立中正大學教育學研究所，嘉義縣。

Abbott, R. D., Berninger, V. W., & Fayol, M. (2010). Longitudinal relationships of levels of language in writing and between writing and reading in grades 1 to 7. *Journal of Educational Psychology, 102*(2), 281-298.

Ahmed, Y., Wagner, R. K., & Lopez, D. (2014). Developmental relations between reading and writing at the word, sentence and text levels: A latent change score analysis. *Journal of Educational Psychology, 106*(2), 419-434.

Almesi, J. F. (2003). *Teaching strategic processes in reading*. New York, NY: Guilford.

Alvarez, M. C., & Risko, V. J. (1989). *Schema activation, construction, and application*. Retrieved December 10, 2015, from http://www.ericdigests.org/pre-9213/schema.htm

American College of Education [ACE] (2014). *Assessment of ESL and bilingual students*. Retrieved May 10, 2017, from https://ace.instructure.com/courses/1254482/modules

Anderson, L. W., Krathwohl, D. R., Airasian, P. W., Cruikshank, K. A., Mayer, R. E., Pintrich, P. R. et al. (Eds.). (2001). *A taxonomy for learning, teaching, and assessing: A revision of Bloom's taxonomy of education objectives*. New York, NY: Addison Wesley Longman.

Apivey, N. N. (1990). Transforming texts constructive processes in reading and writing. *Written Communication, 7*(2), 256-287.

Bandura, A. (1986). *Social foundation of thought and action: A social cognitive theory*. Englewood Cliff, NJ: Prentice Hall.

Berninger, V., Fuller, F., & Whitaker, D. (1996). A process model of writing development across the life span. *Educational Psychology Review, 8*, 193-218.

Berninger, V. W., Abbott, R. D., Abbott, S. P., Graham, S., & Richards, T. (2002). Writing and reading: Connections between language by hand and language by eye. *Journal of Learning Disabilities, 35*, 39-56.

Brown, A. L., Bransford, J. D., Ferrara., R. A., & Campione, J. C. (1983). Learning, remembering, and understanding. In P. H. Mussen, J. H. Flavell, & E. M. Markman (Eds.), *Handbook of child psychology: Cognitive development* (pp. 77-166). New York, NY: Wiley.

Brown, A. L., & Day, J. D. (1983). Macrorules for summarizing texts: The development of expertise. *Journal of Verbal Learning and Verbal Behavior, 22*, 1-14.

Chall, J. (1983). *Stages of reading development*. New York, NY: McGraw-Hill.

Cook, L. K., & Mayer, R. E. (1988). Teaching readers about the structure of scientific text. *Journal of Educational Psychology, 80*, 448-456.

Cooper, J. D., Kiger, N. D., & Robinson, M. D. (2012). *Literacy: Helping children construct meaning* (8th ed.), Boston, MA: Houghton Mifflin Company.

Curwen, M. S., Miller, R. G., White-Smith, K. A., & Calfee, R. C. (2010). Increasing teacher's metacognition develops students' higher learning during content area literacy instruction: Finding from the read-write cycle project. *Issues in Teacher Education, Fall*, 127-151.

Dole, J. A., Nokes, J. D., & Drits, D. (2009). Cognitive strategy instruction. In G. G. Duffy & S. E. Israel (Eds.), *Handbook of research on reading comprehension* (pp. 347-372). New York, NY: Taylor & Francis.

Fitzgerald, J., & Shanahan, T. (2000). Reading and writing relations and their development. *Educational Psychologist, 35*(1), 39-50.

Flower, L. S., & Hayes, J. R. (1980). The dynamics of composing: Making plans and juggling constraints. In L. W. Gregg & E. R. Steinberg (Eds.), *Cognitive processes in writing* (pp. 31-50). Hillsdale, NJ: Lawrence Erlbaum.

Flower, L. S., & Hayes, J. R. (1981). A cognitive process theory of writing. *College*

Composition and Communication, 32, 365-387.

Goodman, K. S. (1986). *What's whole in whole language?* Portsmouth, NH: Heinemann Educational Books.

Graesser, A. C., Singer, M., & Trabasso, T. (1994). Constructing inferences during narrative text comprehension. *Psychological Review, 101*(3), 371-395.

Graham, S., & Hebert, M. (2010). *Writing to read: Evidence for how writing can improve reading*. Washington, DC: Allinse for Excellence in Education.

Graham, S., & Hebert, M. (2011).Writing to read: A meta-analysis of the impact of writing and writing instruction on reading. *Harvard Educational Review, 81*(4), 710-744.

Hayes, J. R. (1996). Developing a theory of derived stimulus relations. *Journal of the Experimental Analysis of Behavior, 65*, 309-311.

Hayes, J. R. (2006). New directions in writing theory. In C. A. Macarthur, S. Graham, & J. Fitzgerald (Eds.), *Handbook of writing research* (pp. 28-40). New York, NY: The Guilford Press.

Hayes, J. R. (2012). My past and present as writing researcher and thoughts about the future of writing research. In V. W. Berninger (Ed.), *Past, present, and future contributions of cognitive writing research to cognitive psychology* (pp. 3-26). New York, NY: Psychology Press.

Hayes, J. R., & Flower, L. S. (1980). Identifying the organization of writing processes. In L. W. Gregg & E. R. Steinberg (Eds.), *Cognitive processes in writing* (pp. 3-30). Hillsdale, NJ: Lawrence Erlbaum.

Hebert, M., Bohaty, J. J., Nelson, J. R., & Brown, J. (2016). The effects of text structure instruction on expository reading comprehension: A meta-analysis. *Journal of Educational Psychology, 108*(5), 609-629.

Hebert, M., Gillespie, A., & Graham, S. (2013). Comparing effects of different writing activities on reading comprehension: A meta-analysis. *Reading and Writing, 26*(1), 111-138.

Hillocks, G. (1984). What works in teaching composition: A meta-analysis of experimental treatment studies. *American Journal of Education, 93*, 133-170.

Hillocks, G. (1986). *Research on written composition: New directions for teaching*. Urbana, IL: National Conference on Research in English/ERIC Clearinghouse on Reading and Communications Skills.

Juel, C. (1988). Learning to read and write: A longitudinal study of 54 children from first through fourth grades. *Journal of Educational Psychology, 80*(4), 437-447.

Kendeou, P., & ven den Broek, P. (2007). The effects of prior knowledge and text structure on comprehension processes during reading of science texts. *Memory & Cognition, 35*(7), 1567-1577.

Kintsch, W. (1988). The role of knowledge in discourse comprehension: A construction-integration model. *Psychological Review, 95*, 163-182.

Kintsch, W. (1998). *Comprehension: A paradigm for cognition*. New York, NY: Cambridge University Press.

Kintsch, W., & van Dijk, T. K. (1978). Toward a model of text comprehension and production. *Psychological Review, 85*(5), 363-394.

Langer, J. A., & Flihan, S. (2000). *Writing and reading relationships: Constructive tasks*. Retrieved March 10, 2017, from http://www.albany.edu/cela/publication/article/writeread.htm

Lehr, S. (1988). The child's developing sense of theme as a response to literature. *Reading Research Quarterly, 28*(3), 337-357.

Marinak, B. A., & Gambrell, L. B. (2008). Intrinsic motivation and rewards: What sustains young children's engagement with text? *Literacy Research and Instruction, 47*(1), 9-26.

Mayer, R. E. (1987). *Educational psychology: A cognitive approach*. Boston, MA: Little, Brown and Company.

Meyer, B. J. F., & Ray, M. N. (2011). Structure strategy interventions: Increasing reading comprehension of expository text. *International Electronic Journal of Elementary Education* (Special Issue on Reading Comprehension), *4*(1), 127-152.

McGee, L. M. (1982). Awareness of text structure: Effects on children's recall of expository text. *Reading Research Quarterly, 17*, 581-590.

National Reading Panel [NRP] (2000). *Teaching children to read: An evidence-based of the assessment of the scientific research literature on reading and its implication for reading instruction.* Washington D. C.: U. S. Department of Health and Human Services. Retrieved December 10, 2013, from http://www.nichd.nih.gov/publications/nrp/smallbook.htm

Norton, T. L., & Land, B. L. (2008). *50 literacy strategies for beginning teachers, 1-8*. Upper Saddle River, NJ: Pearson/Merrill Prentice Hall.

Paris, S. G., Lipson M. Y., & Wixson K. K. (1983). Becoming a strategic reader. *Contemporary Educational Psychology, 8*, 293-316.

Parodi, G. (2007). Reading-writing connections: Discourse-oriented research. *Reading and Writing, 20*, 225-250.

Palincsar, A. S., & Brown, A. L. (1984). Reciprocal teaching of comprehension-fostering comprehension-monitoring activities. *Cognition and Instruction, 2*, 117-175.

Pearson, P. D., & Gallagher, M. C. (1983). *The instruction of reading comprehension. Contemporary Educational Psychology, 8*(3), 317-344.

Pressley, M. (2000). What should comprehension instruction be the instruction of? In M. L. Kamil, P. B. Mosenthal, P. D. Pearson, & R. Barr (Eds.), *Handbook of reading research* (Vol. 3, pp. 545-561). Mahwah, NJ: Erlbaum.

Pressley, M. (2002). Metacognition and self-regulated comprehension. In A. Farstrup & S. Samuels (Eds.), *What research has to say about reading instruction*. Newark, DE: IRA.

Radev, D. R., Hovy, E., & McKeown, K. (2002). Introduction to the special issue

on summarization. *Computational Linguistics, 28*(4), 399-408.

Rapp, D. N., & ven den Broke, P. (2005). Dynamic text comprehension: An integrative view of reading. *Current Directions in Psychological Science, 14*, 276-279.

Reading Study Group [RAND] (2000). *Reading for understanding: Toward an R & D program in reading comprehension*. Santa Monica, CA: RAND.

Schraw, G. (2000). Reader beliefs and meaning construction in narrative text. *Journal of Educational Psychology, 92*, 96-106.

Schraw, G., & Monshman, D. (1995). Metacognitive theories. *Educational Psychology Review, 7*, 351-373.

Shanahan, T. (1984). Nature of the reading-writing relation: An exploratory multivariate analysis. *Journal of Educational Psychology, 76*(3), 466-477.

Shanahan, T. (1988). The reading-writing relationship: Seven instructional principles. *The Reading Teacher, 41*(7), 636-647.

Shanahan, T. (2006). Relations among oral language, reading, and writing development. C. A. MacArthur, S. Graham, & J. Fitzgerald (Eds.), *Handbook of writing research* (pp. 171-183). New York, NY: The Guilford Press.

Shanahan, T. (2016). Relationships between reading and writing development. C. A. MacArthur, S. Graham, & J. Fitzgerald (Eds.), *Handbook of writing research* (pp. 194-207). New York, NY: The Guilford Press.

Shanahan ,T., & Lomax, R. G. (1986). An analysis and comparison of theoretical models of the reading-writing relationship. *Journal of Educational Psychology, 78*(2), 116-123.

Shanahan, T., & Tierney, R. (1990). Reading-writing connections: The relations among three perspectives. *National Reading Conference Yearbook, 39*, 13-34.

Shulman, L. (1986). Those who understand: Knowledge growth in teaching. *Educational Researcher, 15*(1), 4-14.

Shulman, L. (1987). Knowledge and teaching: Foundations of the new reform.

Harvard Educational Review, 57(1), 1-22.

Stein N. L., & Glenn, C. G. (1979). An analysis of story comprehension in elementary school children. In R. Freedle (Ed.), *New direction in discourse processing* (pp. 53-120). Norwood, NJ: Ablex.

Tierney, R. J., & Shanahan, T. (1991). Research on the reading-writing relationship: Interactions, transactions, and outcomes. In R. Barr, M. L. Kamil, P. Mosenthal, & P. D. Pearson (Eds.), *The handbook of reading research* (pp. 246-280). New York, NY: Longman.

Tonjes, M. J., & Zintz, M. V. (1992). *Teaching reading, thinking, study skills in content classrooms*. Dubuque, IA: Wm C. Brown.

Williams, J. P. (2005). Instruction in reading comprehension for primary grade students: A focus on text structure. *The Journal of Special Education, 39*(1), 6-18.

Wilson, N. S., & Bai, H. (2010). The relationships and impact of teachers' metacognitive knowledge and pedagogical understandings of metacognition. *Metacognition Learning, 5*, 269-288.

Vygotsky, L. S. (1978). *Mind in society: The development of higher psychological processes*. Cambridge, MA: Harvard University Press.

國家圖書館出版品預行編目（CIP）資料

教出讀寫素養／劉佩雲著 . -- 初版 .--
新北市：心理 , 2018.6
面；　公分 .--（語文教育系列；48018）

ISBN 978-986-191-830-3（平裝）

1. 漢語教學　2. 閱讀指導　3. 小學教學

523.311　　107008992

語文教育系列 48018

教出讀寫素養

作　　者：劉佩雲
著作財產權人：國立東華大學
執行編輯：林汝穎
總 編 輯：林敬堯
發 行 人：洪有義
出 版 者：心理出版社股份有限公司
地　　址：231 新北市新店區光明街 288 號 7 樓
電　　話：(02) 29150566
傳　　真：(02) 29152928
郵撥帳號：19293172 心理出版社股份有限公司
網　　址：http://www.psy.com.tw
電子信箱：psychoco@ms15.hinet.net
駐美代表：Lisa Wu（lisawu99@optonline.net）
排 版 者：龍虎電腦排版股份有限公司
印 刷 者：龍虎電腦排版股份有限公司
初版一刷：2018 年 6 月
I S B N：978-986-191-830-3
定　　價：新台幣 450 元